Katja Koch

KulturSchock Usbekistan

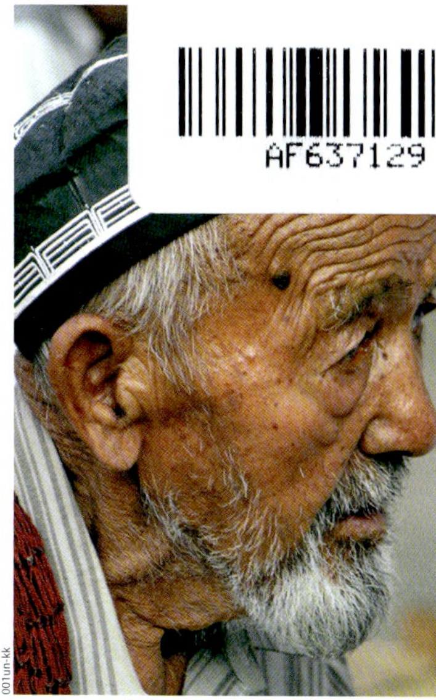

001un-kk

„Hätt' ich irgendwohl Bedenken,
Balch, Bochara, Samarkand,
Süßes Liebchen, dir zu schenken,
Dieser Städte Rausch und Tand?"

(J. W. von Goethe in „West-östlicher Divan", Buch Suleika)

Impressum

Katja Koch
KulturSchock Usbekistan

erschienen im
Reise Know-How Verlag Peter Rump GmbH
Osnabrücker Str. 79, 33649 Bielefeld

3., neu bearbeitete und aktualisierte Auflage 2020

Gestaltung
Umschlag: Aneta Niemitz, Peter Rump
Inhalt: amundo media GmbH
Fotos: siehe Bildnachweis Seite 9

Lektorat: amundo media GmbH

Druck und Bindung:
mediaprint solutions GmbH, Paderborn

Printed in Germany

ISBN 978-3-8317-3399-6

Die Deutsche Nationalbibliothek verzeichnet diese Publikation in der Deutschen Nationalbibliografie. Detaillierte bibliografische Daten sind im Internet über http://dnb.dnb.de abrufbar.

Dieses Buch ist erhältlich in jeder Buchhandlung Deutschlands, der Schweiz, Österreichs, Belgiens und der Niederlande. Bitte informieren Sie Ihren Buchhändler über folgende Bezugsadressen:

Deutschland
Prolit GmbH, Postfach 1109,
D-35461 Fernwald (Annerod)
sowie alle Barsortimente

Schweiz
AVA Verlagsauslieferung AG
Postfach 27, CH-8910 Affoltern

Österreich
Mohr Morawa Buchvertrieb GmbH
Sulzengasse 2, A-1230 Wien

Niederlande, Belgien
Willems Adventure, www.willemsadventure.nl

Wer im Buchhandel trotzdem kein Glück hat, bekommt unsere Bücher auch über unseren
Büchershop im Internet: www.reise-know-how.de

Wir freuen uns über Kritik, Kommentare und Verbesserungsvorschläge, gern auch per E-Mail an info@reise-know-how.de.

Alle Informationen in diesem Buch sind von der Autorin mit größter Sorgfalt gesammelt und vom Lektorat des Verlages gewissenhaft bearbeitet und überprüft worden.

Da inhaltliche und sachliche Fehler nicht ausgeschlossen werden können, erklärt der Verlag, dass alle Angaben im Sinne der Produkthaftung ohne Garantie erfolgen und dass Verlag wie Autorin keinerlei Verantwortung und Haftung für inhaltliche und sachliche Fehler übernehmen.

Die Nennung von Firmen und ihren Produkten und ihre Reihenfolge sind als Beispiel ohne Wertung gegenüber anderen anzusehen. Qualitäts- und Quantitätsangaben sind rein subjektive Einschätzungen der Autorin und dienen keinesfalls der Bewerbung von Firmen oder Produkten.

Katja Koch

KULTURSCHOCK USBEKISTAN

Vorwort

Usbekistan – das klingt nach Zauber des Orients und Seidenstraße ... ein bisschen auch nach postsowjetischem Entwicklungsland und erstarkendem Islam. Für die meisten aber klingt es in allerester Linie: fremd.

Dabei gibt es viele gute Gründe, nach Usbekistan zu reisen. Zum einen ist da die legendäre Seidenstraße, sind da die beispiellos blauen Kuppeln und Minarette von Samarkand und Buchara und ist da der orientalische Zauber der Märchen aus Tausendundeiner Nacht. Aber auch für die, denen wahr gewordene Postkartenmotive nicht Grund genug sind, ca. 5300 km Entfernung Luftlinie zu überwinden, hat das Land Spannendes zu bieten. Wer heute nach Usbekistan reist, findet neben alten Märchen tausend Smartphones und ein Eselfuhrwerk. Er findet Moscheen neben modernster Architektur, Lenin-Statuen gleich neben Unabhängigkeitsdenkmälern und moderne Großstadtkultur neben archaisch-dörflichem Leben. Er wird sich bald im Mittelalter, bald in der Zukunft wähnen, irgendwie auf der Schwelle zwischen alter Zeit und neuem Weg – einem Weg allerdings, bei dem weder eine klare Richtung noch ein Zielpunkt zu erkennen sind. Wer sich abseits der touristischen Pfade bewegt, wird schnell feststellen, dass er sich in einem Land auf der Suche nach sich selbst befindet. Dieses Buch will ebenso auf die Suche gehen. Es will helfen, diesem Land und seinen Menschen auf die Spur zu kommen, seine Eigenheiten in ihrer zauberhaften und zugleich verwirrenden Art besser zu verstehen.

„Man reist auch“, schreibt Ella Maillart in „Turkestan Solo“ (1938) ausgerechnet über Usbekistan, „um alles hinter sich zu lassen. Aber das ist die große Illusion; es funktioniert nicht, weil man sich selbst immer dabei hat.“ Die Wahrnehmung des Landes durch Reisende ist immer auch vom eigenen Blick geprägt – dem Blick derer, die fremd sind im Land. Sie werden auf Schönes, Spannendes und Interessantes ebenso wie auf Ungewöhnliches, Irritierendes und Unverständliches stoßen. Um diese Gegenwart zu erhellen, hilft ein Streifzug in die Vergangenheit. Dieses Buch will zeigen, was Usbekistan heute noch an Dschingis Khan, Timur Amir, Stalin oder Karimow zu tragen hat. In der Hauptsache aber geht es um das gegenwärtige Usbekistan: das Land, in dem die Menschen ihre Gäste empfangen, als würden diese schon lange freudig erwartet.

Die schlechte Nachricht ist: Das Buch wird Usbekistan nur unvollständig beschreiben können. Eben weil „man sich selbst immer dabei hat“, hat auch die Autorin subjektiv Wichtiges ausgewählt. Die gute Nachricht ist: Usbekistan und seine Menschen machen es dem Reisenden leicht, alles Weitere selbst zu entdecken. Egal, in welche Lage man gerät, schnell wird sich jemand warmherzig kümmern. Was man dazu braucht, sind etwas Geduld und viel Lust auf Abenteuer. „Am Ende einer Reise steht man wieder sich selbst gegenüber ...“, allerdings ist man nun reicher als zu Beginn der Reise. Reicher an Erfahrung, an Offenheit, an Sensibilität für das Andere, das Fremde und reicher an Fragen. Nur eine Frage ist gemeinhin nicht dabei: die danach, ob es sich gelohnt hat.

◁ Viele Kuppelbauten leuchten im für Usbekistan typischen Türkis (Abb.: 115un-kk)

Inhalt

Frauen, Männer und Familie 173

Usbekischer Alltag 189

Zu Gast in Usbekistan 219

Anhang 245

Extrainfos im Buch

ergänzen den Text um anschauliche Zusatzmaterialien, die von der Autorin aus der Fülle der Internet-Quellen ausgewählt wurden. Sie können bequem über unsere spezielle Internetseite **www.reise-know-how.de/kulturschock/usbekistan20** durch Eingabe der jeweiligen Extrainfo-Nummer (z. B. „#1") aufgerufen werden.

105un-kk

Exkurse zwischendurch

Fotonachweis

Soweit der Fotograf nicht direkt am Bild vermerkt ist, stehen die Kürzel an den Abbildungen für folgende Personen, Firmen und Einrichtungen. Wir bedanken uns für ihre freundliche Abdruckgenehmigung.

ag	*Aram Galstyan*
kk	*Katja Koch*
fo	*www.fotolia.com by adobe*

Umschlagvorderseite: stock.adobe.com©Currioso Photography
Umschlagrückseite: Katja Koch
Umschlagmuster: stock.adobe.com©Feeniks

Verhaltenstipps A–Z

< Melonenverkäufer auf dem Basar in Buchara – in Usbekistan gibt es viele und herrliche Melonen (090un-kk)

- **Alkohol:** Gleichwohl Usbekistan ein islamisch geprägtes Land ist, wird bei den meisten gesellschaftlichen Anlässen Alkohol getrunken, v. a. Bier und Wodka. Beim Wodkakonsum belegt Usbekistan weltweit einen Spitzenplatz, es geht also häufig hoch her. Nach dem Motto „Alkohol löst die Zunge" hat das Trinken auch eine wichtige soziale Funktion. Sie tun gut daran, weitestgehend mitzumachen oder von Anfang an klarzustellen, dass Sie nicht trinken. Ansonsten kann es zu Irritationen kommen, da Ihre Gastgeber denken könnten, Sie wollten sie „aushorchen". Die große Mehrheit der ethnisch usbekischen Frauen (außerhalb Taschkents) trinkt nicht, insofern wird Abstinenz bei Frauen eher akzeptiert als bei Männern.
- **Ausländer/Touristen:** Usbeken sind außerordentlich gastfreundlich, auch ausländische Gäste sind immer gern gesehen. Trotzdem sich Moralvorstellungen durchaus unterscheiden, wird man Ihnen als Ausländer nicht übelnehmen, wenn Ihr Verhalten aus usbekischer Sicht bisweilen „exotisch" anmutet, solange Sie sich an die allgemeinen (und weltweit gültigen) Regeln von Anstand und Höflichkeit halten. Rudimentäre Russischkenntnisse sind hilfreich, noch nützlicher ist die Fähigkeit, kyrillische Schriftzeichen lesen zu können.

  Es scheint eine klare Trennung von privatem und geschäftlichem Kontakt zu geben: In wirklich privatem Umfeld können Sie auf unbedingte Freundschaft zählen, doch Geschäft bleibt Geschäft – auch mit Touristen.
- **Bekleidung:** In den üblichen Reisemonaten (siehe auch „Reisezeit", Seite 18) ist es sommerlich warm bis heiß. Wichtig ist in jedem Falle Sonnen(brand)schutz jeglicher Art, insbesondere eine Kopfbedeckung. (Ratsam ist auch eine Sonnenbrille.)

  Nahezu jeder geschlossene Raum (so auch Hotelzimmer) verfügt über eine Klimaanlage. In öffentlichen Räumen (Restaurant, Kino, Theater etc.) wird die Temperatur häufig so stark heruntergeregelt, dass Sie über zusätzliche längärmelige Kleidung froh sein werden.

  Verlässt man das Heim, achtet man sehr auf ein gepflegtes Äußeres. Gerade städtische Frauen sind häufig ausgesprochen elegant gekleidet, Stöckelschuhe und frisch zurechtgemachte Frisur sind Normalität. Mit dem typisch touristischen Outdoor-Look kann man in Usbekistan, gerade unter Frauen, relativ wenig anfangen. Für Einladungen oder Besuche kultureller Veranstaltungen ist also gepflegte Kleidung unbedingt ratsam, um Wertschätzung auszudrücken.

  Strengere Kleidervorschriften gibt es nicht, religiöse Orte sollten respektiert werden, indem man Schultern und Beine bedeckt hält (s. S. 223).

- **Bestechung/Schmiergelder:** Die usbekische Gesellschaft basiert, das ist ein offenes Geheimnis, auf einem ausgefeilten System von kleineren und größeren Gefälligkeiten. Als ausländischer Gast werden Sie in der Regel nicht mit größeren „Deals" in Berührung kommen. Passieren kann es allerdings, dass Ihnen gewisse Annehmlichkeiten gegen ein (quittungsfreies) Entgelt angeboten werden (z. B. die bessere Klasse im Zug durch den Schaffner). Die sicherste Variante für absolute Neulinge: Finger weg! Es ist absolut davon abzuraten, solche „Deals" selbst zu initiieren. Ihnen sind weder die Anlässe noch die Summen oder gar die Codes vertraut, sodass der mögliche Erfolg das Risiko oft nicht aufwiegt. Mehr zum Thema finden Sie auch unter „Bürokratie und Korruption" ab Seite 102.
- **Bürokratie:** Die Bürokratie in Usbekistan ist bisweilen schwer zu ertragen. Für alles nur Denkbare gibt es große Stempel und Menschen in wichtigen Uniformen, von denen diese Stempel auf viele Papiere gedruckt werden. Als Pauschalreisender werden Sie damit selten konfrontiert, als Individualtourist müssen Sie sich selbst registrieren (siehe hierzu auch den Abschnitt „Die Registrierung" ab Seite 227). Wichtigste Regel: Bleiben Sie ruhig. Auch wenn Sie nicht recht verstehen, warum sie mehrfach von einem Schalter zum nächsten und wieder zurückgeschickt werden, warum Sie die gleichen Papiere mehrmals unterschreiben müssen und vor allem: warum das alles so ewig dauert – die erfolgversprechendste Methode ist Gelassenheit und Freundlichkeit. Als netter, ahnungsloser (zuweilen auch verzweifelter) Tourist kommt man womöglich eher ans Ziel, als wenn man (ob mit guten oder eingeschränkten Sprachkenntnissen) versucht, mittels sachlicher Argumentation weiterzukommen. Und als finale Variante: Aussitzen! Die Erfahrung sagt, bei Ausländern kapituliert man irgendwann doch.
- **Drogen:** Drogenbesitz und -handel sind illegal und werden in Usbekistan hart bestraft. Dabei wird nicht zwischen „harten" und „weichen" Drogen unterschieden. Strafbar sind neben dem Handel und Besitz auch der Konsum, sowie die Ein- und Ausfuhr.
- **Einkaufen/Märkte:** Dinge des täglichen Bedarfs kauft man in Usbekistan auf Märkten (Basaren), die es in jeder noch so kleinen Stadt gibt. Hier kann man aus einer großen Fülle an frischen Lebensmitteln auswählen, was das Herz begehrt. Ebenso können so ziemlich alle Dinge, die man während (oder nach) einer Reise gebrauchen kann, dort erworben werden – bis hin zu Souvenirs. Auf Basaren wird gehandelt, allerdings in eher gemäßigter Art. In der Regel werden Sie als Ausländer, trotz aller Handelsversuche, nicht die Preise der Einheimischen erhandeln. Aber das sollte Sie nicht schmerzen, denn Sie zahlen hier

für Brot, Käse, Gemüse etc. um ein Vielfaches weniger als zu Hause und bekommen erstklassige und superfrische Ware. Basare schließen am späten Nachmittag. Danach kann man sich bis tief in die Nacht in kleinen Läden, die es überall zahlreich gibt, mit dem Notwendigen versorgen.

In den größeren Städten gibt es inzwischen gigantische Supermärkte bis hin zu Shopping-Malls. Sie werden sich wundern, wie viele Sorten Zahnpasta o. Ä. es gibt, denn im Vergleich zu diesen Konsumtempeln haben die meisten deutschen Supermärkte eher eine spärliche Auswahl. Allerdings sind die ausländischen Produkte, und zumeist handelt es sich um solche, um einiges teurer als Daheim.

- **Einladungen:** Gerade in ländlichen Gebieten wird man schnell zu privaten Festlichkeiten eingeladen. Solche Einladungen kann man unbesorgt annehmen und sollte es auch tun, erhält man doch auf diese Weise interessante Einblicke in heimische Gebräuche. In jedem Falle sollte man für seine Gastgeber (je nach Anlass) kleine Mitbringsel bereithalten. Beliebt sind Blumen und Konfekt für die Damen, kleinere Spielzeuge oder Süßigkeiten für die Kinder und ein gutes Tröpfchen für Männer.

  Üblich ist es, sowohl vor als auch immer wieder während des Essens und Trinkens einen Toast auszusprechen. In der Regel wird zunächst Ihr Gastgeber weitschweifig und blumig bekunden, welche Ehre es ist, Sie als Gast begrüßen zu dürfen. Auch Sie selbst sollten die Gelegenheit ergreifen (keine Sorge, man wird Ihnen eine solche antragen), eine kleine Rede zu halten. Dabei danken Sie ausführlich für die Einladung, loben die Gastfreundschaft, würdigen die Kochkunst der Gastgeber und drücken Ihre Freude über das Beisammensein aus etc. Auch wenn es sich für Sie vielleicht etwas seltsam (und etwas zu lang) anfühlt – es ist ein wichtiges Ritual, das man von Ihnen erwartet und dass Ihnen (inhaltlich) auch nicht sonderlich schwerfallen wird, denn die Gastfreundschaft wird Sie berühren.

  Sollten Sie vegetarisch leben, warnen Sie Ihre Gastgeber besser vor. Essen ablehnen zu müssen, ist für Sie unangenehm – und für die Gastgeber umso mehr.

- **Fortbewegung:** Eine probate Methode der Fortbewegung in Usbekistan ist Taxifahren. Neben den offiziellen, mit Taxischildern gekennzeichneten Autos fungiert gerade über Land so ziemlich alles, was Räder hat, ebenfalls als Taxi. Das bedeutet: An die Straße stellen, Arm raus und warten. Ziemlich schnell wird ein Wagen halten. Dann: Ziel angeben, über den Preis verhandeln, einsteigen. Natürlich sollten Sie kurz prüfen, wie vertrauenswürdig Ihre Mitfahrgelegenheit ist. Dabei sollten Sie aber eher Fahrstil und Zustand des Gefährts als der Fahrer selbst be(un)ruhigen, denn meist handelt es sich um Menschen, die ohnehin gerade auf dem Weg in eine ähnliche Richtung sind und sich durch kleine Umwege ein wenig dazuverdienen. Da die Fahrer gern weitere Menschen aufnehmen (bis das Auto voll ist), zahlt man mitunter auch „pro Kopf".

Vor allem an Bahnhöfen, Flughäfen und dergleichen werden sofort echte oder selbsternannte Taxifahrer auf Sie zustürmen und Ihnen Angebote machen. Hier ist es ratsam, über eine preisliche Orientierung zu verfügen, denn Ahnungslosigkeit wird gern ausgenutzt. Eine Auskunft über den üblichen Preis kann direkt vor Ort bei Einheimischen erfragt werden. Eine andere brauchbare Strategie ist: Die ersten drei Angebote ablehnen und schauen, was oder wer dann noch so kommt. Seit Kurzem kann man ohne größere Sprachbarrieren und ohne Verhandlungszwang sein Taxi auch problemlos über die Yandex-App (s. S. 228) buchen.

Eine weiteres Transportmittel sind Sammeltaxen, sogenannte „Marshrutkas" *(marshrutkalar)*. Es handelt sich um Kleinbusse, die sowohl inner- als auch außerhalb von Ortschaften verkehren. Offizielle Haltestellen gibt es nicht. Sobald man eine Marshrutka mit der gewünschten Route sichtet, winkt man sie per Handzeichen zum Halten an den Straßenrand. Die Kleinbusse haben entweder eine Nummer oder zeigen ihr Ziel mit einem Zettel hinter der Frontscheibe an. Wieder angehalten wird ebenso auf Zeichen des Fahrgastes. Den (sehr geringen) Fahrpreis entrichtet man entweder beim Aussteigen oder reicht ihn mittels der anderen Fahrgäste nach vorn. Innerhalb der Städte ist der Fahrpreis für jede Fahrt gleich, für längere Strecken sollte man sich vorher erkundigen. Weiteres zum Thema Fortbewegung und dem System der Marshrutkas findet sich im Abschnitt „Taxi, Taxi oder Marshrutka – Fortbewegung" ab Seite 228.

Es besteht auch die Möglichkeit, sich einen Mietwagen zu leihen. Ob dies ratsam ist, möge angesichts der Verkehrssituation jeder selbst vor Ort entscheiden. Auf jeden Fall ist es reizvoll, so auch in die entlegeneren Orte zu gelangen. Dank Smartphone-Navigation dürfte das auch für Ortsunkundige, wenn schon nicht problemlos, so doch möglich sein.

- **Fotografieren:** Fotografieren ist in Usbekistan eine große Freude, denn man stößt quasi im Minutentakt auf neue interessante Motive. Beim Fotografieren von Menschen sollte man, wie man es überall sonst auch täte, freundlich um Erlaubnis fragen – nur selten wird man auf Ablehnung stoßen. Kinder werden meist gern fotografiert, oft wird man von

Kindergruppen explizit darum gebeten. Obligatorisch dazu gehört, danach die Fotos im Display ausführlich gemeinsam zu betrachten.

Das Fotografieren militärischer Anlagen ist streng verboten. Damit unterscheidet sich Usbekistan zwar nicht von anderen Ländern dieser Welt, schwierig ist allerdings bisweilen, den militärischen bzw. strategischen Charakter eines Gebäudes oder Geländes zu erkennen. Das Fotografierverbot bezieht sich nicht selten auch auf Bahnhöfe sowie verschiedenste öffentliche Gebäude (s. S. 225). Immerhin ist die Metro inzwischen davon ausgenommen. Denken Sie also vor dem Fotografieren daran: Fragen hilft!

- **Geld:** Die offizielle Währung Usbekistans ist der usbekische Sum. Für einen Euro gibt es derzeit 10.513 Sum, für einen Dollar 9541 Sum (Stand: Februar 2020). An Bargeld zu kommen ist mitunter nicht ganz einfach. Inzwischen kann man theoretisch zwar mit der Kreditkarte

Viele Kinder mögen es, fotografiert zu werden – hier in Samarkand

Bargeld von Geldautomaten abheben, aber in der Praxis funktioniert das nur leidlich. Stets muss damit gerechnet werden, dass der Automat nicht funktioniert, leer ist oder die Karte nicht anerkannt wird. Um den langwierigen Prozess des Abhebens zu vermeiden, tut man gut daran, ausreichend Euro oder Dollar in bar bei sich zu haben, die dann problemlos in den zahlreichen Wechselstuben oder auch Banken getauscht werden können. Unbedingt ist darauf zu achten, dass die Scheine unversehrt sind, weil sie sonst nicht angenommen werden. Kreditkartenzahlung ist bisher nur selten möglich, deshalb sollte man jederzeit gut mit Bargeld eingedeckt sein. Der Schwarzmarkt, also privater Geldwechsel auf Märkten o. Ä., spielt für Touristen keine Rolle mehr.

- **Gesprächsthemen** (bevorzugte und problematische): In Usbekistan wird viel und gern geredet. Beliebte Themen mit ausländischen Gästen sind Familie und Kinder, die Schönheit des Landes, die Exklusivität der Sehenswürdigkeiten u. Ä. Der Versuch, über Politik oder (schwierige) Lebensumstände zu sprechen, endet meist im offensiven Themenwechsel. Ihre Gastgeber erwarten von Ihnen, dass Sie ihr Gastland und die Gastfreundschaft seiner Bewohner ausführlich loben und das wird Ihnen auch gar nicht schwerfallen. Ihrerseits werden sie Deutschland, z. B. seine Sauberkeit, seine Autos u. Ä. ausgiebig würdigen. Nehmen Sie dies bestätigend und mit Würde zur Kenntnis. Der Versuch, die deutsche Heimat differenziert darzustellen, erntet nur Unverständnis. Seine Heimat liebt man bedingungslos!

  Zu den zentralen Themen Ehe und Kinder sollte man wissen: Mit Anfang zwanzig keine Kinder zu haben oder gar unverheiratet zu sein, ruft größtes Erstaunen, mit ein paar Jährchen mehr nicht selten sogar Mitleid hervor. Differenzierte Erklärungsversuche über heimatliche Lebensstile und -formen scheitern zumeist. Sie können sich, wenn Sie des Mitleids oder Staunens müde sind, einfach eine kompatible Lebensgeschichte zurechtlegen. Weiteres zum Thema auch im Abschnitt „Gesprächsverhalten" ab Seite 222, vgl. auch den Punkt „Politik" auf Seite 18 in diesem Kapitel.
- **Internet:** In den Großstädten, an touristischen Hotspots und in Hotels gibt es (meist kostenfreie) WLAN-Zugänge. Auf diese kann man sich aber nicht immer verlassen, das Netz ist nicht selten instabil oder überlastet. Inzwischen ist es für Touristen relativ unkompliziert, eine örtliche SIM-Karte zu erwerben.
- **Kinder:** Usbeken sind ausgesprochen kinderlieb. Eine Reise mit kleinen Kindern kann dennoch anstrengend sein, insbesondere weil die Fahrtwege zwischen den einzelnen Reisezielen oft lang und ermüdend sind. Beschwerlich dürfte aufgrund der obligatorisch schlechten Gehwege

auch das Schieben von Kinderwagen sein. Für größere Kinder könnte eine Reise nach Usbekistan aber durchaus sehr spannend sein.

- **Kommunikation:** Die Effizienz deutscher Kommunikation scheint Usbeken völlig fremd. Nicht selten wird man erstaunt sein, welch langes Reden aus einer einfachen Frage, wie etwa der nach dem Weg, resultieren kann. Bloß nicht ungeduldig werden, Sie ernten nur Unverständnis. Und auch nicht wundern, wenn eine längere Redesequenz mit einem einfachen Hauptsatz übersetzt wird – es handelt sich vermutlich tatsächlich um die effektive Information.
- **Kriminalität:** Die Kriminalitätsrate ist in Usbekistan insgesamt relativ niedrig. Kleinkriminalität wie Taschendiebstahl ist allerdings, gerade in den größeren Städten, keine Seltenheit mehr. Insofern beachten Sie die für Reisen üblichen Vorsichtsmaßnahmen.
- **Politik:** Über Politik oder problematische (Lebens-)Bedingungen im Land wird mit Gästen nicht gern gesprochen. Mitunter ist dabei schwer einschätzbar, ob dies aus Angst vor Repressalien resultiert oder daraus, dass dem Ausländer möglicherweise profundere Informationen z. B. über Menschenrechtsverletzungen zugänglich sind als den Usbeken selbst. Es wird Sie wundern, wie häufig und ausgiebig der Präsident gelobt und gewürdigt wird. Ob es sich dabei um eine ehrliche Meinung handelt (immerhin ist Usbekistan ein stabiles Land und das wird geschätzt) oder aber um Vorsicht, werden Sie nur schwerlich herausbekommen. Erfahrungsgemäß werden Sie, wenn Sie nicht schon länger gut bekannt sind, mit solchen Themen auf wenig Gesprächsfreude stoßen und im ehrlichsten Falle vorsichtige Andeutungen ernten. Sie sollten dann auch nicht weiter auf das Thema drängen, denn immerhin könnte es sein, dass Ihren Gastgebern Konsequenzen drohen.
- **Rauchen:** Rauchen ist, insbesondere unter Männern, weit verbreitet und noch immer an vielen Orten erlaubt, ausgenommen sind Transportmittel, öffentliche Gebäude und inzwischen auch einige Restaurants und öffentliche Plätze. Frauen ernten, zumindest außerhalb der Großstädte, mitunter abfällige Blicke, wenn sie in der Öffentlichkeit rauchen. Einer Touristin wird das aber fast nie übelgenommen.
- **Reisezeit:** Das Klima Usbekistans ist kontinental geprägt, das bedeutet: lange, trockene und heiße Sommer sowie kalte Winter. Da im Sommer oft Temperaturen über 40 Grad Celsius herrschen, gelten die Monate

▷ Nicht nur im Restaurant, sondern auch bei privaten Festen wird die Tafel stets reich gedeckt

Mai und Juni sowie September und Oktober als die günstigste Reisezeit, denn dann ist es mild und überwiegend den ganzen Tag sonnig. Die Wintermonate sind eher wenig amüsant. Es regnet und schneit, es ist empfindlich kalt und viele der Schönheiten, die das Land zu bieten hat, kann man kaum genießen. Soll es ins Gebirge gehen, eignen sich die Sommermonate, da es dann so gut wie nie regnet.

Ein etwas riskanteres Unternehmen ist es, im April zu reisen: Zwar kann es gerade abends noch relativ kühl sein und hin und wieder auch regnen, andererseits wird man mit einem Ferganatal voller blühender Obstbäume und mit einer blühenden Wüste belohnt. Beides ist zauberhaft schön und lohnt das Wagnis.

- **Restaurants:** In Restaurants ist es üblich, mehrere Gänge zu bestellen. Besonders die Vorspeisen in Form verschiedenster Salate sollte man sich nicht entgehen lassen, auch wenn man befürchtet, niemals alles essen zu können. Die Portionen einzelner Gänge sind meist etwas kleiner, denn man rechnet mit mehreren Gängen. Grundsätzlich ist jedoch die ausdrücklich am Fassungsvermögen eines normalen Magens ausgerichtete Bestellmenge den Usbeken eher fremd. Die Vorstellung eines schönen gemeinsamen Essens ist dann erreicht, wenn der Tisch reichhaltig gedeckt ist. Vollkommen ungebräuchlich ist es, nach einem gemeinsamen Essen getrennte Rechnungen zu wünschen. Ein gemeinsames Essen demonstriert Verbundenheit, durch getrennte Rechnungen würde dieses Gefühl wieder zerstört. Lassen Sie sich einladen oder laden Sie ein.

092un-kk

- **Sicherheit:** Die Lage in Usbekistan ist derzeit allgemein ruhig. Eine latente Gefährdung besteht durch die in Teilen Zentralasiens operierenden islamistisch orientierten extremistischen Gruppen, bisher haben sich deren Aktivitäten aber nicht gegen Touristen gerichtet. Eine latente Gefährdungslage resultiert ebenso aus den instabilen Nachbarregionen (z. B. Afghanistan) oder aus Grenzstreitigkeiten (wie mit Kirgistan), daher sollten bestimmte Grenzregionen sicherheitshalber gemieden werden.

  Ausführliche und aktuelle Hinweise über evtl. Gefährdungsregionen publiziert das Auswärtige Amt unter www.auswaertiges-amt.de/DE/Laenderinformationen/00-SiHi/UsbekistanSicherheit.html.
- **Souvenirs:** Souvenirs kauft man am besten in den touristischen Zentren der Seidenstraße. Buchara ist bekannt für seine Teppiche und seine Stockpuppen. In Chiva findet sich jede Menge Kunsthandwerk: Seidenteppiche *(susanis)*, Holzschnitzereien, geschmiedete Messer und Scheren, Handschriften und Miniaturen. Im von der UNESCO geförderten Mercy-Projekt knüpfen und sticken Frauen nach alten Techniken. Man kann ihnen dabei zuschauen.

  Auch Keramikwaren sind sehr schöne Mitbringsel. Es gibt sie überall dort, wo Touristen auftauchen, in vielen Variationen und allen Qualitäten. Achtung: Die Muster der Schälchen und Teller unterscheiden sich regional. Wenn Sie in Buchara ein schönes Muster sehen, schlagen Sie zu, denn Sie treffen womöglich nicht erneut auf genau diese Gestaltung. Beinahe jede Keramik wird als „handmade" angepriesen. Ob das immer so ist – man weiß es nicht. Aber vielleicht ist das auch weniger wichtig, wenn man sich nur eine Erinnerung an dieses fantastische Blau der Seidenstraße mit nach Hause nehmen kann.
- **Sprache:** Hauptverkehrssprache in Usbekistan ist Usbekisch. Aber auch mit russischer Sprache kann man sich meistens recht erfolgreich durchschlagen, denn die Mehrzahl der Menschen in den Städten spricht und versteht nach wie vor Russisch. Allerdings gilt: je jünger und je ländlicher, desto seltener und weniger. Jüngere Menschen sprechen, je nach Bildungsgrad, inzwischen mehr oder weniger gut Englisch. In den touristischen Zentren kann man sich mittlerweile mit vielen Leuten über das Wesentlichste auf Englisch verständigen. Vorteilhaft ist, wenn man kyrillische Schriftzeichen lesen kann, denn viele Beschriftungen werden auf diese Weise verständlich.

[>] Ein beliebtes Souvenir sind kleine Tonfiguren – hier auf dem Basar von Taschkent

093un-kk

- **Tischsitten:** In Usbekistan gibt es spezielle Tischsitten, die aber inzwischen mehrheitlich etwas „lockerer" gehandhabt werden. Man sollte trotzdem einige kennen:

  1. Je weiter sich ein Sitzplatz vom Ausgang befindet, desto „ehrenhafter" ist er. Dieser Platz ist für den „höchstrangigen" Gast reserviert. Die Zuteilung der Plätze übernimmt der Gastgeber.
  2. Zum Naseputzen verlässt man unbedingt den Tisch!
  3. Brot wird immer in Stücke gebrochen, nicht geschnitten.
- **Toiletten:** Toiletten sind definitiv ein Thema in Usbekistan. In großen Hotels und in besseren Restaurants sind WCs, ob in der Steh- oder der immer häufiger vorkommenden Sitzvariante, in Ordnung. Überhaupt in größeren Städten oder auch in unmittelbarer Nähe touristischer Attraktionen ist der hygienische Standard gestiegen und inzwischen relativ gut. Vollkommen anders ist die Situation außerhalb dieser Gebiete.

Märkte, Rastplätze, Imbissstände etc. sind nicht selten Gegenden, in denen Sie sich lieber ein ruhiges Plätzchen in der Natur suchen sollten. Selbst die Stehtoiletten sind da mitunter in einem Zustand, der lieber nicht näher beschrieben werden soll.

- **Trinken:** Kaffeetrinker haben es nicht einfach in Usbekistan, denn hier wird (grüner) Tee getrunken. Als Nationalgetränk ist Tee immer und überall dabei. Kaffee gibt es obligatorisch in der löslichen Variante. In besseren Restaurants oder Bars in den touristischen Zentren trifft man immer häufiger auf gute Kaffeemaschinen. Wenn man nicht auf Kaffee verzichten kann, ist anzuraten, ein Paket Kaffeepulver dabei zu haben, um heißes Wasser kann man überall bitten. Wasser gibt es überall sehr preiswert zu kaufen. Auch die globalen Erfrischungsgetränke wie Coca-Cola etc. sind überall erhältlich, wo es Trinkbares gibt. Weiteres zum Thema im Abschnitt „Getränke" ab Seite 215.
- **Trinkgeld:** Die Vergabe von Trinkgeldern ist eine freiwillige Angelegenheit. Fahrer, Reiseführer oder etwa Bedienungen freuen sich aber, wenn Sie Ihre Zufriedenheit mit einem kleinen Betrag ausdrücken, üblich sind 10 bis 15 %. Meistens ist das Trinkgeld schon in der Rechnung enthalten. Wenn Ihre Rechnung sehr stark von der „gefühlten" oder selbst errechneten Summe abweicht, lohnt es sich, nachzufragen. Kleinere Unstimmigkeiten (wie etwa Posten, die Sie gar nicht verzehrt haben) werden, wie auch immer sie überhaupt auf die Rechnung gelangt sind, mit etwas Hartnäckigkeit nachgebessert.

094un-fo©alsem

- **Vegetarier** *(vegetarianez):* In Usbekistan wird gern und viel Fleisch gegessen. Wenn Sie vegetarisch speisen wollen, müssen Sie dies unbedingt angeben, denn explizit vegetarische Angebote gibt es so gut wie nirgendwo. Das Konzept wird von den meisten verstanden, allerdings kann es trotzdem vorkommen, dass etwa Hühnchen oder Wurst nicht unbedingt als „Fleisch" im eigentlichen Sinne und demzufolge als vegetarisch gelten. Meistens wird sich aber eine schmackhafte Lösung finden, denn es gibt eine große Vielfalt an Gemüse und viele nationale Gerichte lassen sich auch fleischlos zubereiten. Erwarten Sie allerdings kein tieferes Verständnis für Ihre Einstellung zum Essen, die meisten Usbeken finden es wohl eher seltsam, freiwillig auf das „Beste" zu verzichten. Mehr zum Thema Essen und Trinken im Kapitel „‚Weltmeister im Plov – usbekische Küche und Gastronomie" ab Seite 214.
- **Wasser:** Leitungswasser sollte definitiv nur abgekocht getrunken werden. Zum Trinken eignet sich das in Plastikflaschen abgefüllte Wasser, was es relativ preiswert und beinahe überall zu kaufen gibt.

☑ Reich verzierte Teekannen aus dem Land des Tees bieten sich als Mitbringsel an

Steckbrief Usbekistan

◁ Zeugnis einer Katastrophe: ein Schiffswrack auf dem Boden des austrocknenden Aralsees – einst der viertgrößte Binnensee der Erde (084un-ag)

Usbekistan – weder das Zentrum noch die Mitte Asiens

Es gibt viele verschiedene Möglichkeiten, sich einem Land zu nähern. Aber wie auch immer man sich Usbekistan nähert - ob kulturhistorisch, politisch oder geografisch ... - statt auf Antworten trifft man zunächst auf die eigene Verwirrung. Man denkt vielleicht an Seidenstraße und uralte Hochkulturen, doch Usbekistan besteht noch keine 100 Jahre. Man denkt an Moscheen und Islam und stößt auf 70 Jahre Sowjetunion. Man denkt an *Lenin* und *Stalin,* aber man kennt keinen einzigen Usbeken von Prominenz ... Und eigentlich beginnen die Probleme schon beim Namen - man sucht nach Usbekistan und findet viele „-stans". Man sucht es in Zentralasien, trifft dort aber auf die Mongolei ...

Und wo liegt nun eigentlich Usbekistan? Auf jeden Fall weit weg! Und auf keinen Fall ist es die Mitte Asiens - und dessen Zentrum ist es noch viel weniger. So wenig sogar, dass es sich meistens unter Sammelbezeichnungen verbirgt. So gehört Usbekistan zum Beispiel zu den sogenannten **„Stan-Ländern".** Dieses Suffix „-stan" bedeutet einfach nur „Land", Usbekistan ist folglich das „Land der Usbeken". Um das „Usbekenland" herum befinden sich vier weitere „-stan"-Länder: Kasachstan, Kirgisistan, Tadschikistan und Turkmenistan. Die Ähnlichkeit der Namen ist kein Zufall. Bei all diesen Ländern handelt es sich um ehemalige **Unionsrepubliken der Sowjetunion.** Das gesamte Territorium der einstigen Region Turkestan, wurde 1917 durch die Sowjetmacht übernommen und im Verlauf des nächsten Jahrzehntes grundsätzlich umgestaltet. Die Grenzen wurden neu gezogen, neue Staaten wurden gegründet. Benannt wurden sie nach der ethnischen Gruppe, die mehrheitlich in dem jeweils neuen Land lebte, an deren Namen hängte man ein „-stan".

Für diese Unionsrepubliken (außer Kasachstan) wurde im sowjetischen Sprachgebrauch die Bezeichnung **„Mittelasien"** *(Srednjaja Asija)* geprägt. In diesem Begriff vermischt sich die geografische Lage (in der Mitte Asiens) mit einer Sicht, die eher einen kulturhistorischen Raum bezeichnet, nämlich den überwiegend sunnitisch islamisierten turko-iranischen Kulturraum. Die Bezeichnung „Zentralasien" dagegen wurde in der Sowjetunion lediglich für die außersowjetischen Gebiete der Region (Mongolei und China) benutzt.

In der internationalen Fach- und Reiseliteratur wird überwiegend der Begriff **„Zentralasien"** benutzt. Er umfasst allerdings, neben den Ländern der ehemaligen Sowjetunion, zusätzlich China und die Mongolei. Zur konkreten Bestimmung der Region finden sich des Weiteren die Bezeichnungen

„Russian-" bzw. „Soviet-Central-Asia". Im westeuropäischen Sprachgebrauch – wie auch in diesem Buch – wurden (und werden) die Bezeichnungen „Zentral-" und „Mittelasien" nicht selten synonym verwendet.

Dieses sprachliche Wirrwarr hat seine Gründe und die Diskussion um die Begriffe hat bereits eine lange Tradition. Zum einen werden hier landschaftliche Beschaffenheiten thematisiert. Die als „Zentralasien" bezeichnete Region eint die Tatsache, dass keines der Länder direkten Zugang zu einem Weltmeer besitzt. Der daraus resultierende **Wassermangel** prägt die gesellschaftlichen und wirtschaftlichen Strukturen in hohem Maße. Dennoch unterscheiden sich Mittel- und Zentralasien landschaftlich stark voneinander. Während in Zentralasien Wüsten, Halbwüsten und Gebirgsketten vorherrschend sind, trägt die landschaftliche Beschaffenheit Mittelasiens keinen homogenen Charakter.

Die Begriffsbildung orientierte sich nicht nur an geografischen Gegebenheiten, sie ist mindestens ebenso stark von politischen Konstruktionen beeinflusst. Um „ihre Länder" begrifflich abzugrenzen, wurde in der Sowjetunion die Bezeichnung „Mittelasien" benutzt. Seit ihrer **Unabhängigkeit** benennen sich nun die ehemaligen Sowjetrepubliken (eingeschlossen Kasachstan) selbst offiziell als „zentralasiatisch". Trotz dieser gemeinsamen Bezeichnung als Großregion unterscheiden sich die damit zusammengefassten Länder nicht nur landschaftlich – auch wirtschaftlich und politisch könnten die Unterschiede zwischen ihnen kaum größer sein. Mag es sich aus europäischer Perspektive zwar um einen „Raum" bzw. eine Region handeln, so schaut dieser europäische Blick doch aus weiter Ferne – aus der Nähe betrachtet zeigt sich eine andere, vielschichtige Realität. So ist denn auch der „alte" Begriff „Mittelasien" nach wie vor stark verbreitet.

Der Sprachgebrauch in diesem Buch orientiert sich an dieser Realität: Beide Begriffe werden wild durcheinander benutzt.

Für die „Stan-Länder" selbst scheint die Diskussion um eine zentralasiatische Region von eher geringer Bedeutung zu sein. Sie streben ihrerseits weder einen politisch-wirtschaftlichen Schulterschluss an noch versuchen sie, ein gemeinsames regionales Bewusstsein zu schaffen. Diese Region ist ebenso wenig eine Wirtschaftsgemeinschaft wie sie eine Wertegemeinschaft ist. Viel eher kann man sie als eine Schicksalsgemeinschaft bezeichnen: Gleichzeitig geschaffen durch einen Befehl *Stalins* und ebenso gleichzeitig wieder auseinandergefallen durch den Zusammenbruch der Sowjetunion. Die Entwicklung, welche die Länder seit ihrer jeweiligen Unabhängigkeit erleben, ist höchst unterschiedlich. Von einer geografisch oder politisch homogenen Region Zentralasien kann kaum die Rede sein – und schon gar nicht ist diese Region zentral.

Zwischen Kysylkum und Aralsee – Bevölkerung, Naturraum, Klima

Jugend aller Nationen – Bevölkerung

Die Republik Usbekistan *(O'zbekiston Respublikasi)* hat **30 Millionen Einwohner** (Stand: 2019), Hauptstadt des Landes ist Taschkent (Toshkent). Weitere große Städte sind, neben Taschkent (2,2 Millionen Einwohner), Namangan (427.000 Einwohner), Samarkand (Samarqand, 352.000 Einwohner) und Andijon (370.000 Einwohner). Allerdings leben nur etwa 37 % der Bevölkerung in Städten, der weit größere Teil lebt in **ländlichen Regionen.** Zum Vergleich: In Deutschland leben 74 % der Einwohner in urbanen Gebieten.

Mit einem **Durchschnittsalter** von 29 Jahren ist Usbekistan ein sehr „junges Land" und unterscheidet sich auch damit gravierend von Deutschland, wo das Durchschnittsalter bei 46,5 Jahren liegt. Noch eindrücklicher ist die Tatsache, dass in Usbekistan 24 % der Menschen unter 14 Jahre und nur 5 % über 65 Jahre alt sind. Mit gerade 13 % unter 14-Jährigen und mehr als 21 % über 65-Jährigen wirkt Deutschland dagegen geradezu überaltert.

Usbekistan gliedert sich in **12 Verwaltungsregionen,** das Stadtgebiet Taschkent sowie Karakalpakistan, eine autonome Republik. Die autonome Republik Karakalpakistan (karakalpakisch: *Qaraqalpaqstan Respublikasi*) umfasst etwa ein Drittel der Landesfläche, die Hauptstadt ist Nukus (No'kis). Die Republik hat ca. 1,7 Millionen Einwohner, wovon 500.000 ethnisch Karakalpaken sind. Obgleich es ein eigenes Parlament, einen eigenen Ministerrat und eine eigene Flagge hat, gehört das Gebiet politisch zu Usbekistan.

Die **Amtssprache** des Landes ist Usbekisch, in Karakalpakistan kommt offiziell Karakalpakisch hinzu. Die usbekische Sprache wird von 75 % der Bevölkerung im Land gesprochen, weitere 14 % sprechen russisch und 5 % tadschikisch.

Die Bevölkerung setzt sich aus etwa 84 % Usbeken, 2,5 % Russen, 3 % Kasachen und 2,5 % Karakalpaken zusammen. Im Gebiet um Samarkand lebt zudem eine große tadschikische Minderheit, die etwa 5 % der Landesbevölkerung ausmacht. Hinzu kommen etwa 2,5 % Tataren. Eine Besonderheit ist, dass die **ethnische Herkunft** in usbekischen Personalausweisen vermerkt wird. Auch eine deutsche Minderheit gibt es im Land. Sie wird derzeit auf etwa 14.000 Menschen geschätzt.

Usbekistan ist ein **säkularer islamischer Staat,** 88 % der Bevölkerung sind sunnitische Muslime, etwa 9 % orthodoxe Christen. Der in Usbekistan praktizierte Islam ist gemäßigt und weist zahlreiche vorislamische Elemente auf. Im gelebten „Volksislam“ finden sich vor allem Rituale des Zoroastrismus, des Buddhismus und des Sufismus.

Die durchschnittliche **Lebenserwartung** der Bevölkerung liegt bei 73,5 Jahren, was für einen allgemein guten Gesundheitszustand sowie für eine gute Lebensqualität spricht. Dem entgegen steht eine zwar stetig sinkende, aber noch immer relativ hohe Kindersterblichkeit von 17,4 (auf 1000 Lebendgeburten).

Ganz viel Gegend – Geografie und Vegetation

Die Fläche des Landes beträgt 447.000 km², damit ist Usbekistan in etwa so groß wie Schweden. Die **Ausdehnung des Landes** beträgt von Westen nach Osten etwa 1450 km und von Norden nach Süden etwa 930 km. Etwa ein Drittel der Bevölkerung konzentriert sich auf einem kleinen Territorium im Osten des Landes, dem Ferganatal (Farg'ona). Ballungen gibt es sonst nur in den Oasengebieten, wie beispielsweise im Gebiet Xorazm (Choresmien), die übrige Fläche ist sehr dünn besiedelt.

Im Norden und Nordwesten grenzt Usbekistan an Kasachstan, im Nordosten an Kirgisistan, im Osten und Südosten an Tadschikistan, ebenso im Südosten an Afghanistan und im Südwesten an Turkmenistan.

Das Land erstreckt sich zwischen dem 56. und 73. östlichen Längengrad, die Zeitdifferenz zur mitteleuropäischen Zeit beträgt damit +4 Stunden. Eine Zeitumstellung auf Sommerzeit wird nicht durchgeführt.

Usbekistan ist ein sogenannter **„doppelter Binnenstaat“.** Das heißt, es hat nicht nur keine direkte Verbindung zum Meer, sondern es ist seinerseits wiederum nur von Binnenstaaten umgeben. Um von Usbekistan aus in ein Land mit Zugang zu einem offenen Meer zu gelangen, sind also mindestens zwei Staatsgrenzen zu überqueren. Dieses „Schicksal“ teilt Usbekistan nur mit einem einzigen weiteren Land der Erde, das ist das mitteleuropäische Liechtenstein.

Wüsten und Oasen

Das Hauptmerkmal der usbekischen Landschaft sind Wüsten und Steppen. Sie nehmen fast drei Viertel der Landesfläche ein, bewaldet sind nur etwa 3 % des Landes. Über etwa 200.000 km² erstreckt sich die **Wüste Kysylkum** *(Qizilqum)*. Sie besteht im Wesentlichen aus Steinen, Schotter und rötlichem Sand, welcher Namensgeber der Wüste ist – *qizilqum* bedeutet „roter Sand“.

Hauptsächlich in Turkmenistan, aber auch im Süden Usbekistans erstreckt sich eine weitere Wüste: **Karakum** *(Qoraqum)*. *Qoraqum* bedeu-

011un-ag

tet wörtlich „schwarzer Sand". Namensgeber ist hier allerdings nicht die tatsächliche Farbe des Sandes, sondern die Bedeutung von *qora*, „gefahrvoll". Mit 400.000 km² ist Karakum die größte mittelasiatische Wüste.

Beide Gebiete sind keine reinen Sandwüsten, denn bei 200 mm Niederschlag im Jahr können ihre Böden einigen Pflanzen Lebensraum sein. Dazu zählen vor allem Gräser (wie Sandried) und Saxaulsträucher.

Saxaul wird übrigens häufig auch zur Bodenbefestigung angepflanzt, um die fortschreitende Verwüstung zu stoppen.

Einen geeigneten Lebensraum finden hier typische Wüstentiere wie beispielsweise Springmäuse und eine Vielzahl von Reptilien (Echsen, Geckos, Schlangen).

Die großen Wüstengebiete machen eine flächendeckende Besiedelung unmöglich, entstanden sind vielmehr dichtbesiedelte Inseln in beinahe menschenleerem Umfeld. Diese Oasen prägen den Kulturraum Usbekistans. Eine der größten Oasen ist das Gebiet Xorazm (Choresmien) südlich des Aralsees.

Im Osten des Landes liegt eine zweite große Oase: das Ferganatal *(Farg'ona)* – eine außerordentlich fruchtbare Gegend mit bedeutenden landwirtschaftlichen Anbauflächen. Zwischen den Oasen liegt, beinahe menschenleer, ganz viel Gegend.

Gebirge

Gebirge befinden sich hauptsächlich im Osten des Landes. Der **höchste Berg** (4643 m) liegt im Hissargebirge (einem Ausläufer des Pamir) an der Grenze zu Tadschikistan. Einst trug der Berg den Namen „Berg des 22. Kongresses der Kommunistischen Partei", heute heißt er kurz Khazret Sultan. Dem etwa 200 km langen Gebirgszug des **Hissar** schließt sich im Osten das **Tian-Schan-Gebirge** an. Im Osten Usbekistans finden sich ebenso Ausläufer des **Alai-Gebirges.**

⌃ Saxaulbäume in der Wüste Kysylkum

Die Gebirgs- und Vorgebirgszonen sind relativ stark erdbebengefährdet. In den Gebirgsregionen leben unter anderem der Sibirische Steinbock, Schneeleoparden sowie einige wenige Wölfe und Braunbären.

Kein Gebirge im eigentlichen Sinne, sondern eine Hochebene ist das Ustjurt-Plateau. Diese steppenartige Hochebene erstreckt sich über 180.000 km² zwischen Kaspischer Senke und Aralsee. Das Plateau hebt sich mit einer Steilstufe von 50 bis etwa150 m von der Umgebung ab, die höchste Erhebung liegt bei 370 m über dem Meeresspiegel. Als eine der unwirtlichsten Gegenden Usbekistans ist sie weitestgehend unbewohnt. Eine Heimat bietet das Plateau verschiedenen Reptilien und einigen seltenen Tierarten wie z. B. der Saiga-Antilope und dem Wüstenluchs Karakal.

Wasser

Zwei große Flüsse gibt es im Land: den **Amudarja** *(Amudaryo)* und den **Syrdarja** *(Syrdaryo).* In der Antike nannte man ersteren **Oxus,** weswegen das „Land jenseits des Oxus" Transoxanien hieß. Der Amudarja entspringt aus der Vereinigung zweier Flüsse an der Grenze von Afghanistan und Tadschikistan, bildet dann die Grenze zwischen Usbekistan und Turkmenistan und mündet in den Aralsee. Die Länge des Flusses beträgt 2539 km, wobei 1414 km auf usbekischem Staatsgebiet fließen. Seit den 1970er-Jahren führen Bewässerungsentnahmen dazu, dass der Amudarja den Aralsee nur noch mit einer sehr geringen Wassermenge erreicht. Charakteristisch für den Amudarja ist ein hoher Anteil von Schwebstoffen. Dieser Schlamm soll einst noch fruchtbarer gewesen sein als der berühmte Nilschlamm.

Im Norden des Landes fließt der 2212 km lange Syrdarja. Er entsteht durch zwei kirgisische Quellflüsse im Ferganatal. Dieses durchfließt er in westlicher Richtung, überquert dann die Grenze zu Kasachstan und mündet in den **Aralsee.** Die Wasserentnahme zur Bewässerung von Baumwolle hat dazu geführt, dass der Fluss dem Aralsee viele Jahrzehnte lang nur wenig Wasser zugeführt hat.

Inzwischen ist der **einst viertgrößte Binnensee** der Erde von seinen ursprünglichen 68.000 km² auf etwa 12 % seiner ehemaligen Größe zusammengeschrumpft, der usbekische Teil ist **fast vollständig ausgetrocknet.** Dieser Umstand ist eine der größten vom Menschen verursachten Umweltkatastrophen der Erde und hat weitreichende Folgen. Nicht nur, dass inzwischen eine riesige Salzwüste entstanden ist, die weiträumig jede Landwirtschaft unmöglich macht, vor allem die Gesundheitsschäden, die durch giftige, nunmehr in der Luft befindliche Düngemittel-Rückstände hervorgerufen werden, machen ein Leben in dieser Region gefährlich. Mehr zum Thema auch im Exkurs „Der Aralsee – Chronologie einer Katastrophe", s. S. 128.

Bodenschätze

Usbekistan ist reich an Bodenschätzen. Unter etwa 60 % der Landesfläche gibt es **Öl- und Gasvorkommen.** Das Land gehört zu den fünfzehn größten Gasförderern der Welt. Die großen Lagerstätten um Buchara, Chiwa und Ustjurt werden derzeit noch erschlossen. Weitaus weniger bedeutend ist bisher noch die Erdölförderung. Trotz großer Vorkommen muss Öl ins Land importiert werden.

In der **Goldgewinnung** nimmt Usbekistan weltweit den elften Platz ein. Ebenso belegt Usbekistan bei der Gewinnung von **Uran** einen vorderen Platz, wobei dieses ausschließlich exportiert wird, denn das Land selbst besitzt kein Atomkraftwerk. Reiche Vorräte gibt es auch an Kupfer, Silber, Blei, Zink und Wolfram. Das Gesamtpotenzial der mineralischen Rohstoffe wird auf mehr als 3,3 Billionen US-Dollar geschätzt, womit Usbekistan eigentlich gute wirtschaftliche Entwicklungschancen besitzt. Viele der Vorkommen sind jedoch bis heute unerschlossen, da sie unter den gegenwärtigen infrastrukturellen Bedingungen nicht nutzbar sind.

33 Grad und es wird noch heißer – Klima

Dass Klimatologen Usbekistan der gemäßigten Klimazone und damit der gleichen Zone wie Mitteleuropa zuordnen, ist für den Reisenden schwer nachzuvollziehen. Das Wetter zeichnet sich durch große **Temperaturschwankungen** aus. Die Winter sind kurz (Dezember, Januar, Februar) und können in einigen Regionen mit bis zu minus 25 °C ebenso extrem kalt sein wie die Sommermonate heiß. Auch im Winter ist es jedoch meist trocken und die Tage sind sonnig. Frühling und Herbst sind kurz, es kann zu starken Regenfällen kommen. In den Sommermonaten dagegen ist es extrem heiß und trocken. Die **durchschnittliche Temperatur** im Juli beträgt etwa 33 °C, wobei Temperaturen über 40 °C keine Seltenheit sind. Zwischen Anfang Juli und Mitte August gibt es eine Periode, die im Volksmund „Xilla" genannt wird: „40 Tage über 40 °C", Tage mit 50–55 °C können dabei vorkommen.

Wer es heiß und trocken mag, ist hier also richtig. Und für die anderen ist das Klima meist auch erträglich, da die **Luftfeuchtigkeit niedrig** ist – im Sommer regnet es so gut wie nie. Die Sonne scheint an etwa 300 Tagen im Jahr.

› Gebirgslandschaft zwischen Taschkent und dem Ferganatal

Gleichwohl das Klima den Anbau anspruchsvoller Kulturpflanzen ermöglicht, stellt es hohe Anforderungen an das Bewässerungssystem. Hitze und Sonneneinstrahlung führen dazu, dass sogar Grundwasser verdunstet. Das zurückbleibende Salz stellt ein ernstes Problem für die usbekische Landwirtschaft dar. Der **Wassermangel** prägt das gesamte gesellschaftliche und wirtschaftliche Gefüge Usbekistans.

012un-kk

Die geschichtlichen Wurzeln

Islamische Bauweise – Pfähle gegen den bösen Blick (004un-ag)

Die Manege der Mächtigen – eine Geschichte der Eroberer

Manege frei

Usbekistan ist ein junges Land. In den Geschichtsbüchern existiert es erst seit 1924. Doch **Transoxanien,** wie man das Territorium im Altertum nannte, hat eine sehr lange und sehr bewegte Geschichte. Vor allem ist es eine Geschichte von Eroberungen und Fremdherrschaft. Viele, die Rang und Namen hatten, sind früher oder später einmal hierher gekommen, um ein wenig zu erobern und zu herrschen. Transoxanien gleicht einer Manege – und die Stars in dieser Manege waren die kleinen und die großen Mächtigen dieser Welt.

Das verwundert kaum, denn es war ein begehrenswertes Land. Ein Netz wichtiger Handelswege verband hier China und Indien mit den europäischen Städten. Auf dieser sogenannten **„Seidenstraße"** wurden wertvolle Handelsgüter transportiert und mit ihnen kam Reichtum. Transportiert wurden aber auch Ideen und Religionen. Auf der Seidenstraße kam der Buddhismus vom Osten in den Westen und der Islam vom Westen in den Osten. Auf der Seidenstraße wurden Kunst, Kultur und Fortschritt transportiert. Um die Entwicklung dieser Region zu verstehen, ist es erforderlich, den europäischen Geschichtsraum und seine Zeitrechnung zu verlassen. In dieser Geschichte ticken, im wahrsten Sinne des Wortes, die Uhren anders.

Vorislamische Zeit

Achämeniden

Die ältesten archäologischen Funde verweisen auf eine Besiedlung Transoxaniens bereits in der Altsteinzeit. Ausgrabungen jungsteinzeitlicher Funde zeigen, dass hier wahrscheinlich sowohl Nomaden als auch sesshafte Oasenbauern gesiedelt haben. Zeugnisse über die ersten Völkerformationen reichen bis in die Jahre um 700 v. Chr. zurück.

Die **erste große Herrscherdynastie** des Gebietes waren die Achämeniden. Sie gründeten das erste persische Großreich, welches unter *Kyros II.* 550 v. Chr. in die Regionen Zentralasiens ausgedehnt wurde. 530 v. Chr. gewann **Kyros** mit einer List die wichtigste Schlacht gegen die Massageten, eine Konföderation verschiedener Stämme, die ebenfalls in dieser Gegend siedelten. Die List bestand darin, dass er sich, scheinbar flüchtend, aus einem Lager zurückzog, dabei aber alle Notwendigkeiten für ein großes Gelage zurückgelassen hatte. Die massagetische Streitmacht verfolgte die Gegner, stieß unterwegs auf das verlassene Lager und fand dort Unmengen von Wein vor. Nachdem sich die **Massageten** ordentlich betrunken hatten, kehrte *Kyros* zurück und hatte leichtes Spiel, die feindlichen Truppen zu besiegen.

Zu den Getöteten gehörte auch der Sohn der verwitweten Massagetenführerin **Tomyris.** *Kyros* hatte dereinst vergeblich um sie geworben. *Tomyris* hatte seine wahre Absicht, nämlich durch eine Hochzeit seine Macht zu vergrößern, durchschaut. Somit also doppelt von *Kyros* betrogen, holte *Tomyris* zu einem endgültigen Schlag gegen die Achämeniden aus. Diese entscheidende Schlacht wird auf das Jahr 530 v. Chr. datiert. Es geschah, wie von *Tomyris* geplant: *Kyros* wurde dabei tödlich verwundet und die Achämeniden verloren die Schlacht. *Tomyris* Reaktion auf den Sieg wird anschaulich von *Herodot,* dem großen griechischen Historiografen, beschrieben:

„Da ließ Tomyris einen Schlauch mit Menschenblut füllen und den Leichnam des Kyros unter den gefallenen Persern aufsuchen. Als sie ihn dann gefunden hatte, steckte sie sein Haupt in den Schlauch und sprach, indem sie den Toten schmähte, folgende Worte: ‚Du hast mich, da ich noch lebe und Sieger über dich bin, dadurch zugrunde gerichtet, dass du meinen Sohn mit List gefangen hast. Ich aber will dich nun, wie ich angedroht habe, mit Blut sättigen.'"
(www.gottwein.de/Grie/herod/hdt01206.php)

Was *Kyros* begann, vollendete **Dareios der Große** 522–486 v. Chr. Unter seiner Herrschaft gehörte ganz Zentralasien zum persischen Achämenidenreich. Damit begann die Zeit einer ersten kulturellen und wirtschaftlichen Blüte Transoxaniens.

Griechen, Parther, Baktrer, Kuschan

Um 330 v. Chr. beendete **Alexander der Große** die Herrschaft der Perser. Während seiner Eroberungen gründete er Marakanda, das heutige Samarkand, das ihm als Stützpunkt für seine weiteren Feldzüge in den Osten diente. Darüber hinaus gründete er in der Region zahlreiche Kolonien und besiedelte diese mit seinen Veteranen. Während die Griechen nur wenig Einfluss auf die zentralasiatische Kultur hatten, finden sich in der griechischen Kultur viele persische Einflüsse.

Mit dem Tod *Alexanders* 323 v. Chr. und den Kämpfen um seine Nachfolge zerfiel das Weltreich in zwei Teile: das **Partherreich** und das **Griechisch-Baktrische Reich.** Beide Reiche wurden jedoch im 1. Jahrhundert n. Chr. von einer Konföderation des Stammes der Kuschan überrannt. Weitere Eroberungen folgten und das **Kuschanreich** entwickelte sich nicht nur zu einer Weltmacht, sondern vor allem zu einer einflussreichen zivilisatorischen Macht in Zentralasien. Grund dafür war vor allem der schwungvolle Handel auf der Seidenstraße. Mit ihr gelangte der Buddhismus in die Region, die bisher durch den Zoroastrismus geprägt war. Nachdem das Kuschanreich an Macht verlor, wurde die Region um etwa 220 n. Chr. von den persischen Sassaniden eingenommen.

Sassaniden, Hephtaliten, Türken

Mit der Eroberung durch die Sassaniden wurde die Region Teil des **zweiten persischen Großreiches,** das etwa vier Jahrhunderte lang bestand. Auch hier ging es alles andere als ruhig zu. Die ständige Suche der Hirtenvölker nach Weideland führte zu andauernden Wanderungen. Fortwährend zogen riesige Reiterhorden Richtung Westen und machten sich gegenseitig ihre jeweiligen Gründe streitig. Dauerhaft bedroht wurde das Großreich von dem großen Stammesverbund der Hephtaliten, auch „weiße Hunnen" genannt. Der Konflikt zwischen ihnen und den Persern ging als **„Ewiger Krieg"** in die Geschichtsschreibung ein. Den weißen Hunnen gelang es um etwa 460 n. Chr., große Teile des Sassanidenreiches zu kontrollieren. Für kurze Zeit besaßen sie ein Reich, dass das Kuschanreich an Größe noch übertraf. Sie gingen allerdings unter, als sich die Sassaniden um 560 n. Chr. mit den Türken verbündeten.

Arabische und persische Dynastien

Araber

Mit dem Tod des Propheten *Mohammed* im Jahr 632 n. Chr. begann eine **Zeit arabischer Eroberungen.** Innerhalb weniger Jahrzehnte gelangten die Araber im Westen bis nach Andalusien und im Osten bis an das Reich der Sassaniden. Im Jahr 712 wurde Transoxanien endgültig durch die arabischen Heere unter Führung von *Qutaiba Ibn Muslim* erobert. Mit diesem Sieg beginnt die arabische Epoche und mit ihr die Ausbreitung des Islam. Zwar wurde die Bevölkerung nicht direkt dazu gezwungen, zum Islam zu konvertieren, tat es aber jemand nicht, drohten ihm höhere Steuern oder andere Benachteiligungen. So traten letztlich viele mehr oder weniger freiwillig über.

Um 760 n. Chr. beschlossen die Araber die Islamisierung der gesamten Region, stießen dabei allerdings auf einigen Widerstand durch die Bevölkerung. Die Chinesen, selbst begierig auf die Eroberung Transoxaniens, wollten diesen Widerstand nutzen, wurden jedoch in einer Schlacht unter *Sijad Ibn Salih* 751 geschlagen. Dieser Sieg markiert die Wende zu einer islamischen Kultur in Transoxanien.

013un-kk

Samaniden

Die folgende Zeit wurde von **wechselnden Dynastien** bestimmt. Die wichtigste unter ihnen war die der Samaniden (819 bis 1005). Mit ihr wurden die großen Umbrüche zunächst beendet, eine Zeit der Ruhe trat ein und die Hauptstadt **Buchara** wurde zu einem Zentrum der persischen Kultur. Handelsbeziehungen von China und Indien bis Vorderasien und Europa führten zu wirtschaftlicher Blüte. Prunkvolle Paläste entstanden, die persische Literatur entwickelte sich, der sunnitische Islam wurde fest begründet.

Zum Verhängnis wurde den Samaniden die Anstellung heidnischer Sklavenoffiziere in ihrer Armee. Nicht nur, dass diese gegen den Emir intrigierten, auch von außen lauerten schon die nächsten Bedrohungen: Wieder drangen Steppenvölker vor und eroberten gleichzeitig oder nacheinander Teile des Reiches. Doch sonderlich lange währte dieses Gerangel nicht mehr, denn ein nächster mächtiger Herrscher stand bereits am Rande der Manege bereit: Dschingis Khan.

⌃ Islamische Ornamentik

Dschingis Khan und sein Weltreich

Dschingis Khan war bereits im Jahre 1206 zum Anführer eines Zusammenschlusses mehrerer mongolischer Klans berufen worden. Und das aus gutem Grund, denn der Mann war ein großer Taktiker. Zum Einen hatte er erkannt, dass man die Kämpfe in der Steppe nur durch Bündnisse gewinnen kann und vereinigte bald alle mongolischen Stämme in einer **großen Konföderation.** Zum Anderen führte er schnell eine Art allgemeiner Wehrpflicht ein und schuf sich so ein für damalige Verhältnisse riesiges Heer von ungefähr 200.000 Soldaten. Er **entwickelte das Militärwesen** in vielerlei Hinsicht. Militärische Operationen wurden nun durch Erkundungen sorgsam vorbereitet. Seine Reiter nutzten Steigbügel, die es ihnen ermöglichten, auch in schnellem Galopp und rückwärts Pfeile abzuschießen. Streng gegliederte Schlachtenordnungen, die in großen Übungen eingespielt wurden, brachten neue Formen militärischer Taktik hervor. *Dschingis Khan* reorganisierte quasi das gesamte Heer: Die Truppen wurden in leichte Reiter und schwere Verbünde von Lanzenreitern unterteilt und traten nicht mehr in schwer zu kontrollierenden Stammesverbänden, sondern in dezimal gegliederten Einheiten auf. Schon *Marco Polo* zeigt sich darüber begeistert:

„Wenn einer der großen Tatarenfürsten einen Kriegszug unternimmt, so stellt er sich selbst an die Spitze einer Armee von hunderttausend Pferden und ordnet sie in folgender Weise: Er setzt einen Hauptmann über je zehn Mann ein und andere über je hundert, tausend und zehntausend Mann. So erhalten zehn von den Hauptleuten, die über zehn Mann gesetzt sind, ihre Befehle von dem, der über hundert kommandiert; unter diesen wieder je zehn von dem, der den Befehl über tausend hat. Aufgrund dieser Anordnung hat jeder Hauptmann nur auf seine zehn Mann beziehungsweise zehn Truppeneinheiten zu achten."
(*Marco Polo* in „Von Venedig nach China")

Dschingis Khan konnte auf diese Weise ein riesiges Reich erobern, bereits 1215 wurde Peking eingenommen. Von großer Bedeutung war nun, die Handelswege der Seidenstraße für sich zu sichern. Um seine Stärke zu demonstrieren, schickte *Dschingis Khan* 1218 eine große Karawane durch das Gebiet der Xorazm-Schahs, Nachfolger der Samaniden. Zunächst verlief für die 500 mit Kostbarkeiten beladenen Kamele und ihre Begleiter alles planmäßig und gut, auf dem Rückweg aber ließ der Statthalter von Otrar alle Begleiter umbringen. Nur ein einziger Kameltreiber soll überlebt haben. Er überbrachte *Dschingis Khan* die Kunde von diesem scheinbar grundlosen Gemetzel. Der änderte sofort seine Pläne und fiel mit seinen 200.000 Tataren in Buchara und Samarkand ein. Buchara ergab sich darauf relativ widerstandslos, doch *Dschingis Khan* richtete ein bis dato beispielloses Blutbad an. Auch Samarkand, dessen Türme als unbezwingbar galten, musste sich unter dem Feuer der Wurfmaschinen ergeben. 1221 war die **Eroberung Zentralasiens durch die Mongolen** abgeschlossen, das Land lag in Trümmern, 6 Millionen Tote zeugen von der Brutalität des Vorgehens.

Als *Dschingis Khan* 1227 starb, war sein Reich etwa doppelt so groß wie das heutige China. Nach seinem Tod führten seine Söhne (*Tschagatai, Ugedai* und *Tolui*) das **Mongolische Reich** weiter. Obgleich es nunmehr aufgeteilt war, blieb es in der Wahrnehmung eine Einheit. Im folgenden Jahrhundert kam es zu einer Reihe weiterer Eroberungen. So wurde das **größte Landimperium** geschaffen, das bis dahin bestanden hat. Der in die Geschichte eingegangene „Mongolensturm" führte über Ostmitteleuropa bis hin zur Adria. Anfang 1241 lag nur noch das Herzogtum Schlesien zwischen Mitteleuropa und den Mongolen. Nach einer erbitterten Schlacht (bei Liegnitz) zogen die Mongolen in Richtung Ungarn und dann von dannen, da ihr Anführer starb und sie einen neuen Führer wählen mussten. Den Höhepunkt seiner Macht erreichte das Mongolische Weltreich in der Regierungszeit von *Dschingis Khans* Enkel **Möngke Khan (1251–1259).** Danach zerfielen die einzelnen Khanate. Das westliche Gebiet des Mongolenreiches, die **Goldene Horde,** wurde dreißig Jahre von **Usbek Khan (1282–1342)** regiert. Sein Übertritt und mit ihm die Zuführung der mongolischen Tataren zum Islam war ein wesentlicher Schritt zur Islamisierung der Region.

Die Namensbezeichnung *Usbek* leitet sich wahrscheinlich vom türkischen *uz/öz* (gut, echt, wahr) und *bek* (Wächter) ab. Demnach ist *Usbek* der „wahre Wächter des Islam". Man geht davon aus, dass er dem Volk der Usbeken schließlich seinen Namen gab.

Timur und seine Truppen

Der Zerfall der Staaten und die Schwächung der Dynastien boten gute Voraussetzungen, die Sache noch einmal ganz neu anzugehen. Diese Gelegenheit ergriff **Amir Timur,** der Sohn eines türkischen Emirs mongolischer Abstammung, bekannt auch als *Tamerlan*. Leider fehlte ihm die direkte Abstammungslinie von *Dschingis Khan,* weshalb er den ehrenvollen Titel „Khan" nicht tragen durfte. Dass er durch eine Lähmung hinkte, verhalf ihm immerhin zu einem weiteren Namen: *Timur Lenk* („Timur der Lahme"). *Amir Timur* war ganz offenbar der Idee ver-

Wie grausam darf ein Nationalheld sein? – Amir Timur

Amir Timur war ein großer Mann. Mit den 1,72 m, die man bei seiner Exhumierung 1941 feststellte, dürfte er die meisten Männer seiner Zeit überragt haben. Aber mehr noch ragt er durch seine Taten hervor. Timur war einer der größten Eroberer der islamischen Welt. Sein Reich war das größte, dass in dieser Region bis dato existierte. Groß war auch die Grausamkeit, mit der er bei seinen Feldzügen vorging. Er verwüstete ganze Landstriche, merzte alte Kulturzentren aus, zerstörte, verschleppte und tötete, was auch immer seiner Herrschaft im Wege stand. Selbst für die Maßstäbe seiner Zeit soll er skrupellos, bestialisch und gnadenlos gewesen sein. So sagt es die sowjetische Geschichtsschreibung, aber auch Goethe beschreibt ihn als „Tyrann des Unrechts". Aber Goethe ist tot, die Sowjetunion auch und Zeiten ändern sich. Helden auch.

Wo vor 30 Jahren noch Lenin, Marx und Engels geehrt wurden, steht heute Amir Timur. Auf Sockeln, auf Straßenschildern, auf Manifesten.

Timur ist Größe, Timur ist Heldentum, Timur ist Identität! Die Identität eines Landes, dem Lenin, Marx und Engels kein Motiv mehr geben konnten und das sich deshalb neu gegründet hat. Grund genug, die Helden auszutauschen.

Heute wird Timur in Usbekistan als kluger und besonnener Staatsmann, Förderer von Wissenschaft und Kultur, toleranter Herrscher und bedeutender Bauherr dargestellt.

fallen, das mongolische Großreich wieder zu errichten – nunmehr unter dem Vorzeichen des Islam. Zur Legitimation seiner Herrschaft heiratete er ins Haus der Tschagatai, einer direkten Abstammungslinie der Dschingiskhaniden, ein. Dies machte ihn zu einem, wenn auch weitläufigen, Verwandten *Dschingis Khans.* Mitte des 14. Jahrhunderts begann er eine Reihe von einzigartig grausamen Feldzügen, die zur **Herrschaft über ein riesiges Reich (1370–1405)** führen sollten. Es umfasste die islamische Welt von Anatolien und Syrien im Westen bis nach Indien und China im Osten. *Timur* war der größte Eroberer der islamischen Welt und regierte eines der größten Reiche, die jemals in dieser Region existierten. Und auch seine Unbarmherzigkeit wurde zum Superlativ. Er hat einiges dafür getan, die Erinnerung an die grausamen Taten des *Dschingis Khan* wach zu halten, indem er den Schrecken, der sich mit dem mongolischen Herrscher verband, gewissermaßen zitierte. Legendär gewordenen sind die riesigen Pyramiden, die er aus den **Schädeln Getöteter** er-

Förderer stimmt. Bauherr auch. Timur machte seine Hauptstadt Samarkand zum „Mittelpunkt der Erde". In kürzester Zeit erschuf er unzählige prächtige Bauwerke. Prunk, Größe und Ausmaße der monumentalen, majestätischen Ensembles waren einzigartig.

„Zweifelst Du an unserer Macht, dann schau auf unsere Bauwerke" – so schrieb er an das Portal des Aq Sarai in Shahrisabz. Diese Macht ist grenzenlos – so zeigte es seine Architektur. Mit Timur wurde Samarkand das „glanzvolle Antlitz der Erde" und seine Herrschaftszeit zu einer wichtigen Epoche.

Timurs Reich starb schnell, Timur selbst ist lebendig geblieben – in Samarkand, in Händels Oper „Tamerlano", in Goethes „West-östlicher Divan", im Traum von „Tausendundeine Nacht". Zum Helden auferstanden jedoch ist er mit Karimow, dem gegenwärtigen usbekischen Präsidenten. Oder besser gesagt „in" Karimow? Timur als bedeutendster Führer der usbekischen Nation, Timur als kluger Staatsmann, der das usbekische Reich zur Autorität machte ... So beschreibt ihn Karimow und sagt dabei viel über sich selbst. Oder meint er gar sich selbst? Der große Ahne jedenfalls soll dem unabhängigen Usbekistan Selbstbewusstsein geben, soll es als Nation zusammenschweißen. Ein großer Ahne macht Karimow größer. Deshalb macht Karimow ihn groß. Selbst Timurs Körpergröße hat Karimow in den aktuellen Büchern auf 1,80 m korrigiert.

richtete. Gleichzeitig führte er Transoxanien in eine Blütezeit, indem er Wissenschaft und Kultur stark förderte.

Doch *Timurs* Dynastie war schwach, sein Imperium bestand nur für kurze Zeit. Bald nach seinem Tod folgten die üblichen Streitigkeiten und Machtkämpfe der Herrscherfamilie um die Herrschaftsnachfolge. Nur im Kern blieb das einstmals stolze Reich erhalten und wurde durch *Timurs* Sohn *Schahruch* regiert, der Herat zu seiner Hauptstadt machte. Um die alte Hauptstadt Samarkand aber nicht aufgeben zu müssen, übergab er sie im Jahr 1410 an seinen Enkel **Ulugh Beg.** Der wiederum schien so gar kein Interesse an Politik zu haben und betätigte sich lieber als Wissenschaftler. Um Zeit für seine Studien zu gewinnen, setzte er kurzerhand einen anderen Khan als Herrscher Samarkands ein – sein Vater war darüber alles andere als amüsiert. *Ulugh Beg* aber beschäftigte sich trotzdem viel lieber weiter mit Mathematik, Astronomie, Kunst und dem Studium des Korans.

014un-kk

Bereits um das Jahr 1420 gründete er mit der Ulugh-Beg-Medrese eine Hochschule mit über 60 Gelehrten und trug auch darüber hinaus maßgeblich dazu bei, dass Samarkand ein Zentrum von Kultur und Wissenschaft wurde.

Ab 1424 errichtete *Ulugh Beg* ein Observatorium mit einem riesigen gemauerten Sextanten, dessen Ruine bis heute erhalten ist. Ohne Teleskop oder Fernrohr führte er hier Beobachtungen und sehr genaue Vermessungen durch. Dass er ein bedeutender Astronom war, zeigt sich unter anderem daran, dass die Zeitspanne, die er für ein Jahr errechnete, nur 58 Sekunden vom heute errechneten Wert abweicht.

Die Dynastie der Timuriden beherrschte Transoxanien bis zum Anfang des 16. Jahrhunderts, dann zerfiel sie endgültig.

Usbekenreich

Aus der „Konkursmasse" der Timuriden entstanden mehrere neue Reiche, die etwa zwei Jahrhunderte lang stabil waren. Zentralasien war das das **Schaibanidenreich.** Unter Khan *Mohammed Schaibani,* einem Nachfolger *Dschingis Khans,* kommen nunmehr die Usbeken selbst ins Spiel. Diese waren eigentlich, gemeinsam mit den Kasachen, ein **Turkvolk aus Westsibirien.** Dessen Stämme wurden bereits 1430 vom Großvater *Schaibanis* vereinigt. Schon der hatte versucht, ein eigenes Reich aufzubauen, scheiterte aber an den abtrünnigen Kasachen. In großer Zahl siedelten nun Usbeken nach Transoxanien, ihre Sprache und Kultur dominierten allmählich immer deutlicher. *Schaibanis* Enkel *Mohammed* vereinigte die Usbeken neu und um 1600 hatten sie ungefähr das Territorium des jetzigen Usbekistan vollständig besetzt, wurden sesshaft und siedelten sich in Oasen und Städten an. Aus diesem Schaibanidenreich legitimiert sich der heutige usbekische Staat.

Nach *Schaibanis* Tod begannen jedoch zwischen den diversen Nachkommen Streitereien, das Reich zerplitterte und versank. Immerhin war es den Schaibaniden gelungen, die usbekischen Territorien als Einheit zusammenzuhalten, aber um 1700 entglitt ihnen endgültig die Kontrolle. Einzelne Regionen erstarkten und es entstanden drei regionale **Khanate** (Chiwa, Buchara und Kokand). Diese wurden zwar von usbekischen Dynastien regiert, aber mit ihrer Entstehung **zerfiel** der **usbekische Einheitsstaat.**

◁ Bauwerk der Macht – der Registan in Samarkand (Ulugh-Beg-Medrese)

Die Russen kommen

Great Game

Im Verlaufe des 18. Jahrhunderts ging der **Wohlstand der zentralasiatischen Groß- und Kleinmächte** immer mehr verloren. Durch die von europäischen Großmächten dominierten Seehandelsrouten kam der Karawanenhandel mehr und mehr zum Erliegen – die Region verlor nach und nach ihre wirtschaftliche Bedeutung. Das jahrhundertelange Herrschaftsspiel der Steppenvölker mündete im „Great Game" der Großmächte.

Die Zeit der **weltweiten Kolonialisierung** hatte bereits begonnen. Das Britische Empire eroberte Indien und Russlands Expansionsdrang erreichte Kasachstan. Den Briten wurde schnell klar, dass die Zone zwischen Indien und dem Zarenreich immer dünner wurde. Zwischen beiden Großmächten begann eine Art **„kalter Krieg"** – ein Spiel von Spionage und Gegenspionage, es wurde taktiert und unterwandert. 1865 eroberte Russland Taschkent und im Verlaufe der nächsten Jahre auch Samarkand, die Khanate Chiwa, Kokand und das Emirat Buchara. Mit der Einnahme der Oase Merw 1884 war die Eroberung des Gebietes abgeschlossen. Die gesamte Region wurde zum Generalgouvernement Turkestan umgewandelt. Zu Beginn des 20. Jahrhunderts verlor Russland vorerst sein Interesse an Turkestan. Die erste Runde des Great Game war damit vorbei.

Russische Kolonialzeit

Zur Hauptstadt des Generalgouvernements Turkestan wurde Taschkent ernannt. Während das Khanat Kokand vollständig vom Russischen Reich annektiert wurde, blieben das Khanat Chiwa und das Emirat Buchara als eigenständige Staaten unter russischem Protektorat bestehen.

Der Annexion folgte eine Welle der Kolonialisierung: 1,5 Millionen russische Bauern und Kosaken wurden im Protektorat angesiedelt und mehrere wichtige Eisenbahnlinien wurden gebaut. Ab Ende des 19. Jahrhunderts entwickelte sich der Anbau von Baumwolle zu einem wichtigen Wirtschaftsfaktor im Russischen Reich. Der **Ausbau der Baumwollproduktion** hatte neben geografischen vor allem politische Gründe: Mit Getreide würde man Russland selbst Konkurrenz machen, mit Baumwolle dagegen Amerika. Bis 1900 deckte Turkestan etwa 33 % des russischen Bedarfs an Baumwolle, um 1916 waren es dann bereits 100 %. Indem Turkestan vollständig auf die Baumwollproduktion spezialisiert wurde, machte man es **abhängig von Weizenimporten.** Dies hatte für die Kolonialmacht den positiven Nebeneffekt, dass die Selbstständigkeitsbestrebungen Turkestans immer mehr an Grundlage verloren.

Die Kolonialherrschaft wurde durch die Bevölkerung nicht sonderlich wohlwollend aufgenommen, es kam zu Massenunruhen und Protesten. Als 1916 die bis dahin vom Armeedienst freigestellten Turkestaner für den Ersten Weltkrieg rekrutiert werden sollten, kam es zu einem **Aufstand.** Dieser soll mindestens 205.000 Tote gefordert haben, zudem wurden 168.000 Menschen nach Sibirien verbannt. Obgleich der Aufstand niedergeschlagen wurde, gelang ein vollständiges Heranziehen der Turkestaner zum Militärdienst nicht.

Aprikosenbäume im Ferganatal – Restposten der Kolonialzeit

015un-kk

Hammer, Sichel, Halbmond – die Unionsrepublik Usbekistan

Die Geburt einer Nation

Der Sturz des Zaren im Februar 1917 weckte in Zentralasien die Hoffnung, der russischen Kolonialherrschaft wieder zu entkommen. In der gesamten Region fanden Aufstände statt, in denen das Ende der Kolonisation, die Rückgabe der Ländereien und die Selbstbestimmung Turkestans gefordert wurden. Sämtliche Proteste wurden jedoch durch die russischen Machthaber blutig niedergeschlagen.

Mit der Oktoberrevolution von 1917 übernahmen die Bolschewiki unter *Wladimir Iljitsch Lenin* die Macht. Aus dem vormaligen Generalgouvernement Turkestan wurde 1918 die **Turkestanische Autonome Sozialistische Sowjetrepublik.** Nach der Verjagung des Emirs von Buchara und des Khans von Xorazm wurde 1920 die **Volksrepublik Buchara** ausgerufen.

Ab 1924 erfolgte die Neugliederung der Sowjetrepubliken in Zentralasien. Die bisherigen Staatengebilde wurden aufgelöst und Turkestan wurde, wie Stücke einer Torte, an die Nationen aufgeteilt. Dies geschah auf der Basis vorhandener ethnischer Zugehörigkeiten, die Grenzen jedoch wurden mitten durch die Gebiete der verschiedenen Ethnien gezogen. Namensgebend wirkte die mehrheitsbildende **„Nationalität“,** die ihr ebenfalls zugehörigen Menschen außerhalb der neuen Grenzen wurden zu bedeutenden Minderheiten in den Nachbarstaaten. Bis dahin war Nationalität für die Bevölkerung eher eine unbekannte Kategorie. Identität stifteten vielmehr die Familie, lokales Zusammengehörigkeitsgefühl, Sprache, Glaubensangehörigkeit und Nomadentum respektive Sesshaftigkeit.

Diese Aufteilung Turkestans war die Geburtsstunde Usbekistans, mit vollständigem Namen: **Usbekische Sozialistische Sowjetrepublik** (Usbekische SSR). Schon ein Jahr später, 1925, trat sie der Union der Sozialistischen Sowjetrepubliken (UdSSR) bei. Tadschikistan, das als Autonome Sozialistische Sowjetrepublik zur Usbekischen SSR gehörte, wurde 1929 als selbstständige Tadschikische SSR ausgerufen. Die **Karakalpakische Autonome Sozialistische Sowjetrepublik (Karakalpakische ASSR),** die zunächst noch zu Kasachstan gehörte, wurde 1936 an die Usbekische SSR angegliedert. Damit war der Geburtsvorgang **Unionsrepublik Usbekistan** abgeschlossen. Der Begriff „Turkestan“ war damit faktisch abgeschafft, einen zentralasiatischen Einheitsstaat gab es fortan nie wieder.

Feldversuch Vielvölkerreich

Die Gründung der zentralasiatischen Unionsrepubliken war keine leichte Geburt, sondern ein Prozess, der weit vor der Oktoberrevolution begann und erst Mitte der 1930er-Jahre endgültig abgeschlossen war.

Die Frage, wie aus dem russischen Kolonialreich mit seinen unterschiedlichen Nationen eine **Union von Staaten,** verbunden durch den Gedanken des **Kommunismus,** entstehen könnte, hatte *Lenin* schon lange bewegt. Bereits 1913 schickten die Bolschewiki ihren Gefolgsmann *Stalin* zu einer Studienreise nach Wien. In der Hauptstadt des Vielvölkerreichs Österreich-Ungarn sollte er die Genossen beim Umgang mit unterschiedlichen Nationalitäten beobachten.

Seit dieser Reise galt *Stalin* seiner Partei als Spezialist für Nationalitätenfragen. Er verarbeitete seine Eindrücke zu einer Definition von Nation, die weitreichende Folgen haben sollte. Während *Lenin* noch der Idee von einer „Verschmelzung der Nationen" anhing, ist dies im Nationenverständnis *Stalins* vollkommen ausgeschlossen. Völker, so *Stalin,* seien unterschiedlich durch eine sich „in der Gemeinschaft der Kultur offenbarende psychische Wesensart". Die nationale Frage sei nur durch eine Eingliederung zu lösen.

Lenin sah dies zunächst anders. Er wollte den Völkern das Recht auf Selbstbestimmung zugestehen, weil er der Überzeugung war, dass die Länder einer Gemeinschaft bolschewistisch regierter Länder von selbst beitreten werden. Dies allerdings stellte sich als Irrtum heraus – die Länder machten trotz Aufforderung keine Anstalten dazu. Nur wenig später, im Jahre 1922, verlieh man der „Aufforderung" durch die **Gründung der Union der Sozialistischen Sowjetrepubliken (UdSSR)** endgültigen Nachdruck. Sie umfasste annähernd das Territorium des ehemaligen russischen Zarenreiches.

Mit *Lenins* Tod 1924 setzte sich die **Nationalitätenpolitik Stalins** durch. Das Eingreifen in die Nationenbildung und in die Territorien der sowjetischen Peripherie betraf fast die Hälfte der Gesamtbevölkerung der Union, insofern wurde die Nationalitätenfrage spätestens Mitte der 1920er-Jahre zu einem der zentralen Handlungsfelder der sowjetischen Innenpolitik. Die staatstragenden Nationen sollten in alten Böden fest verwurzelt werden, durch **Kollektivierung und Sesshaftmachung** sollten alte Stammesstrukturen zerschlagen und durch neue, nationale Strukturen ersetzt werden – ein schwieriges Unterfangen allerdings bei der mehrheitlich nomadisch lebenden Bevölkerung Zentralasiens.

Gleichzeitig begann mit der Gründung der Länder als Sozialistische Sowjetrepubliken ein unaufhörlicher Prozess der **Sowjetisierung** der künstlichen Nationen. Die Republiken wurden von ihren nationalen Eliten „gesäubert", die kulturellen und politischen Rechte streng beschnitten, die Wirtschaft dem zentralen russischen Regime untergeordnet, russische Kader in die Führungen eingeschleust. *Stalin* trat damit gewissermaßen in die Fußstapfen des Zarenimperiums – jeder Ansatz von Autonomie der Nationen wurde im Keim erstickt.

Nachdem die in den 1920er-Jahren rekrutierte einheimische Parteiführung den stalinistischen „Säuberungen" zum Opfer gefallen war, formierte sich 1937 unter dem Generalsekretär der Kommunistischen Partei Usbekistans *Usman Jussupow* eine **stalinistische Partei- und Staatsbürokratie.**

Das letzte verbindende Element der Regionen des einstigen Turkestans, die Verwandtschaft der Sprachen, verschwand mit der Einführung des kyrillischen Alphabets. Wurden den Republiken zunächst noch Nationalsprachen zugeordnet, verkümmerten diese nun zusehends. Russisch wurde zur Amtssprache aller Nationen.

Großer Vaterländischer Krieg

Im Zweiten Weltkrieg diente Usbekistan der sowjetischen Kriegsführung vor allem als **„sicheres Hinterland".** Die Produktion von Leichtindustrie wurde hierher verlagert und auch der Baumwollanbau diente nunmehr Kriegszwecken.

Zwar kämpften ca. 1,5 Millionen Usbeken in der Roten Armee, als „Großen Vaterländischen Krieg" allerdings, wie von der Stalin-Propaganda dargestellt, dürften ihn viele dennoch nicht empfunden haben, denn ihr Vaterland war nicht die Sowjetunion.

Die deutsche Propaganda nutzte den Umstand, dass viele Asiaten die Russen nach wie vor als Kolonialmacht empfanden. Der Gedanke der Einheit Turkestans wurde von der **deutschen Wehrmacht** instrumentalisiert und zur **Zersetzung der Roten Armee** genutzt. Angehörige zentralasiatischer Führungseliten, die vor dem stalinistischen Terror nach Westeuropa geflohenen waren, durften seit Ende 1941 ihre Landsleute in den deutschen Kriegsgefangenenlagern besuchen. Sie konnten 250.000 Turkestaner, darunter mehrheitlich Usbeken, dazu bewegen, in den Reihen der deutschen Wehrmacht gegen den Stalinismus zu kämpfen.

Diese Zersetzungspolitik wurde sehr systematisch betrieben, an der Universität Göttingen bildete man sogar muslimische Militärgeistliche (Mullahs) aus. Doch die Aufstellung und Ausbildung der sogenannten **„Turkbataillone"** war von Anfang an schwierig. Insbesondere die Vorstellungen von formaler Disziplin und Pflichterfüllung unterschieden sich offenbar stark von der deutschen Militärkultur. Eine Integration gelang nicht, die Turkbataillone blieben eher kulturelle Fremdkörper innerhalb der deutschen Wehrmacht. Mit dem Ende des Zweiten Weltkrieges 1945 verzeichnete Usbekistan 500.000 Tote.

Kommunistisches Khanat

In der Nachkriegszeit festigte sich die stalinistische Partei- und Staatsbürokratie. Ab dem Jahr 1959 wurde *Scharaf Raschidow* Generalsekretär des Zentralkomitees der **Kommunistischen Partei Usbekistans** und damit das Staatsoberhaupt Usbekistans. *Raschidow* regierte das Land 24 Jahre lang und wurde damit zum dienstältesten Republikenchef. Als Sohn eines usbekischen Bauern wurde *Raschidow* zunächst Lehrer, arbeitete später jedoch als Redakteur und Schriftsteller. Geschickt verstand er es, sein Land, das unter ihm zur drittgrößten Nation der Sowjetunion wurde, vor allzu starker Russifizierung zu bewahren. Ab 1961 war *Raschidow* Mitglied des Politbüros der KPdSU, wo er vor allem für die komplizierten Nationalitätenprobleme der Sowjetunion zuständig war. Sein eigenes Land regierte er in der **Manier eines Großherrschers.** Moskau ließ ihn gewähren, denn seine „Herrschaft" sicherte die Stabilität der Region und zudem auch die Erfüllung des zentralen Moskauer Wirtschaftsplanes. Mit dieser zentralisierten **Wirtschaftspolitik Moskaus** nämlich hatte sich Usbekistan zu einem Element des sowjetischen Wirtschaftssystems entwickelt. Baumwolle wurde de facto zur Monokultur, das Land wurde gleichsam zu einer Rohstoffquelle für die Sowjetunion. Strenge Vorgaben aus Moskau regelten, wie viel Baumwolle zu liefern sei. Unter *Raschidow* lieferte das Land zwar zuverlässig, allerdings wurden 1970 zahlreiche Unterschlagungen und Bilanzfälschungen im Baumwollsektor bekannt. *Raschidow* verstarb daraufhin „plötzlich", wobei bis heute unklar ist, ob durch einen natürlichen Tod oder ob er sich selbst umgebracht hat. Auch sein Nachfolger, *Inamschon Usmanchodschajew,* wurde wegen Verstrickungen in den „Baumwollskandal" 1988 abgelöst.

Aus der zentralisierten Planwirtschaft folgte eine beinahe totale wirtschaftliche Abhängigkeit Usbekistans von der Sowjetunion. Nationalitätenfragen rückten in den Hintergrund, Konflikte entstanden nun vielmehr aufgrund der desolaten Versorgungslage des Landes.

1989 wird *Islam Karimow* zum Präsidenten der Unionsrepublik ernannt. Am 31. August 1991, nur wenige Tage nach dem Putsch gegen die Regierung *Michail Gorbatschows,* **erklärt Usbekistan seine Unabhängigkeit.** Die ersten Präsidentschaftswahlen finden im Dezember 1991 statt. *Islam Karimow* wird dabei in seinem Amt bestätigt. Es ist der gleiche Tag, an dem sich die Sowjetunion formal endgültig auflöst.

Vom Khanat zu Karimow – Entwicklung und entscheidende Brüche

Klans, Khanate und Konflikte

Aus der Historie Zentralasiens bis zu diesem Zeitpunkt lassen sich Grundmuster erkennen, die die Entwicklung Usbekistans bis in die Gegenwart hinein beeinflussen. Sie resultieren vor allem aus Bedingungen, die das geografische Territorium sowie die Kultur der Steppenvölker mit sich brachten.

Das Hauptmotiv der Geschichte stellen **periodische Eroberungswellen** dar, die im Wesentlichen nach folgendem Schema verlaufen: Nomadenstämme kommen von irgendwoher und erobern das jeweils bestehende Reich. Sie gründen ein neues Reich, welches sie unentwegt zu vergrößern suchen. Bald aber kommt es zu internen **Streitigkeiten der Stämme** über Erb- und Thronfolge. Diese schwächen das Reich und neu ankommende Nomadenstämme haben es leicht, das Gebiet zu erobern. Mit der erneuten Eroberung durch andere Nomadenstämme wird ein neues Reich gegründet. In der Regel kommt es dann wieder zu Streitigkeiten und die Geschichte beginnt von vorn.

Um darin einen Sinn zu erkennen, muss man sich die Struktur und den **Kulturraum Transoxaniens** vor Augen halten. Von jeher ist dieser Kulturraum geprägt von zwei Lebensweisen, die einen krassen Gegensatz bilden: Auf der einen Seite steht eine relativ **hoch entwickelte Zivilisation in den Städten.** Die Oasen, gleichsam Inseln des sesshaften Lebens, waren nur durch Karawanenwege miteinander verbunden. Auf der anderen Seite steht eine sehr einfache, **nomadische Lebensweise,** geprägt durch die Strukturen und Wertevorstellungen traditioneller Stämme. Letztere zogen, auf der ständigen Suche nach Land, durch die dürren Wüsten. Besiedelt wurden natürlich Orte, die besonderen Anreiz für Sesshaftigkeit boten, z. B. Oasen. So entstanden punktuell Räume der Sesshaftigkeit anstelle einer flächendeckenden Besiedlung.

Das **politische Verhalten der Steppen-Dynastien** blieb, trotz Urbanisierung, stark von den Gepflogenheiten des Steppenlebens bestimmt. So blieb z. B. das Prinzip der Klan- und Sippengesellschaft bindend. Verwandtschaftsbeziehungen waren gleichzeitig Teil des politischen Systems. Die soziale Struktur beruhte auf der Abstammungslinie des Vaters. Diese **Abstammung** konstituierte die Gesellschaft. Starb ein Herrscher, konnte sein Nachfolger derjenige werden, dem es innerhalb der Familie gelang, alle anderen Anwärter auszuschalten. Sobald sich die Umrisse eines künf-

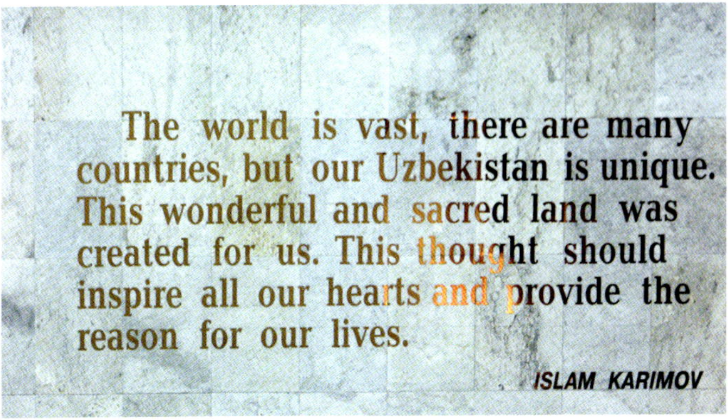

016un-kk

tigen Machtzentrums zeigten und eine „Herrscherpersönlichkeit" auf der Bildfläche auftauchte, schlossen sich Sippen und Stämme freiwillig an. Abgesichert wurden solche Bündnisse oft mittels **heiratspolitischer Strategien,** indem Stämme ihre Töchter mit den mächtigsten Khanen vermählten, um dem führenden Kreis der Steppe anzugehören. Auf diese Weise kam es zu **permanenten Rivalitäten** lokaler Herrscher untereinander und gegen den jeweils „großen" Herrscher. Die politischen Gefüge der Reiche sowie deren Verwaltung waren wenig nachhaltig organisiert und die wenig gefestigte innere Struktur machte sie wiederum anfällig gegen äußere Störungen. Dies führte dazu, dass es beinahe ebenso viele interne Konflikte gab wie Kriege gegen äußere Bedrohungen.

So kamen und gingen die Eroberer, mächtige Reiche erblühten, aber stabile Machtstrukturen konnten selten geschaffen werden, sodass die erschaffenen Reiche meist ziemlich schnell wieder zerfielen. Transoxaniens gesellschaftliche und kulturelle Historie erscheint als eine ständige Wiederholung ähnlicher Entwicklungen. Ein europäisch geprägter Fortschrittsbegriff kann diese Historie nur schwer fassen.

Die Herkunftsgemeinschaften bilden noch heute einen festen Bestandteil des politischen Systems in Usbekistan. Regional verankerte **Klanstrukturen** beherrschen das gesellschaftliche und politische Leben. Ein weit verzweigtes Netzwerk verschiedenster Abhängigkeiten und Loyalitäten untermauert das heutige Staatengebilde ebenso stark, wie es die staatliche Macht zugleich gefährdet (z. B. durch Korruption).

⌃ Usbekistan ist einzigartig … sagt Karimow

Kolonisierung, Kollektivierung und Kommunikation

Neben diesen Grundmustern sind es mehrere bedeutende **Umbrüche in der jüngeren Geschichte,** die die usbekische Gesellschaft bis heute entscheidend prägen. Dazu gehören vor allem das imperiale Selbstverständnis Russlands bei der Kolonisierung, die Russifizierung der Bevölkerung, die Bildung künstlicher Nationen sowie die Umsiedelungen und Ansiedelungen durch die russische Kolonisierung, durch die Kollektivierungsmaßnahmen der Sowjetmacht und durch die „Säuberungen" Stalins.

Nach dem Niedergang des mongolischen Reiches begann Russland, die Länder der abgezogenen Mongolen zu erobern. Während die Mongolen aus ihrem imperialen Selbstverständnis kein Hehl gemacht haben, gab sich die russische Macht eher den Anschein einer zivilisatorischen Mission. Dass man, selbst **zivilisatorische Macht,** die entwicklungsrückständigen asiatischen Nomaden zivilisieren müsse, war kollektive Überzeugung. Dieser Zeitgeist liest sich bei *F. M. Dostojewski* (1881) beinahe wie eine Entsprechung des europäischen Blicks auf Russland:

„In Europa waren wir nur Gnadenbrotesser und Sklaven, nach Asien aber kommen wir als Herren. In Europa waren wir Tataren, in Asien aber sind auch wir Europäer."
(*F. J. Dostojewski* in „Tagebuch eines Schriftstellers")

Beinahe scheint es, als wäre das Ganze als eine Art Bewältigung des kollektiven Traumas der Tatarenherrschaft zu verstehen: Jahrhunderte hatte man sich unterwerfen müssen, nun aber konnte der Großkampf gegen die „Steppe" und damit nicht nur der großflächige Sieg der Zivilisation, sondern auch die weltweite **Anerkennung Russlands als zivilisatorische** (und zivilisierte) **Macht** beginnen.

Nach den Eroberungen wurden vor allem russische Bauern, aber auch Industriearbeiter nach Zentralasien gebracht, um das Gebiet zu kolonialisieren. Mit dem Wachstum russischer Siedlungen und ihrer Infrastruktur kam ein nahezu europäisches Leben in die Steppe.

Mit dem 19. Jahrhundert hatte Russland gewissermaßen das Erbe des mongolischen Großreiches angetreten – und dies mit einem ähnlichen imperialen Selbstverständnis! Im Unterschied zu den anderen Kolonialmächten (wie etwa England) fanden die **Eroberungen** jedoch nicht in Übersee, sondern **auf dem eigenen Kontinent** statt. Dies führte zu einer weiteren Besonderheit im Selbstverständnis: man fühlte sich gar nicht als Kolonialmacht! Das hatte zur Folge, dass das „Großreich" auch späterhin keinen Grund sah, die Kolonien in die Selbstständigkeit zu entlassen – wie dies die anderen Kolonialmächte taten. Die jahrhundertelange **Ressourcennutzung im Interesse Moskaus** sowie die Abhängigkeit durch die zentralisierte Wirtschaftspolitik führen bis heute zu großen Schwierigkeiten bei der Stabilisierung der nationalen Wirtschaft. Dass die Länder den Integrationswünschen Russlands eher ablehnend gegenüberstehen, verwundert wenig: Man traut dem zivilisatorischen Imperator nicht!

Die zivilisatorische Mission brachte auch ein Selbstverständnis der **Priorität der russischen Sprache und Kultur** mit sich. Die „Russifizierung" Zentralasiens hatte bereits im Zarenreich begonnen, wurde aber durch die Sowjetunion noch weit übertroffen. Ein wesentlicher Schritt zur Priorität der russischen Sprache und Kultur war die Einführung des kyrillischen Alphabetes am Ende der 1930er-Jahre.

Hatte man im Zuge der Staatenbildung den einzelnen neu entstandenen Nationen des einstigen Turkestans zunächst noch Nationalsprachen zugeordnet, verkümmerten diese nun zusehends. Mit dem letzten verbindenden Element, der gemeinsamen sprachlichen Wurzel, verschwand auch die Idee der Selbstständigkeit. Die schriftkundige alte Generation, Trägerin der kulturellen Tradition, wurde so zu Analphabeten. Mit dem Umbruch ging eine umfangreiche **Alphabetisierung** der jüngeren Bevölkerung einher. Russisch wurde zur Amtssprache, Russisch wurde gelehrt ... Russisch wurde nach und nach zur Umgangssprache auch im Alltag – die Folgegenerationen lernten Lesen und Schreiben, wurden aber zugleich von ihren kulturellen Wurzeln abgetrennt.

Die **Widersprüchlichkeiten,** die sich aus der willkürlichen Bildung von Nationen sowie der folgenden sprachlichen und kulturellen Russifizierung der Bevölkerung ergaben, erschweren die Staatenbildung und die Schaffung einer staatsnationalen Identität bis heute.

Obgleich die Bolschewiki die imperiale Nationalitätenpolitik des Zarenreiches ursprünglich nicht übernehmen wollten, war ihr Selbstverständnis davon geprägt, Zentralasien der „halbasiatischen Kulturlosigkeit" *(Lenin)* zu entreißen. Menschenmassen wurden um- und angesiedelt, um mit ihnen russische Kultur zu transportieren und zu etablieren. Ab den 1920er-Jahren begann man, die nomadisch lebenden Volksstämme mittels **Zwangskollektivierungen** gewaltsam sesshaft zu machen. Zu gewaltigen **Um- und Ansiedlungen** von Millionen von Menschen führten späterhin auch die „Säuberungsaktionen" *Stalins.* Durch sie gelangten Hunderttausende Koreaner aus Sowjetisch Fernost, Krimtataren und Kaukasier nach Usbekistan. Die „spätere" Sowjetunion förderte die **freiwillige Mobilität,** um regionale Entwicklungsunterschiede zu überwinden und den „sowjetischen Menschen" zu schaffen. Hinzu kam ein Bedarf an qualifizierten Fachkräften zum Aufbau von Infrastruktur, Industrie oder Bildungseinrichtungen, der überwiegend von Russen gedeckt wurde. Mit der Auflösung der Sowjetunion ist das Experiment Vielvölkerstaat also nur scheinbar beendet, denn auch Usbekistan selbst ist ein Staat vieler Völker. Schon bei Gründung des Landes 1924 stellte die Titularnation nur etwa **75 % der Bevölkerung.** Die größte ethnische Gruppe waren neben den Usbeken immer die Russen. Obwohl ihre Abwanderung bereits in den 1970er-Jahren begann, lebten zum Ende der Sowjetunion in den zentralasiatischen Ländern noch etwa 9,5 Millionen Russen. Mit der Unabhängigkeit begann zwar eine Welle von (Ab-)Wanderungen, aber von ethnischer Homogenität ist Usbekistan nach wie vor weit entfernt. Nur etwa 79 % der Bevölkerung im Land sind heute „richtige" Usbeken". Usbekistan ist ein **Land vieler Völker** gewesen und bis heute geblieben.

Geschichtstabelle

- **Altsteinzeit** – Besiedlung Transoxaniens
- **um 700 v. Chr.** – Zeugnisse über die ersten Völkerformationen auf dem Territorium des heutigen Usbekistan
- **bis 550 v. Chr.** – Herrschaft der Achämeniden
- **von 330 v. Chr. bis 323 v. Chr.** – Herrschaft *Alexanders des Großen,* Gründung von Marakanda (heutiges Samarkand)
- **bis 1. n. Chr.** – Partherreich und Griechisch-Baktrisches Reich
- **bis 2. n. Chr.** – Kuschanreich, einflussreiche zivilisatorische Macht in Zentralasien, schwunghafter Handel auf der Seidenstraße, erste Einflüsse des Buddhismus
- **etwa 220 n. Chr.** – Einnahme durch die persischen Sassaniden
- **um 560 n. Chr.** – Verbündung der Sassaniden mit den Türken
- **632 n. Chr.** – Tod des Propheten *Mohammed,* Beginn der Epoche arabischer Eroberungen
- **712** – endgültige Einnahme Transoxaniens durch die arabischen Heere unter Führung von *Qutaiba Ibn Muslim,* Beginn der Ausbreitung des Islam
- **von 819 bis 1005** – Herrschaft der Samaniden
- **1221** – Dschingis Khan erobert Transoxanien
- **1251–1259** – *Möngke Khan*
- **ab 1259** – Zerfall der Khanate im westlichen Gebiet des Mongolenreiches: Bildung einer Konföderation von turksprachigen Nomadenstämmen
- **1282–1342** – Herrschaft der „Goldenen Horde" unter *Usbek Khan,* wahrscheinlich Namensgeber der „Usbeken"

- **1370–1405** – Herrschaft von Amir Timur Lenk (Tamerlan) und den Timuriden, wissenschaftliche und kulturelle Blütezeit Transoxaniens, Samarkand wird Hauptstadt (1370)
- **1410** – Machtübergabe an *Timurs* Enkel *Ulugh Beg*, bedeutender Astronom, 1420 Gründung der Ulugh-Beg-Medrese, einer Hochschule mit über 60 Gelehrten
- **um 1500** – Zerfall der Dynastie der Timuriden in mehrere Reiche
- Herrschaft der Schaibaniden, unter *Khan Mohammed Schaibani*, einem Nachfolger *Dschingis Khans*, besetzten die wiedervereinigten Stämme der „Usbeken" **um 1600** ungefähr das Territorium des jetzigen Usbekistan vollständig
- **um 1700** – Zerfall des usbekischen Einheitsstaates, Entstehung dreier regionaler Khanate (Chiwa, Buchara und Kokand), die von usbekischen Dynastien regiert wurden
- **um Mitte des 18. Jahrhunderts** – die zentralasiatische Region verliert nach und nach ihre wirtschaftliche Bedeutung, der Wohlstand der zentralasiatischen Groß- und Kleinmächte geht immer mehr verloren, die europäischen Großmächte dominieren die Seehandelsrouten und der Karawanenhandel kommt allmählich zum Erliegen.
- **ab Beginn des 19. Jahrhunderts** – Zeit der weltweiten Kolonialisierung, „Great Game" der Großmächte England und Russland um die Zone zwischen Indien und dem russischen Zarenreich
- **ab etwa 1852** – russische Eroberungsfeldzüge in Turkestan, **ab 1865** Eroberung von Taschkent, dem Emirat Buchara, Samarkand und der Khanate Chiwa und Kokand
- **1884** – Abschluss der Eroberung der zentralasiatischen Gebiete durch Russland mit der Einnahme der Oase Merw, Umwandlung des Gebietes in das russische Generalgouvernement Turkestan
- **1895** – Pamir-Abkommen Russlands mit Großbritannien legt Grenzen in Zentralasien endgültig fest
- **Beginn 20. Jahrhundert** – Welle der Kolonialisierung: Ansiedlung von 1,5 Mio. russischen Bauern und Kosaken in Turkestan, Bau wichtiger Eisenbahnlinien, Beginn der Spezialisierung Turkestans auf Baumwollproduktion, ab 1916 deckte Turkestan 100% des russischen Bedarfes an Baumwolle ab.
- **1916 –** Proteste und Massenunruhen gegen die russische Kolonialherrschaft im sog. Basmatschi-Aufstand, blutige Niederschlagung durch russische Truppen kostete ca. 205.000 Menschenleben
- **Februar 1917** – Sturz des russischen Zaren
- **Oktober 1917** – Oktoberrevolution, Übernahme der Macht durch die Bolschewiki unter *Wladimir Iljitsch Lenin*

- **1918** - Generalgouvernement Turkestan wird zur Turkestanischen Autonomen Sozialistischen Sowjetrepublik
- **1920** – Nach Verjagung des Emirs von Buchara und des Khans von Xorazm wird die Volksrepublik Buchara ausgerufen.
- **ab 1923** – allmählicher Aufbau säkularer Bildungsstrukturen mit dem „Dekret über die Liquidierung des Analphabetentums"
- **1923** – Gründung der „Gesellschaft der Schariatsgerichte" zur marxistisch-leninistischen Interpretation der islamischen Gesetzgebung
- **ab 1924** – Neugliederung der zentralasiatischen Sowjetrepubliken, Gründung der Usbekischen Sozialistischen Sowjetrepublik (Usbekische SSR) unter *Stalin*
- **ab Mitte der 1920er-Jahre** – Sesshaftmachung und Kollektivierung der staatstragenden Nationen, Zerschlagung alter Stammesstrukturen, „Säuberung" von nationalen Eliten, Prozess der Sowjetisierung
- **1925** – Beitritt der Usbekischen SSR in die Union der Sozialistischen Sowjetrepubliken (UdSSR)
- **1928** – Einführung des lateinischen Alphabets für das Usbekische
- **1930** – Taschkent wird Hauptstadt der Usbekischen SSR.
- **1932** – Erster Fünf-Jahres-Plan, Zwangsansiedlung der Nomaden, Einführung des Kolchos-Systems sowie der allgemeinen Schulpflicht
- **1936** – Angliederung der vormals zu Kasachstan gehörenden Karakalpakischen Autonomen Sozialistischen Sowjetrepublik (Karakalpakische ASSR) an die Usbekische SSR
- **ab Mitte der 1930er-Jahre** – Ein Großteil der einheimischen Eliten fällt den Säuberungen *Stalins* zum Opfer.
- **ab 1937** – Unter dem Generalsekretär der Kommunistischen Partei Usbekistans *Usman Jussupow* formiert sich eine stalinistische Partei- und Staatsbürokratie.
- **1938** – Einführung des kyrillischen Zeichensystems, kurze Zeit später Einführung von Russisch als Amtssprache sowie als Pflichtfach in der Schule
- **1941** – Angriff auf die Sowjetunion durch das Deutsche Reich (Zweiter Weltkrieg), Usbekistan dient als „sicheres Hinterland", in welches die Produktion von Leichtindustrie verlagert wird, Baumwollanbau dient nunmehr Kriegszwecken, 1,5 Millionen Usbeken kämpfen in der Roten Armee, etwa 250.000 Turkestaner, darunter mehrheitlich Usbeken, in den Reihen der deutschen Wehrmacht.
- **1943** – Schaffung der Geistlichen Verwaltung (Muftiat) der Muslime Zentralasiens mit Sitz in Taschkent
- **1943/44** – Deportationswelle nordkaukasischer Völker nach Zentralasien, u. a. nach Usbekistan

- **1945** – Ende des Zweiten Weltkrieges, Usbekistan verzeichnet 500.000 Tote.
- **ab 1945** – Festigung der stalinistischen Partei- und Staatsbürokratie
- **05.03.1953** – Tod *J. Stalins*
- **1953** – *Amin Nijasow* wird Erster Sekretär des ZK der Kommunistischen Partei Usbekistans.
- **ab 1950er-Jahre** – Ausbau der Baumwollproduktion, Baumwolle wird zur Monokultur, Usbekistan wird durch strenge Vorgaben der zentralisierten Wirtschaftspolitik Moskaus zu einer Rohstoffquelle für die Sowjetunion, wirtschaftliche Abhängigkeit der Republiken untereinander und von der gesamten Sowjetunion.
- **1955** – *Nuritdin Muchitdinow* wird Erster Sekretär des ZK der Kommunistischen Partei Usbekistans.
- **1956** – XX. Parteitag der KPdSU, Beginn der Entstalinisierung, Beginn einer Reihe von politischen, wirtschaftlichen und gesellschaftlichen Reformen seitens der sowjetischen Staats- und Parteiführung
- **1957** – *Sabir Kamalow* wird Erster Sekretär des ZK der Kommunistischen Partei Usbekistans.
- **1959** – *Scharaf Raschidow* wird Erster Sekretär des ZK der Kommunistischen Partei Usbekistans.

Denkmal für die Opfer des Erdbebens von 1966 in Taschkent

017un-kk

- **1961** – erste Weltumrundung im All durch Juri Gagarin
- **1966** – Erdbeben in Taschkent, die Stadt wird fast völlig zerstört, Wiederaufbau als sowjetische Musterstadt
- **1970** – „Baumwollskandal": Bekanntwerden zahlreicher Unterschlagungen und Bilanzfälschungen im Baumwollsektor, *Raschidow* verstirbt daraufhin „plötzlich".
- **ab 1970** – *Inamschon Usmanchodschajew* wird Erster Sekretär des ZK der Kommunistischen Partei Usbekistans
- **1979** – Einmarsch der Sowjetunion in Afghanistan
- **1985** – Wahl *Michail Gorbatschows* zum Generalsekretär der KPdSU
- **1986** – Mit dem Ziel der Zerstörung lokaler Netzwerke werden mit Beginn der „Perestroika" *Michail Gorbatschows* 80 % der usbekischen KP-Kader ausgetauscht.
- **1988** – Ablösung *Inamschon Usmanchodschajews* wegen Verstrickungen in den „Baumwollskandal"
- **1988** – *Rafik Nischanow* wird Erster Sekretär des ZK der Kommunistischen Partei Usbekistans.
- **1988** – Oppositionsbewegung Birlik („Einheit") tritt erstmals offiziell in Erscheinung.
- **1989** – *Islam Karimow* wird Erster Sekretär des ZK der Kommunistischen Partei Usbekistans.
- **1990** – blutige Zusammenstöße zwischen Usbeken und Kirgisen im Fergana-Tal
- **1990** – Oppositionspartei Erk („Freiheit") tritt erstmals offiziell in Erscheinung.
- **18. 08.1990** – Putsch gegen *Gorbatschow*, Beginn des allmählichen Zerfalls der Sowjetunion
- **31.08.1991** – Usbekistan erklärt seine Unabhängigkeit.
- **29.12.1991** – *Islam Karimow* wird mit 86 % aller Stimmen Erster Staatspräsident der Republik Usbekistan.
- **08.12.1991** – offizielle Auflösung der Sowjetunion
- **1991** – Beitritt in die Gemeinschaft Unabhängiger Staaten (GUS)
- **1992** – Usbekistan wird Mitglied der OSZE und der UN.
- **1994** – Einführung der Währung SUM
- **1995** – Verlängerung der Amtszeit *Karimows* per Volksabstimmung (99,6 %) bis zum Jahr 2000
- **1997** – neues Parteiengesetz für Verbot von ethnischen oder religiösen Parteien
- **16.02.1999** – Bombenanschläge in Taschkent
- **2000** – *Karimow* gewinnt erneut die Präsidentschaftswahlen mit einem Traumergebnis von 91,9 %

- **2001** – Vertrag über politische Zusammenarbeit mit den USA – Usbekistan erklärt sich bereit, den USA Militärbasen und Luftraum für Einsätze in Afghanistan zur Verfügung zu stellen.
- **2002** – Abkommen zu Stationierung und Einsatz der Bundeswehr in Termiz
- **März 2004** – Serie von Bombenexplosionen, Selbstmordattentaten und Gefechten in Taschkent und Buchara (mind. 47 Tote), offiziell werden islamistische Gruppierungen verantwortlich gemacht
- **21.11.2005** – USA beenden Militärpräsenz in Usbekistan
- **Mai 2005** – Aufstände und Demonstrationen gegen die Regierungspolitik in Andijon, blutige Niederschlagung der Proteste durch usbekische Sicherheitskräfte
- **September 2007** – Ermordung des angesehenen usbekischen Theaterregisseurs und Regimekritikers *Mark Weil* durch „Unbekannte"
- **Dezember 2007** – Präsident *Karimow* wird im Amt bestätigt (88,1%), verstärkte OSZE-Kritik an den Wahlen
- **2008** – Dekret zur Abschaffung der Todesstrafe
- **2009** – Aufhebung der EU-Sanktionen gegen Usbekistan
- **2014** – Zum Jahresende wird der deutsche Luftwaffentransportstützpunkt in Termiz endgültig geschlossen. Ob dies an einer veränderten Einschätzung der weltpolitischen Lage oder, wie kolportiert wird, an einer Erhöhung der Mietkosten durch *Karimow* liegt, bleibt unbekannt.
- **2015** – Präsident *Karimow* wird mit 91 % der Wählerstimmen im Amt bestätigt, die OSZE kritisiert die fehlende Alternative an Kandidaten.
- **2016** Am 02.09. stirbt Präsident *Islam Karimow*. Am 08.09. wird *Schawkat Mirsijojew* zum kommissarischen Staatsoberhaupt bestimmt. Am 04.12. gewinnt er die Präsidentschaftswahl mit 88,6 % der Stimmen.
- **2017** Die bereits zu Lebzeiten des Vaters in Ungnade gefallene *Gulnara Karimowa* wird zu einer mehrjährigen Haftstrafe wegen Korruption verurteilt.
- **2017** Ein Verbot von Zwangsarbeit von Jugendlichen bei der Baumwollernte wird erlassen, außerdem darf pädagogisches und medizinisches Personal nicht mehr zur Erntearbeit verpflichtet werden.
- **2017** Usbekische Staatsbürger dürfen ohne Beschränkungen Devisen tauschen.
- **2019** Ab Januar können deutsche Staatsangehörige ohne Visum nach Usbekistan einreisen und bis zu 30 Tagen in Usbekistan bleiben. Dies gilt ebenso für Bürger Österreichs und der Schweiz.
- **2019** Präsident *Mirsijojew* reist zum Staatsbesuch nach Deutschland. Die wirtschaftliche Zusammenarbeit mit Usbekistan soll verstärkt und ausgebaut werden.

Der kulturelle Rahmen

‹ Usbekistan ist die Heimat vieler Völker (005un-ag)

Die Konkursmasse des Vielvölkerstaats – ethnische Zusammensetzung der Bevölkerung

Die Bevölkerung Usbekistans setzt sich auch heute noch aus einer Vielzahl von Nationen zusammen. Das Ende der Sowjetunion sowie eine zunehmende Fremdenfeindlichkeit haben zwar erneut zu größeren Wanderungsbewegungen geführt, dennoch ist die Region **Heimat vieler ethnischer Gruppen** geblieben. Die offiziellen Angaben über die tatsächlichen Anteile schwanken stark. Dies dürfte zum einen darin begründet sein, dass die meisten Angehörigen von „Minderheiten" traditionell bilingual sind und ihre tatsächliche Herkunft so schwer bestimmbar wird. Zum anderen hängt dies wahrscheinlich mit der **Angst vor Diskriminierungen** zusammen. Die Verfassung Usbekistans gewährleistet den auf dem Staatsterritorium lebenden Minderheiten zwar Schutz, in der Praxis sieht das bisweilen aber anders aus. So berichten Menschenrechtsorganisationen immer wieder von Inhaftierungen und Zwangsvertreibungen Minderheitenangehöriger. Häufig wird daher bei Zählungen die ethnische Zugehörigkeit falsch angegeben. Diese Gründe machen exakte Aussagen über die Bevölkerungsanteile beinahe unmöglich, einzige Quelle bleiben die offiziellen Angaben.

078un-ag

Usbeken

In Usbekistan leben derzeit etwa 24 Millionen Usbeken, dies entspricht einem Anteil von etwa **80 % der Landesbevölkerung.** Nach den Türken repräsentieren sie die zweitgrößte turkstämmige Gruppe der Welt.

Die heutigen Usbeken gehören in der Mehrzahl zu den **Nachfahren der türkischen und mongolischen Stämme,** die sich während der Zeit *Dschingis Khans* und

Usbekischer Mann

018un-ag

Amir Timurs in Zentralasien ansiedelten. Eine kleinere Gruppe besteht aus sesshaften altiranischen Gruppen. In Abgrenzung zu den turko-mongolischen Nomaden werden diese sesshaften Gruppen als „Sart" bezeichnet. Der Begriff mit der Bedeutung „gelbe Hunde" umschreibt abfällig die sesshaften Städter. Eine weitere kleinere Zahl Usbeken sind Nachfahren der nomadischen Stämme, die mit den als „Goldene Horde" bezeichneten turko-mongolischen Reiternomaden nach Transoxanien kamen.

Die Frage, ob Usbeken traditionell ein nomadisches Volk sind, ist also ganz eindeutig mit „jein" zu beantworten.

Tadschiken

Etwa **4,5 % der Bevölkerung** Usbekistans sind Tadschiken. Das entspricht in etwa 1,5 Millionen Menschen, die heute zum größten Teil in der Gegend um Samarkand wohnen.

Anders als die Usbeken berufen sich die Tadschiken auf ihre **iranische Abstammung.** Sie führen ihre Herkunft auf die Dynastie der iranischen Samaniden zurück, die um 900 n. Chr. Teile Transoxaniens zu einem blühenden Zentrum persischer Kultur machten. Sowohl historisch als auch gegenwärtig umschreibt der Begriff „Tadschiken", in Abgrenzung zu den Turkvölkern, die persischsprachigen Bewohner Zentralasiens.

Die Geschichte Tadschikistans ist eng verbunden mit der usbekischen Geschichte. Daher unterscheidet sich das Brauchtum auch wenig von dem der Usbeken. Erst mit der Entstehung der verschiedenen Sowjetrepubliken und der Schaffung nationaler Historie und Kultur bildete sich eine „tadschikische Nation" und damit ein Zugehörigkeitsgefühl zu den iranischen Völkern heraus.

Die Tadschiken gehören traditionell zu den sesshaften Sart, die meisten von ihnen sind sunnitische Muslime.

⌃ Tadschikin in Usbekistan

020un-ag

Russen

Lange Zeit bildeten die Russen die **größte Minderheit Usbekistans.** Schon im Zarenreich wurden Massen von russischen Bauern angesiedelt. Sowohl die Arbeiter als auch die Verwalter, die ins Land kamen, wurden durch die Kolonialmacht in verschiedenster Weise privilegiert. Dies änderte sich auch während der Sowjetzeit kaum. Die **Elite des Landes** wurde mehrheitlich von Russen gebildet. Das Empfinden der Russen als „Besatzungsmacht" hat sicherlich in den Jahren der Sowjetunion keine vordergründige Rolle gespielt und faktisch abgenommen – aber im kollektiven Gedächtnis blieb es aufbewahrt. Genauso wie die russische Seele scheinbar das Selbstverständnis einer zivilisatorischen Mission bewahrt hat. Auch nach Jahrzehnten Brüderschaft der sozialistischen Nationen sind die Usbeken in den Augen der Russen „Asiaten" geblieben, die ihre Zivilisation zum größten Teil den Russen zu verdanken hätten. So haben sich die „Nationalen", wie sie alltagssprachlich genannt wurden, mit den Russen nie so „gemischt", wie die Illusion des kommunistischen Vielvölkerreiches glauben machen wollte.

Der Zusammenbruch der Sowjetunion indes scheint Erinnerungen geweckt zu haben: Aus der kollektiven Amnesie sind neue Arten von nationalem Bewusstsein erwacht. Auch wenn es wenige tatsächlich gewalttätige Auseinandersetzungen zwischen Russen und Usbeken gibt, driften die Völker wieder auseinander. Jedoch nicht ohne jeweils laut zu betonen, wer bei dieser Trennung Spreu und wer Weizen ist. Die erklärte Nationenpolitik des unabhängigen Usbekistan tut ihr Übriges dazu, dass sich viele Russen ihres Vaterlandes besinnen. Gegenwärtig beläuft sich ihr Anteil in Usbekistan noch auf **etwa 5,5 %,** die meisten von ihnen leben in der Gegend um Taschkent. Mehr als die Hälfte der während der Sowjetzeit in Usbekistan lebenden Russen sind bis 1991 abgewandert. Die andere Hälf-

Heute bilden Russen in Usbekistan nur noch eine kleine Minderheit

te aber ist geblieben. Sie sind in Usbekistan geboren, sie fühlen sich emotional verbunden, persönliche Erinnerungen haben hier ihren Ort – Usbekistan ist ihnen zur Heimat geworden.

Die Angehörigen der russischen Minderheit sind mehrheitlich **Christen** der russisch-orthodoxen Kirche.

021un-kk

Karakalpaken

Die autonome Republik Karakalpakistan *(Qaraqalpaqstan Respublikasi)* liegt im westlichen Teil Usbekistans. Mit **etwa 400.000 Menschen** bilden die Karakalpaken dort etwa ein Drittel der Bevölkerung. Nach den Russen, den Tadschiken und den Kasachen sind die Karakalpaken die viertgrößte Minderheit in Usbekistan. **Amtssprache** ist neben Usbekisch **Karakalpakisch.**

In schriftlichen Quellen tauchen die Karakalpaken erstmals im 16. Jh. auf, über ihre frühe Geschichte ist daher wenig bekannt. Einige Historiker behaupten, dass sie ursprünglich schwarze Kopfbedeckungen trugen, die ihnen den Namen „Schwarzmützen" (Karakalpaken) einbrachten.

Weiterhin geht man heute davon aus, dass es sich bis 1917 um lose Konföderationen halbnomadischer Stämme von Turkvölkern handelte, die in direkter Nachbarschaft zu den Kasachen siedelten.

Von dort sukzessive weiter nach Süden vertrieben, mussten sie sich immer wieder verschiedensten Herrschern unterwerfen. Ab 1873 wurden sie ins Großrussische Reich eingegliedert. Mit der Gründung der Sowjetunion begann eine weitere Odyssee der Zugehörigkeit: Zunächst erhob das damalige Kasachstan Ansprüche auf das Gebiet der Karakalpaken. Zwischen 1924 und 1932 gehörte die Region zur Kirgisischen Sowjetrepublik, zur Volksrepublik Xorazm, zur Sowjetrepublik Turkestan und zur Kasachischen Sowjetrepublik. 1932 wurde für kurze Zeit die **Karakalpakische Autonome Sozialistische Sowjetrepublik** gegründet, doch bereits

Karakalpakin

1936 wurde Karakalpakistan (als einzige autonome Republik) Teil der Usbekischen Sowjetrepublik.

Die historische Verwandtschaft mit den kasachischen Stämmen, die sich auch in der Sprache zeigt, führte dazu, dass Kasachstan nach der Unabhängigkeit erneut Ansprüche auf das Gebiet stellte, allerdings vergebens.

Um zu erkennen, dass man sich auf karakalpakischem Territorium befindet, reicht meist schon ein Blick auf die Menschen: Sie unterscheiden sich äußerlich relativ stark von den Usbeken. Karakalpaken sind in der Mehrheit sunnitische Muslime.

Tataren

Die Tataren sind eine Gruppe von **Turkvölkern,** die in praktisch jeder Republik der ehemaligen Sowjetunion größere Ansiedlungen haben. In Usbekistan leben **etwa 500.000 Tataren,** wobei zweifelhaft ist, wie viele von ihnen bei Zählungen ihre Nationalität wahrheitsgemäß angeben.

Während der russischen Kolonialzeit kamen Tataren aus den Wolgagebieten nach Usbekistan. Durch *Stalin* wurden 1944 zudem Hunderttausende Krimtataren wegen angeblicher Kollaboration mit den deutschen Besatzern von der Krim nach Usbekistan deportiert. Nach der Unabhängigkeit haben viele Tataren das Land wieder verlassen. In ihrer Lebensweise unterscheiden sie sich relativ wenig von der Mehrheitsbevölkerung. Die meisten der in Usbekistan lebenden Tataren sind Muslime.

Zigeunerische Gruppen

„Zigeuner" sind im gesamten zentralasiatischen Gebiet verbreitet. In Usbekistan sollen derzeit etwa 11.000 von ihnen leben. Ihre frühe Geschichte ist nur mündlich übermittelt und liegt daher weitestgehend im Dunkeln. Klar ist allerdings, dass sie sich laut schriftlicher Quellen **bereits seit 2000 Jahren in Zentralasien** aufhalten. Schon im vorkolonialen Zentralasien waren sie fester Bestandteil des kulturellen und wirtschaftlichen Lebens, wurden aber kaum als klassifizierbare „Gruppe" wahrgenommen. Auch die russische Kolonialmacht kümmerte sich wenig um sie. Mit Gründung der Sowjetunion änderte sich das jedoch gravierend. Wie alle anderen Minderheiten waren nun auch die „Zigeuner" **Assimilationsbestrebungen** ausgesetzt. Der „pfiffige, heimatlose, nirgendwo hingehörende Bevölkerungsteil", wie *Solschenyzin* sie in „Der Archipel GULAG" beschreibt, machte es den sowjetischen Machthabern allerdings schwer. Durch ihr ausgeprägtes Gruppenbewusstsein sowie durch ihr Talent zum Auffinden von ökonomischen Nischen entzogen sie sich der sozialistischen Gleichmacherei ziemlich erfolgreich. Selbst in den Kolchosen fanden sie sich wieder als Gruppen zusammen und verblieben im Modus eines **saisonalen Nomadentums.** Vom Ziel, sie zum sesshaften Arbeitsleben „umzuerziehen", war man bis zum Zusammenbruch der Sowjetunion weit entfernt. Bis heute bleibt die Kontrolle dieser Gruppe ein Traum. Ein Traum allerdings, der auch von den nachfolgenden Machthabern geträumt wird, denen der kreative und virtuose Umgang mit den Handlungsspielräumen ein Dorn im Auge ist.

Im Alltag nimmt man „Zigeuner" in der Regel als Bettler wahr. Dies ist jedoch nur der sichtbare Teil eines großen Spektrums ihrer heutigen Lebensweisen. „Zigeuner" leben sesshaft und (halb-)nomadisch, sie wohnen unter der Mehrheitsbevölkerung in Neubauvierteln *(mikrorayon)* oder in separaten Vierteln, sie gehen „geregelten" Arbeiten nach, betteln oder verdienen Geld mit Geschäften, über die man lieber nichts Genaueres weiß.

In der usbekischen Bevölkerung sind die zigeunerischen Minderheiten wenig beliebt, gemeinhin werden sie häufig als *Luli* bezeichnet. Dies geht zurück auf eine alte Sage, nach der „Zigeuner" die Nachkommen eines Geschwisterpaares, nämlich *Lu* und *Li*, seien. Die „Zigeuner" selbst mögen dieses Wort nicht sonderlich und bezeichnen sich lieber als *cigan* (was „Zigeuner" bedeutet – der Begriff gilt in der Sowjetunion nicht als negativ besetzt) oder *mughat.* Das aber ändert wenig daran, dass sie nicht sonderlich angesehen sind und die Mehrheit der Bevölkerung eher verächtlich auf sie herabblickt.

„Zigeuner" in Zentralasien sprechen in der Regel **Tadschikisch.** Allerdings können sie die Sprache so variieren, dass sie, wenn es die Situation erfordert, von anderen nicht verstanden werden.

Zentralasiatische „Zigeuner" sind **meist sunnitische Muslime,** dennoch haben sich viele ihrer vorislamischen Bräuche und Riten erhalten. Heute begegnet man ihnen vielfach mit einem Topf räuchernder Kräuter, deren Dämpfe sie verwedeln. Besonders bei Touristen versuchen sie, die im Dunst der Räucherei vorgetragenen magischen Sprüche in Bares zu verzaubern.

Deutsche

Die ersten Deutschstämmigen kamen bereits **mit der russischen Kolonialisierung** nach Zentralasien. Vor allem waren dies Anhänger der christlichen Mennoniten. Sie hatten auf Einladung des Zaren bereits in den Wolgagebieten gesiedelt, verließen aber, als in Russland die Wehrpflicht eingeführt wurde, aus Glaubensgründen das Zarenreich.

022un-kk

Verbliebener Hausrat von Mennoniten

Insbesondere im Khanat Chiwa entstanden um 1885 einige **deutsche Mennonitenkolonien.** Hier prallen, wenn auch friedlich, Welten aufeinander. Eindrücklich wird dies von *Ella Maillard* (1938) beschrieben. Als sie die Mennoniten fragt, ob sich die Bauern der Umgebung nicht ein Beispiel an den so musterhaft geführten Kolonien der Deutschen nehmen müssten, beschreiben diese das Verhältnis der „Nationalen" zu ihrer Lebensweise so:

„Nee, das lässt die ganz kalt; sie brauchen nichts von alledem, was uns Lebensbedürfnis ist. Wir hatten einen Turkmenen hier bei uns, einen gescheiten Jungen, und am Ende hat er Plattdütsch gesprochen wie einer von uns. Wissen Sie, was er gesagt hat, ein paar Tage ehe er fortging? ‚Ihr seid komische und komplizierte Leute, ihr. Wozu seine Zeit damit vergeuden, dass man dreimal am Tag fünfzehn Teller wäscht und Messer und Gabeln, wenn man ebenso mit einer Schüssel auskommt?'"
(*Ella Maillard* in „Turkestan Solo")

Zu einer zweiten Welle von **Umsiedlungen** kam es **1941,** als *Stalin* etwa 40.000 Wolgadeutsche wegen Kollaboration mit den Faschisten in die Gegend um Taschkent deportieren ließ. Bis 1956 unterstanden die Deutschen dort einer „Kommandantur" und durften ihren Wohnsitz nicht wechseln. Auch nach deren Aufhebung durften sie Zentralasien noch nicht verlassen. Eine **Ausreise der Russlanddeutschen** nach Deutschland begann dann in den **1980er-Jahren,** die meisten jedoch haben erst nach der Unabhängigkeit 1991 das Land verlassen. Die deutsche Minderheit in Usbekistan umfasste 1989 noch etwa 40.000 Menschen, gegenwärtig sind es etwa 10.000. Sehr **intensiv pflegen sie ihre kulturelle Identität** im Verein „Wiedergeburt", der Kulturgesellschaft der Deutschen Usbekistans e.V.

Deutschland ist fern

Etwa 15 km südöstlich von Chiwa soll es ein Dorf geben, in dem Deutsche gelebt haben. Ob es noch Spuren gibt? Wir wollen sie suchen. Die Aufgeregtheit am Taxistand lässt uns skeptisch werden. Ob man das Dorf auch wirklich kennt? Jaja, natürlich, jeder in Xorazm kenne dieses Dorf. Man diskutiere nur noch darüber, wo genau es liege.

Zehn Minuten später herrscht Einigkeit über den Weg und wir fahren los. Allerdings nur bis zum Ausgang der Stadt, wo der Fahrer fragend hält. Es folgt: eine Kehrtwende. Noch mehrere Male geht es so: es wird gefragt und es wird gewendet, immer wieder steigt jemand mit in das Auto ein, um den Weg persönlich zu weisen. Nach längerer Zeit erreichen wir ein Dorf. Da es kein Ortseingangsschild gibt, können wir nur darauf vertrauen, dass es das richtige ist. Auf jeden Fall freuen sich die Bewohner offenbar sehr, dass wir gekommen sind, denn sofort werden wir zu Brot und Tee in das nächstliegende Haus geladen. Haben hier die Deutschen gelebt? Nein, deren Häuser könne man nicht mehr sehen, aber es gebe noch einige Utensilien, die man aufgehoben habe. Man müsse nur noch klären, wo sie sich befinden.

Die Klärung erfolgt über diverse Anrufe, dann fahren wir mit zwei neuen Begleitern einige hundert Meter weiter durch das lang gestreckte Dorf. In ein nächstes Haus gebeten, sehen wir zunächst dabei zu, wie Frauen aus vielen Räumen viele Gegenstände in die Diele tragen: darunter eine Kommode, eine Wasserwaage, eine Lampe, ein Fenster, eine Waage …

Von mehreren Männern werden die Objekte stolz vorgeführt. Nach einer angemessenen Zeit der Wertschätzung und vielen Fotos werden erneut Tee und Brot gereicht. Dann geht es zurück ins Auto. Wir kämen nun an die Stelle, wo die Häuser der Deutschen einst standen, verspricht der neue Begleiter. Während der Sowjetzeit wurde auf diesem Landstück ein Pionierlager betrieben. Die kleinen Baracken mit ihren Wandmosaiken fröhlicher und sportlicher Pioniere werden heute als Ställe genutzt. Aber es gibt noch einen Brunnen, den die Deutschen gebohrt haben, eine Feldbegrenzung, welche die Deutschen gepflanzt haben und: einen Birnbaum. Damit wir ihn sehen können, weist unser Begleiter in die Weiten der Äcker. Deutschland könnte kaum ferner sein, als bei diesem Blick in die usbekische Wüste.

Extrainfo 1 (s. S. 7): Website der Deutschen Allgemeinen Zeitung, 1966 für die deutsche Minderheit Kasachstans gegründet, mit guten Beiträgen über Usbekistan

Zwischen Religion und Brauchtum – Usbekistan und der Islam

Wodka im Gottesstaat – Realität im Widerspruch

Folgt man der Berichterstattung der deutschen Presse, könnte leicht der Eindruck entstehen, ganz Mittelasien sei als Reiseziel sicherheitshalber zu meiden. Die Meldungen drehen sich im Wesentlichen um radikalen **Islamismus** und den daraus resultierenden **Terrorismus.**

Wer sich dennoch traut, Usbekistan zu bereisen, ist überrascht und verwirrt. Nur sehr wenige Frauen tragen Schleier und von Alkoholabstinenz kann überhaupt keine Rede sein. Selbst an wichtigen islamischen Festtagen wie dem Opferfest oder zu Ramadan wird bisweilen extensiv alkoholisiert gefeiert, gleichwohl doch beinahe alle Usbeken ihrer Selbstwahrnehmung nach gläubige Muslime sind. Nach offiziellen Angaben sind es 88 %. Davon allerdings kündet die unübersehbar große Anzahl von Moscheen mehr als der Alltag. Was sich dem Besucher offenbart, entspricht insgesamt nur wenig den westlichen Vorstellungen von islamischer Kultur oder gar von einem islamistischen Gottesstaat. Weder sind die Frauen verschleiert, noch wird den Verboten von Schweinefleisch und Alkohol gefolgt. Auch die Kenntnisse über Schriften und Traditionen sind bei vielen eher als sehr gering einzuschätzen.

Wie aber kommt es zu diesem offensichtlichen **Widerspruch** zwischen Selbstwahrnehmung der Usbeken und fremdwahrgenommener Realität?

Hochislam oder Volksislam? – die Ausbreitung einer Religion

Die **Entwicklung des Islam in Zentralasien** bietet den Schlüssel zum Verständnis dieser Diskrepanz. Als die arabischen Truppen im 7. Jahrhundert an die Grenze Transoxaniens gelangten, war die **Region** zu einem Teil zoroastritisch, zum anderen Teil **buddhistisch** orientiert. Mit dem Sieg über das chinesische Heer im Jahr 751 fiel die endgültige Entscheidung für eine islamische Kultur in Transoxanien, mithin also auch für das Gebiet des heutigen Usbekistans. Die neue Religion veränderte die Stellung Transoxaniens schlagartig: Aus einer einst peripheren Region wurde ein lebendiges **Zentrum der neuen islamischen Welt,** in dem Wissenschaft, Literatur und Philosophie erblühten.

Die **Islamisierung der Bevölkerung** erfolgte allerdings allmählich und nicht überall in gleicher Geschwindigkeit und Tiefe. Während sich die neue Glaubensrichtung in den städtischen Zentren schnell ausbreitete, ka-

Hodscha Nasreddin, ein orientalischer Till Eulenspiegel

Einer der bedeutendsten Sufiorden war die Naqshbandiya-Bruderschaft. Sie entstand etwa im 14. Jahrhundert und hat ihre Wurzeln in der Gegend um Buchara. Aus ihr soll der bekannteste aller Derwische stammen: Hodscha Nasreddin. Im gesamten islamisch geprägten Raum werden die Geschichten dieses orientalischen Till Eulenspiegels erzählt. Die bunte Mischung aus Witz, Allegorie und Moral ist auch heute noch sehr beliebt. Ob Hodscha Nasreddin tatsächlich gelebt hat und wo, ist jedoch nicht zuverlässig nachgewiesen.

Gerade als der Ruf zum Gebet vom Minarett erschallt, wird beobachtet, wie Hodscha Nasreddin von der Moschee forteilt. Jemand ruft ihm nach: „Wo läufst du hin, Hodscha?" Hodscha Nasreddin schreit zurück: „Das war der lauteste Ruf, den ich je gehört habe. Ich gehe jetzt weit weg von der Moschee, um herauszufinden, bis zu welcher Entfernung der Ruf noch gehört werden kann!"

men ländliche Gebiete und die Nomadenstämme zunächst eher seltener damit in Berührung. Zuallererst wurde der Glaube von den lokalen Eliten angenommen, später folgten nach und nach die anderen Schichten. Die Verbreitung des Islam beruht weder auf Zwangskonvertierungen noch auf plötzlichen spirituellen Erleuchtungen – der Übertritt zur Umma, der muslimischen Gemeinschaft, war, und das ist das Interessante, vielmehr mit zahlreichen Privilegien verbunden. Minderheiten (Christen, Juden u. a.) wurden nach islamischem Recht zwar toleriert, mussten aber eine besondere Steuer zahlen.

Besonders **Buchara** wurde zu einem Zentrum islamischer Religiosität und Gelehrtheit. Bereits im 13. Jahrhundert hatten die **Gelehrten Transoxaniens** eine **führende Stellung** in der gesamten islamischen Welt. Mehr als 200 wichtige religiöse Schriften entstanden, darunter zentrale Werke der hanafitischen Rechtsschule des sunnitischen Islam.

Deutlich anders vollzog sich die Ausbreitung des Islam abseits der großen Zentren. Der geringe Bildungsstand der nomadischen Landbevölkerung führte dazu, dass sich religiöse Schriften kaum verbreiten konnten. Hier blieb das reiche islamische Schrifttum inklusive seiner Dogmatik, Rechtslehre und Philosophie weitgehend unbekannt. Anstelle eines schriftbasierten Hochislam verbreitete sich in diesen Bevölkerungsteilen eine **schriftlos praktizierte Religion,** die gut mit dem Begriff „Volksislam" umschrieben werden kann und in die zahlreiche Elemente der vorislamischen Zeit Einzug hielten. Dazu gehört beispielsweise der Glaube an die **Welt der Geister** („Dschinne") und die magischen Praktiken zu ihrer Beschwörung.

Stark geprägt ist dieser Volksislam auch durch den **Sufismus und seine Orden.** Die sufistischen Ordensgemeinschaften verkörpern vor allem die „mystische Dimension des Islam", seine normativen Elemente dahingegen werden nur wenig betont. Die Angehörigen der Sufiorden spielten als wandernde Derwische eine tragende Rolle bei der Islamisierung der ländlichen Regionen. Gleichzeitig flossen in die mündliche Weitergabe der islamischen Rituale immer auch **vorislamische Bräuche** und Traditionen der jeweiligen Stämme mit ein. So haben sich im Prozess der Islamisierung viele vorislamische Traditionen mit dem Sufismus verbunden. Gerade die nomadisierenden Turkvölker verankerten in ihrer Gemeinschaft Rituale und Werte, die mit den Vorstellungen des Hochislam bisweilen nur wenig gemein hatten.

Darüber, wie die Bevölkerung ihre Religiosität genau praktizierte, gibt es kaum zuverlässige Informationen. Erst die Feldforschungen im Rahmen der russischen Expansion im 19. Jahrhundert bringen ein wenig Licht in das Dunkel des gelebten Islam in Zentralasien. Aus diesen Quellen lässt sich entnehmen, dass es einige Impulse in Richtung eines zivilisatorischen Anschlusses an die europäische Welt gegeben haben muss. Tatsache ist, dass es aus den Reihen der Muslime massive Widerstände gegen die Unterdrückung durch die russische Kolonialmacht gab.

Sowjetischer Schattenislam

Die **Machtübernahme der Bolschewiki** stimmte die islamischen Eliten zunächst hoffnungsfroh, dass ihre unterdrückte Stärke wieder zunehmen könnte. Noch einmal erwachte der Traum von einem islamischen Einheitsstaat Turkestan. Doch die Sowjetunion war ihrer Ideologie nach ein **atheistisches Gesellschaftssystem,** das jeglicher Religion grundsätzlich eher feindlich gegenüberstand. So wurde gegen Ende der 1920er-Jahre begonnen, den Einfluss der islamischen Geistlichkeit sukzessive einzuschränken. Moscheen und Bildungseinrichtungen wurden geschlossen, traditionelle muslimische Institutionen abgeschafft, der religiöse Unterricht verboten. Kontakte zu Muslimen in den Nachbarländern wurden drastisch eingeschränkt und durch Großkundgebungen wie etwa die Schleierverbrennung (1927) demonstrierte die Sowjetmacht ihren neuen Kurs. Ziel war es, den Islam durch **Zerstörung seiner geistigen Institutionen** zu zerschlagen. Das aber war schwieriger als erhofft, da sich der Islam nicht als Amtskirche formiert, sondern als Gemeinschaft, die nicht auf bestimmte Orte oder ernanntes Personal angewiesen ist. Wesentlich wirksamer im Kampf gegen die Religiosität der Bevölkerung war die **Schriftreform** zum Ende der 1930er-Jahre. Indem nunmehr die traditionelle arabische Schrift durch **das kyrillische Alphabet** ersetzt wurde, verschloss man den kommenden Generationen den Zugang zum islamischen Schrifttum und trennte sie von ihrem kulturellen Erbe gleichsam ab.

Mit Beginn des Zweiten Weltkrieges jedoch änderte *Stalin* seine Islampolitik. Um sich die patriotische Loyalität der muslimischen Bevölkerung im Großen Vaterländischen Krieg zu sichern, wurden einige Zugeständnisse gemacht. Zum Beispiel richtete man **Muftiate** ein. Dies sind Ämter für die religiösen Angelegenheiten einer Region, jeweiliges Oberhaupt ist der Mufti, zudem gibt es seine Stellvertreter. Durch die Einrichtung dieser Ämter schuf man für die Muslime der Sowjetunion eine offizielle **geistliche Verwaltungsstruktur** und ließ damit eine Variante staatskonformer Religiosität zu. Die neue Botschaft bestand nun in der Vereinbarkeit von Sowjetsozialismus und Islam.

Der Umgang der Sowjetunion mit dem Islam blieb auch nach dem Zweiten Weltkrieg ambivalent. Auf der einen Seite hoffte man, durch einen moderateren Umgang größeren Einfluss auf die islamisch geprägten Bevölkerungsschichten ausüben zu können. Mithilfe der Muftiate wurde ein offiziell anerkannter „sowjetischer Islam" konstruiert, der die Sowjetmacht sowohl innen- als auch außenpolitisch legitimieren sollte. Indem die geistlichen Verwaltungen direkt **der Moskauer Regierung unterstellt** waren, konnte man diesen „offiziellen Islam" gleichzeitig aufs Beste kontrollieren.

Viele der traditionellen Funktionen (wie z. B. die Rechtsprechung) waren aber ohnehin bereits in den 1920er-Jahren säkularisiert worden, was die Bedeutung der Muftiate relativ gering hielt. Direkt dem Ministerrat der Sowjetregierung unterstellt, mutierten sie zu Ausführungsorganen der Moskauer Islampolitik, die in vorgeschriebenen Predigten von „oben" vorgegebene Inhalte zu vermitteln hatten. Ein Beispiel für die Instrumentalisierung der geistlichen Führer im Sinne der Sowjetmacht sind die **durch die Muftiate erstellten Fatwas** (Rechtsgutachten), in denen sie die Gläubigen von den Pflichten befreiten, die der sowjetischen Volkswirtschaft materiell schaden konnten (z. B. vom Fastengebot). Die offiziellen Geistlichen indes lediglich als „langen Arm Moskaus" zu bezeichnen, täte ihnen sicher unrecht. Viele von ihnen fungierten ihrem Selbstverständnis nach als „Diplomaten", die „zwischen den Zeilen" des offiziell politisch Korrekten versuchten, ihren geistlichen Dienst in einer religionsfeindlichen Umgebung zu versehen.

Trotz weiterer Intensivierung der Atheismus-Propaganda und groß angelegter antireligiöser Kampagnen gelang es der Sowjetunion nicht, eine gänzlich atheistische Gesellschaft zu schaffen. Gegen alle Repressionen und Verbote lebten religiöse Praktiken und geistliches Wissen weiter. Vor allem die **Rituale des Lebenszyklus** wurden in ganz Zentralasien auch während der Sowjetzeit beinahe überall praktiziert. Ebenso blieb die Region **von traditionellen Verhaltensnormen** bestimmt. Die offiziell

⌃ Lesen im Koran

propagierten Leitlinien zu Themen wie Kindererziehung, Partnerwahl und Geschlechterverhältnisse schlugen sich im Alltag der breiten Bevölkerung kaum nieder. Vielfältige Formen von islamischer Religiosität wurden inoffiziell und quasi „parallel" zu den offiziellen Strukturen weitergeführt. So existierte neben den offiziellen eine vielfache Zahl an nicht registrierten Moscheen, ähnlich groß war die Kluft zwischen registrierten Geistlichen und Laienmullahs.

Begünstigt wurde dieser **„Schattenislam"** dadurch, dass viele traditionelle Institutionen (z. B. die Nachbarschaftsgemeinden – *Mahalla*) in die sowjetischen Strukturreformen mit einbezogen wurden. Kolchosen z. B. wurden nicht neu zusammengesetzt, sondern bauten in der Regel auf den bereits bestehenden **lokalen Sippenstrukturen und Nachbarschaftsgemeinden** auf. Gerade aber die Teestuben der *Mahallas* dienten als Treffpunkte des geistlichen Lebens, hier wurde der Islam munter mündlich weiter tradiert. Die Sowjetmacht nutzte die soziale Akzeptanz der traditionellen Gemeinschaften klug zu ihrer eigenen Verwurzelung. Gleichzeitig aber wurden die eigentlichen Basiseinheiten des sozialen, kulturellen und religiösen Lebens in Mittelasien nicht wirklich zerstört, sondern paradoxerweise sogar gut konserviert.

Der Volksislam mit seinen zahlreichen vor- und außerislamischen Elementen erwies sich auf diese Weise als **resistent gegen die antireligiöse Politik** der Sowjetmacht. Die Bevölkerung hielt an bestimmten Bräuchen fest, obwohl sie bisweilen durch den Koran weder strikt gefordert noch wirklich legitimiert waren. Ihre Funktion war aber auch weniger das Bekenntnis zum Glauben als vielmehr die Abgrenzung zu der als fremd empfundenen Sowjetkultur. Die Bedeutung der zentralen Elemente des Volksislam, vor allem der Pilgerstätten und Lokalheiligtümer, konnten weder der Hochislam noch die Sowjetmacht unterdrücken.

Es liegt nahe, die **Widerstandsfähigkeit des Volksislam** als unterbrochene Kontinuität zu interpretieren: Vorsowjetische islamische Werte und Vorstellungen sowie die Praxis gelebten Glaubens blieben erhalten. Durch das Sowjetregime wurden sie lediglich einige Jahrzehnte „gestört" und in den Schatten abgedrängt, um dann unverändert wieder aus der Asche des Sozialismus aufzuerstehen. Die sowjetische Ideologie „störte" jedoch nicht nur. Als 70 Jahre lang auferlegte Gesellschaftsordnung übte sie vielmehr einen sehr großen Einfluss auf das Verständnis und die Formen von Religiosität aus. Die Sowjetunion bestimmte nicht nur einfach den Alltag, sondern ihre Ideen durchdrangen auch das islamische Gedankengut auf vielfältige Art und Weise. Erleichtert wurde dies durch den Umstand, dass **Islam und kommunistische Ideologie,** auch wenn sie sich in der konkreten Ausgestaltung radikal voneinander unterscheiden, sehr

ähnliche Grundvorstellungen vertreten. So spielt in beiden Denkweisen der Gemeinschaftsgedanke eine wesentliche Rolle – ob als Kollektiv oder aber als islamische Gemeinde. Die Ideen von Gemeinschaft oder auch Gleichheit und Gerechtigkeit verbanden sich im kollektiven Bewusstsein bald so stark mit der sowjetischen Idee, dass sie kaum noch mit dem genuin islamischen Gedanken assoziiert wurden. Diese Durchdringung führte allmählich zu einer Umformung islamischen Gedankengutes.

Gleichzeitig verknüpfte die **Nationalitätenpolitik** der Sowjetunion religiöse Zugehörigkeit zunehmend mit dem kulturellen Erbe der Nationen. Religiös motivierte Rituale wurden zu weltlichen Festen umgedeutet, neu modelliert und als nationale Tradition uminterpretiert. So tradierten sich alte Rituale zwar, allerdings ohne Reflexion und bisweilen sogar ohne Kenntnis des religiösen Ursprungs. Im Bewusstsein der Menschen verankerten sie sich über die Jahre vielmehr als **nationales, kulturelles Erbe.** Begünstigt wurde dieser Prozess dadurch, dass religiöses Wissen kaum noch weitergegeben werden konnte. Religion wurde so allmählich vom Glauben zum „kulturellen Hintergrund". Der „Islam" spielte sich in folkloristisch umgeformten **Ritualen** ab, die beinahe gänzlich **ohne religiöse Deutungsmuster** bestanden. Aus dieser Perspektive konnte, zumindest in der spätsowjetischen Phase, sogar ein Mitglied der kommunistischen Partei behaupten, bekennender Muslim zu sein, da dies lediglich (s)einen nationalen oder auch kulturellen Hintergrund zum Ausdruck brachte, nicht jedoch eine religiöse Gesinnung. Erst die sowjetspezifische enge Verknüpfung von Religion mit Nationalität machte diese Vereinbarkeit des eigentlich Unvereinbaren möglich. Trotz des religionsfeindlichen Klimas überlebte der Islam, wenn auch umgedeutet als „nationales Erbe der Ahnen" und umgeformt von sowjetischen Einflüssen. Am eigentlichen Ziel der Sowjetmacht, eine religionslose Gesellschaft zu schaffen, ging dies meilenweit vorbei.

Nation oder Religion? – Islam heute

Seit dem Zerfall der Sowjetunion beobachtet man in allen zentralasiatischen Staaten, dass Religion wieder an Bedeutung gewinnt. Öffentliche Gebäude und Straßen wurden nach berühmten islamischen Theologen und Philosophen benannt, neue Hochschulen sind entstanden und tausende Moscheen wurden wieder- oder neu errichtet. **Islamische Symbole und Praktiken** durchziehen den Alltag Usbekistans. Gemeinhin wird dies als ein Wieder-Erstarken des Islam gedeutet, als „Reislamisierung" der zentralasiatischen Region. Gerade die Jahre nach der Unabhängigwerdung Usbekistans trieben die **westliche Berichterstattung** zu Höchstleistungen.

079un-ag

Spielten bis dato die islamischen Wurzeln der zentralasiatischen Region für die Weltöffentlichkeit kaum eine Rolle, machte man sich nun Sorgen über die „islamische Wiedergeburt“ auf einem „weißen Flecken“ der Weltkarte. Zunehmend wurde die Angst laut, die Region könnte sich enger mit der islamischen Welt verbinden als mit Russland oder dem „Westen“. Beinahe sensationalistisch berichtete man von einem Ringen anliegender islamischer Staaten um die Seelen der postsowjetischen Muslime und beschwor die Gefahr eines fundamentalistisch islamischen Weges herauf. Diese Berichte ließen die Region wie eine tickende Zeitbombe erscheinen, die durch den Wegfall der sowjetischen Unterdrückung im nächsten Moment in Richtung Gottesstaat platzen würde. Scheinbar war dabei bereits in Vergessenheit geraten, dass die Sowjetunion keinesfalls an ihren islamischen Grenzen zerfallen war, sondern dass gerade hier **das Sowjetsystem am längsten überdauert** hatte.

Auch ungeachtet des sowjetischen Säkularismus hatte es in Zentralasien kaum nennenswerte religiös motivierte Widerstände gegen das Sowjetregime gegeben. Hintergrund der Aufsehen erregenden Berichterstattung im Westen waren vielmehr wirtschaftliche und geopolitische Interessenlagen als eine seriöse Auseinandersetzung mit den Perspektiven eines zentralasiatischen Islam. Den Fokus allein auf die potenziellen Bedrohungen durch einen „islamischen Fundamentalismus“ zu legen, verschleiert den ungetrübten Blick für die Komplexität der sozialen, religiösen und politischen Entwicklung sowie die durch 70 Jahre Säkularisierung entstandenen Verwerfungen.

⌃ Beten zu Allah

Sowjetunion – Nachlass, Erbgut und Altlasten

Mit der Unabhängigkeit standen die neuen zentralasiatischen Regierungen vor der großen Herausforderung, postsowjetische nationale Identitäten zu schaffen. Für diesen **Prozess der Nationenbildung** erwies sich das islamische Erbe als wichtige kulturelle Ressource. Gerade in Usbekistan gab man sich größte Mühe, nationale Bräuche, Traditionen und „Helden" als das spirituelle Erbe eines vorsowjetischen Usbekistans zu inszenieren. Der Islam wurde als Bezugspunkt und Quelle kollektiver Identität zum Aufbau eines tragfähigen Nationalbewusstseins instrumentalisiert. Hier konnte die neue usbekische Regierung bereits auf das Erbe ihrer sowjetischen Vorgänger zurückgreifen, die den Zusammenhang zwischen kulturellen und religiösen Kategorien im kollektiven Bewusstsein tief verankert hatten. Dieser Nachlass wurde zum Wegbereiter, den **Islam als Lieferanten nationaler Identität** zu nutzen.

Die verstärkte Hinwendung der Bevölkerung zum Islam lediglich als eine Reaktion auf das postsowjetische spirituelle bzw. ideologische Vakuum zu interpretieren, greift zu kurz. Vielmehr handelt es sich um die Suche nach gemeinschaftlicher nationaler Identität, um eine Art nationaler und kultureller Selbstvergewisserung. Es illustriert das Bestreben eines Volkes, nach der kolonialen Sowjetisierung ein eigenes kulturelles Areal zu schaffen. Der Islam wurde nicht als Religion wiedergeboren, sondern als **kulturelles Medium** zur Wiedergeburt einer Nation. Und als „Kultur" konnte er attraktiv auch für jene werden, die sich, sowjetsozialisiert, als wenig oder nicht religiös betrachteten.

Auch bezüglich der **politischen Machtausübung** sowie der **institutionellen Strukturen** greift die postsowjetische Regierung auf den ideellen Nachlass ihrer sowjetischen Vorgänger zurück. Bereits die Sowjetmacht duldete den Islam nur in einer nationalen, folkloristischen Form. Ähnlich ambivalent stellt sich die Religionspolitik des unabhängigen Usbekistans dar. Einerseits will man auf das islamische Erbe als kulturelle Ressource für die Nationenbildung nicht verzichten, andererseits muss die verfassungsgemäße Trennung von Staat und Religion sichergestellt werden. So entsteht eine Neuauflage der **„Domestizierung" des Islam** in die Form einer staatstreuen Religion, wie sie bereits in der Sowjetzeit praktiziert wurde. Gemäß dem nationalen Charakter des offiziellen Islam wurden auch die Muftiate nationalstaatlich organisiert. An einer supranationalen Organisation besteht staatlicherseits auch heute kein Interesse, da sie die Verbindung zwischen Religion und Nation destabilisieren könnte. Der „offizielle, gemäßigte Staatsislam" weist viele Ähnlichkeiten mit seinem sowjetischen Vorgänger auf. Und die geistliche Elite ihrerseits kooperiert mit dem usbekischen Regime in etwa ebenso wie zuvor mit der Sowjetmacht.

Neues Regime – Legitimation durch Islamismus

Obwohl der Islam „aus dem Schatten" in den Alltag Usbekistans zurückgekehrt ist, bleibt ein gewisser Gegensatz zwischen dem offiziellen staatstreuen und einem unabhängigen Islam bestehen. Gerade die gesellschaftlichen Veränderungen bei der Transformation in die postsowjetische Ära ließen **gesellschaftskritische religiöse Gruppen** an Anziehungskraft gewinnen. Fundamentalistisch orientierte islamische Bewegungen profitierten von den Schwierigkeiten der postsowjetischen Führung, ein Minimum an sozialer und ökonomischer Stabilität sicherzustellen.

Aus der Angst heraus, dass sich aus der religiösen Artikulation von Regimekritik eine die Macht gefährdende Opposition formieren könnte, geht die usbekische Regierung gegen jede islamische Bewegung vor, die sich der staatlichen Kontrolle entzieht. Nachdem sich Anfang der 1990er-Jahre besonders im Ferganatal erste Ansätze eines politisierten Islam formiert hatten, wurde das zunächst relativ **liberale Religionsgesetz Usbekistans geändert.** Obgleich diese religiösen Gruppierungen von einer sozialen Massenbewegung weit entfernt waren, wurden ihre Rechte mit der gesetzlichen Neufassung 1998 rigide eingeschränkt. Seitdem herrscht **strikte staatliche Kontrolle über alle religiösen Aktivitäten.** Nichtregistrierte Moscheen wurden geschlossen, die Benutzung von Lautsprechern für den Gebetsruf verboten und Anhänger friedlicher islamischer Bewegungen als gewaltbereite Extremisten kriminalisiert. Unter dem Deckmantel der Bekämpfung religiösen Fundamentalismus unterdrückt das usbekische Regime jeglichen Ausdruck von Kritik. Sorgfältig wird das Bild einer radikalislamischen Bedrohung konstruiert, die die innenpolitische Stabilität und die Sicherheit des Landes gefährde, komplettiert durch die Gleichsetzung von Islam, Fundamentalismus und Terrorismus. Mittels dieser **Bedrohungskulisse** legitimiert die Regierung ihr brutales Vorgehen nicht nur gegen eine religiös motivierte, sondern gegen jegliche Opposition. Mit Staatsfeindlichkeit gleichgesetzt wird Religion außerhalb der bewachten Grenzen des Staatsislam so zur **Rechtfertigung staatlicher Willkür.** Und auch die Maßnahmen gegenüber der Opposition erfolgen nach bewährtem sowjetischem Muster: Die Menschenrechtsorganisation Human Rights Watch geht davon aus, dass etwa 7000 nichtgewalttätige Oppositionelle als religiöse Extremisten in usbekischen Gefängnissen sitzen.

Eine machtvolle Formierung und Ausbreitung religiösen Fundamentalismus in Zentralasien ist nach Einschätzung in- und ausländischer Experten jedoch eher unwahrscheinlich. Zu groß ist die Angst vor Zuständen, wie sie etwa in Afghanistan bestehen und vor Einschränkungen der persönlichen Lebensweise. Es ist, abgesehen von einzelnen Enklaven, nach wie vor ein populärer Volksislam, der die Religiosität Usbekistans bestimmt:

Auch bei aktuellen Umfragen zur Religiosität in Usbekistan verbindet die Mehrheit der „Gläubigen" den Islam wie in der Sowjetzeit hauptsächlich mit Familienbräuchen und nationalen Traditionen, muslimische „Grundpflichten" dagegen werden kaum wahrgenommen. Die „Reislamisierung" ist mit keiner nennenswerten Aktualisierung islamischer Wissensbestände verknüpft, selbst elementare Kenntnisse der Religion sind lückenhaft.

Die **korrupten Machtstrukturen** jedoch sowie die zunehmende Globalisierung und damit die Entfremdung von Idealen wie Gerechtigkeit und Gemeinschaft stimmen viele Menschen unzufrieden. Zunehmend suchen sie Antworten auf komplexe gesellschaftliche Fragen – islamische Bewegungen bieten ihnen offenbar überzeugende Antworten. Die staatlichen Repressionen gegen friedliche islamische Bewegungen könnten insofern nach hinten losgehen: Die **Kriminalisierung jeglicher Gesellschaftskritik,** die korrupten Regierungssysteme sowie deren massiver Machtmissbrauch bereiten einer Radikalisierung religiöser Gruppen einen fruchtbaren Boden und provozieren **mehr Widerstand aus dem Untergrund.**

Bisher besteht der Charakter islamischer Bewegungen aber eher in einer diffusen Mischung aus Kritik an der politischen Machtelite, allgemeinen Klagen über den moralischen Zustand der Gesellschaft und Missbilligung des rituellen Volksislam ohne Kenntnis der heiligen Schriften. Eine starke und **organisierte religiös-politische Opposition** gegen die staatlichen oder geistlichen Machteliten in Usbekistan ist **bisher nicht zu beobachten.** Von einem islamischen Staat ist das Land gegenwärtig weit entfernt. Der säkulare Nationalstaat ist in der Verfassung verankert und weder die politischen Eliten noch die breite Bevölkerung wollen einen Gottesstaat. Für den mangelnden Rückhalt einer islamischen Bewegung in der breiten Bevölkerung dürfte der Nachlass der Sowjetunion eine Rolle spielen, nämlich in Form eines hohen Grades von Alphabetisierung und Säkularisierung. Zudem schränkt die starke ethnische und nationale Orientierung des Islam in Usbekistan dessen Potenzial als einigende Kraft ein, denn **religiöser Fundamentalismus** beruht auf einer **universellen Glaubensgemeinschaft,** nicht auf einer Nation.

Eine Prognose für die weitere Entwicklung ist jedoch schwierig. Seit nunmehr 28 Jahren nationaler Staatenbildung und Identitätsfindung verwächst die Bevölkerung mehr und mehr mit ihren historisch gewachsenen religiösen Wurzeln. **Islamische Werte werden zunehmend zu normativen Elementen.** Hinzu kommt, dass in die Perspektive ein Generationenwechsel einkalkuliert werden muss. Die heutige Bevölkerung Usbekistans sowie ihre Eliten sind sowjetisch sozialisiert und damit eher säkular orientiert. Die neuen Generationen werden bereits andere Hintergründe und Denkweisen in die Entwicklung einbringen.

Volksglaube und Aberglaube

Versteht man unter Aberglaube eine Form von überlieferten und verinnerlichten sozialen Handlungen, Bräuchen und Ritualen, liegen Glaube und Aberglaube in Usbekistan sehr dicht beieinander. Grund dafür ist die historisch begründete starke Vermischung von schamanistischen, zoroastrischen, buddhistischen und islamischen Ideen zu einer **regional gewachsenen Glaubenspraxis.** So durchziehen den heutigen Volksislam jede Menge vorislamische Elemente, die nur aus der Perspektive eines orthodoxen Islam als „Aberglaube" abzugrenzen sind. Sie sind zwar weder seitens des Hochislam noch des offiziellen Staatsislam vorgesehen, werden aber in der Regel gebilligt, geduldet oder sogar in die offizielle Religionspraxis integriert.

Gerade ein **magisches Weltverständnis** ist im usbekischen Volksislam weit verbreitet. Im Zuge der allgemeinen Revitalisierung des Islam erlebten insbesondere diese volksreligiösen Traditionen eine Konjunktur. So wird der Hochislam in Usbekistan bis heute durch jede Menge **Geister, Amulette, Heilige und Wallfahrtsorte eines Volksglaubens** überlagert.

Gut gegen den bösen Blick

Weit verbreitet ist, wie in vielen islamisch geprägten Ländern, die **Angst vor dem „bösen Blick".** Dieser Volksglaube besagt, es gebe Menschen, die allein durch Anblicken anderen Personen Schaden, Unheil oder Verwünschungen zufügen können. Als besonders gefährdet gelten Neugeborene und Kinder, da sie besonders schutzlos seien und bei ihnen z. B. die Gefahr einer Infektion mit schweren Krankheiten sehr viel höher ist als bei Erwachsenen. Auch Mädchen im Heiratsalter sowie schwangere Frauen gehören zur Risikogruppe. Die **Methoden zur Abwehr** des bösen Blicks sind vielfältig. In manchen Gegenden ist es üblich, Neugeborene 40 Tage lang nicht mit aus dem Haus zu nehmen, um sie vor dem bösen Blick neidischer Frauen zu schützen. Besonders verbreitet ist das Tragen von **„schützenden" Amuletten.** Ihre Formen sind äußerst variationsreich, besonders häufig findet man „magische Augen" aus Glas. Beinahe jeder Usbeke trägt ein Amulett bei sich, Kindern werden sie bisweilen am Rücken befestigt.

Auch Gebäude müssen vor dem bösen Blick geschützt werden. Als wirksam erweisen sich hier **Pfefferschoten,** die aufgefädelt an Häuserwänden oder über Türen hängen. Pfefferschoten finden sich auch vielfältig stilisiert auf Tüchern, Mützen und Kleidung.

Zudem ragen aus vielen Häusern **waagerechte Pfähle** heraus, die sofort ins Auge stechen und genau dies ist ihr Zweck: Sie sollen den bösen Blick

einfangen, bevor er auf die Gebäude selbst fallen kann. Das funktioniert wunderbar – auch dem harmlosen Betrachter dienen die Pfähle hervorragend als Blickfänger.

Der Glaube an die Geister

Ebenfalls tief in der usbekischen Kultur verankert ist der Glaube an Geister. Sie spielten bereits in vorislamischer Zeit eine **große Rolle.** Mit dem Eroberungsfeldzug der Araber fanden Geister, die in der Vorstellung der Nomadenstämme schon lange existierten, als **„Dschinne"** Eingang in die islamische Religion. Verbreitet ist die Vorstellung, Dschinne seien unsichtbare Wesen mit übernatürlichen Kräften, die bevorzugt in besonderen Landschaftsformen leben. In Usbekistan bekannt sind insbesondere die Wüstendschinne. Laut Koran sind sie Geschöpfe Gottes, die aus „rauchlosem Feuer" geschaffen wurden. Es gibt sie in der muslimischen und in der nichtmuslimischen Variante, dementsprechend unterscheiden sich die Möglichkeiten ihrer Abwehr: Nichtmuslimische Dschinne nämlich reagieren nicht auf Verse des Korans.

Magische Augen – Amulette gegen den bösen Blick

Im Volksislam **sind Geister Teil des Alltags** und besitzen größten Einfluss. Obgleich es auch gutartige Dschinne gibt, kennt man sie in Zentralasien zumeist als unangenehme Zeitgenossen. Ihr Verantwortungsbereich umfasst so ziemlich jedes Unglück von Krankheiten über Eheprobleme bis hin zu Autopannen. Obgleich im Islam Magie verboten ist, kennt der Volksislam eine **Vielzahl magischer Praktiken,** mit Dschinnen umzugehen, damit sie nicht verärgert werden. Dies geht vom Meiden bestimmter Plätze bis hin zum Zitieren von Versen aus dem Koran, in dem den Dschinnen sogar eine eigene Sure gewidmet ist. Eine Vorsichtsmaßnahme kann auch sein, vor jeder Aktivität *bismillah* („im Namen Allahs") zu sagen.

Weit verbreitet ist die Vorstellung, dass Salz ein wirksamer Schutz gegen Geister ist. An vielen Hauswänden sind deshalb salzgefüllte Plastikflaschen angebracht, manchmal sieht man auch andere Gefäße mit Salz an Hauseingängen stehen. Dieser Brauch beruht auf der Vorstellung, dass Salz ein Symbol der Reinheit sei und Geister „Salzlinien" nicht überwinden könnten. Auch Amuletten wird eine schützende Wirkung zugeschrieben.

Zahlreich erscheinen Dschinne in den Märchen aus Tausendundeiner Nacht. In der Geschichte Aladin und die Wunderlampe ist der Dschinn ein guter Geist aus einer Öllampe, mit dessen Hilfe Aladin seine Abenteuer besteht.

⌃ Volksglaube – Pfefferschoten zum Schutz des Hauses

Die Bedeutung von religiöser Heilung

Die allgemeine Wiederbelebung volksreligiöser Traditionen führte auch zu einem **Comeback von „Heilern".** In der Sowjetzeit als Scharlatanerie, Aberglaube und Schamanismus attackiert, genießt die religiöse Heilung als Bestandteil „nationaler" Traditionen seit der Unabhängigkeit auch das Wohlwollen des offiziellen Staatsislam.

Heutzutage praktizieren Heiler jeglicher Art in aller Öffentlichkeit. Durch ihre Ächtung während der Sowjetära stark in den inoffiziellen und damit häuslichen Bereich zurückgedrängt, ist die religiöse Heilung zunehmend zu einer **Domäne von Frauen** geworden. Das allgemeine Interesse an den Methoden religiöser Heilung ist seit dem Ende der Sowjetunion merklich gestiegen, was auch mit dem rapiden Verfall des öffentlichen Gesundheitssystems zusammenhängen mag. Heiler werden heute nicht zuletzt als eine **bezahlbare Alternative zur Schulmedizin** angesehen. Seit der Unabhängigkeit haben zudem viele russische Ärzte das Land verlassen. Ihre usbekischen Kollegen wiederum stehen den religiösen Traditionen wesentlich aufgeschlossener gegenüber, sodass sie in den „Heilern" in der Regel keine Rivalen sehen, sondern die Wirkung religiöser Rituale gerade bei psychischen Krankheiten und psychosomatischen Beschwerden bestätigen. Heute genießen Heiler und Heilerinnen **hohes Ansehen innerhalb der Bevölkerung** – die religiöse Heilung ist wieder gesellschaftsfähig geworden.

Heiler werden insbesondere bei Krankheiten konsultiert, als deren Ursache Schadenszauber bzw. die Wirkung böser Geister oder böser Blicke vermutet wird. Dies können psychische und physische Störungen, aber auch soziale Probleme wie Ehekrisen oder berufliche Misserfolge sein. Bei den **Heilungsmethoden** lassen sich im engeren Sinne zwei Kategorien unterscheiden: *tabibchilik* und *folbinchilik*. Während man mit *tabib* eher harmlose Kräuterheiler oder Chiropraktiker bezeichnet, sind *folbin* die „Herren der Geister", die hauptsächlich magische Praktiken nutzen. Häufig sind sie als Wahrsagerinnen oder Handleserinnen tätig, andere sind auf die Austreibung böser Geister bzw. die Neutralisierung des bösen Blicks spezialisiert. Sie arbeiten mit Methoden wie Handauflegen, Massage, Bepusten, Ausräuchern von Geistern durch Verbrennen von Gräsern u. Ä., einige wenige nutzen zur Geisteraustreibung auch Rahmentrommeln. Die Grenzen zwischen volksmedizinischen und magischen Praktiken sind stark verwischt. Zahlreiche Elemente sowohl im *tabibchilik* als auch im *folbinchilik* weisen starke **Parallelen zum Schamanismus** auf. Auch wenn der Islam magische Praktiken verbietet, ist die **religiöse Heilung mit dem Islam eng verflochten.** Unabhängig von ihrer (auch vorislamischen) Herkunft sind die volksreligiösen Traditionen in das muslimische System integriert worden. Der Glaube an Geister (Dschinne) und deren schädliche Wirkung auf Menschen ist integraler Bestandteil der Religion.

Der Standpunkt der offiziellen Geistlichkeit hinsichtlich vorislamischer Praktiken entspricht der sonstigen Staatskonformität: Man interpretiert den Koran im Wesentlichen so, dass der „Volksislam" seinen Platz darin findet. So werden die lokalen, religiösen Traditionen islamkonform und können der Nationenbildung dienlich (gemacht) werden. Diese Praxis macht nicht zuletzt den starken Zusammenhang zwischen den bestehenden Machtverhältnissen und der vorherrschenden Interpretation des Korans deutlich.

Weitere (Volks-)Wahrheiten

- Brot sollte niemals mit der Oberseite nach unten oder auf den Boden gelegt werden, auch nicht in einer Tasche.
- Beim Betreten eines Hauses zieht man die Schuhe aus, lässt aber die Socken an.
- Bevor man verreist, setzt man sich eine Minute hin, damit die Seele „hinterherkommen" kann.
- Wenn man vor einer Reise etwas vergisst, kehrt man niemals zurück nach Hause, um es noch zu holen – das bringt Unglück.
- Wenn jemand verreist, soll der Daheimbleibende Wasser vor die Tür kippen. Ebenso wie das Wasser sich seinen Weg bahnt, soll der Reisende einen guten Weg ohne Hindernisse finden. Eine weniger komplexe Auslegung lautet „Viel Glück auf dem Weg".
- Man lässt keinen Besen vor der Tür stehen, das bringt Unglück.
- Innerhalb eines Gebäudes darf man nicht pfeifen, da man ansonsten in finanzielle Nöte kommen wird.
- Wenn man auf dem Boden sitzt (z. B. um den Tisch), soll man niemals die Füße zum Essen hin richten.
- Wenn man mit einem Baby im Arm in den Spiegel schaut, wird es unruhig schlafen.
- Mit einem Baby im Arm darf man keine Suppe umrühren.

Usbekische Sprichwörter

- „Man kann tausendmal Honig, Honig, Honig wiederholen, es wird nicht süß im Mund."
- „Nicht in jeder Wolke steckt ein Blitz, und steckt er drin, so schlägt er vielleicht nicht ein, und schlägt er ein, so vielleicht nicht bei uns, und wenn bei uns, so sengt er uns vielleicht nur, tötet aber niemanden."
- „Wo das Wasser endet, endet die Erde."
- „Vor dem Tee fehlt die Kraft zu arbeiten, nach dem Tee die Lust."

Denkweisen und Verhaltensformen

Die „typisch usbekische Mentalität" zu beschreiben, stellt sich als ziemlich schwierig dar. Zwar hat die Region eine lange und reiche kulturelle Tradition, doch wurde in 70 Jahren Sowjetunion vieles so überformt, dass sich heute ein **bunter Mix unklarer Herkunft** zeigt. Mit der Einbindung in die Sowjetunion kamen viele neue Elemente, insbesondere russischer Traditionen, ins Land, welche die Lebensgewohnheiten bis heute prägen. Dies macht eine Unterscheidung zwischen typisch usbekischer und typisch sowjetischer Lebensart fast unmöglich. Ein usbekischer Nationalcharakter in Form eines „sozialen Archetypus" lässt sich daher schwerlich beschreiben. Dies gilt auch für die Städte, die allein durch ihre Anlage und Architektur sowjetischen Stil schlechthin repräsentieren. So kann an dieser Stelle lediglich versucht werden, einige spezifische Eigenarten hervorzuheben, die als typisch für den „typisch usbekischen Menschen" gelten können.

Nationalstolz und usbekische Identität

Auffällig ist die tiefe Verbundenheit, die Usbeken ihrer **Heimat** gegenüber empfinden und äußern. Man ist stolz auf seine uralte Kultur, auf seine Ahnen und seine alten und neuen Helden. Überall wehen usbekische Fahnen und eine Verstörtheit, wie sie bisweilen in Deutschland beim Erklingen der **Nationalhymne** zu beobachten ist, ist hier unbekannt. Im Gegenteil, inbrünstig wird mitgesungen, wenn der „Vorväter männlicher Geist" und die „Stärke großer Menschen in turbulenten Zeiten" beschworen werden. „Oh, du großartiger Usbeke" zu singen gehört zur patriotischen Grundausstattung.

Die Liebe zur Heimat äußert sich im Stolz auf alles, was als ur-usbekisch angesehen wird. Dazu gehören die Städte der Seidenstraße, dazu gehören aber auch Dichter wie *Alisher Navoiy*, Wissenschaftler wie *Ulugh Beg* oder Helden wie *Amir Timur*. Dass die meisten Orte und nationalen Helden eher einem **Kulturraum** zuzuordnen sind als tatsächlich der usbekischen Nation, geschweige denn einem usbekischen Staat, tut dem Selbstbewusstsein keinen Abbruch. Mit großer Wahrscheinlichkeit ist dies schon ein Resultat der großen Anstrengungen, die die usbekische Regierung darauf verwendet hat, eine usbekische Identität zu (er-)schaffen und ein Nationalbewusstsein herzustellen. Eine wesentliche Rolle bei dieser Nationalisierung spielt der Islam. Ihm entspringen wesentliche Traditionen und Rituale, deren Einhaltung die Zugehörigkeit zur usbekischen Nation demonstrieren. Gleichwohl viele usbekische Menschen deren konkrete religiöse Bedeutung kaum mehr kennen und sie eher als kulturelles Erbe begreifen, dient **der Islam als Zulieferer nationaler Identität.**

Ein von jeher fester Bestandteil des nationalen Kostüms und damit der usbekischen Identität ist eine **Kopfbedeckung** – die **„tjubetejka".** Diese unterscheiden sich je nach Gegend, in der sie hergestellt werden, in Form, Ornament und Farbgestaltung. Weit verbreitet ist die sogenannte *tschuster duppi.* Diese *tjubetejka* ist schwarz und mit einem Pfefferschotenmuster aus weißem Garn bestickt. Ebenso beliebte Muster sind Mandeln, Vögel (als Symbol für Weisheit), Rosenzweige (als Symbol für Frieden und Schönheit) und geometrische Formen. *Tjubetejkalar* unterscheiden zudem nach Typen: *Tjubetejkalar* für Männer, Frauen, Kinder und alte Menschen – ältere Frauen tragen diese Kopfbedeckung nicht.

Bunt durchmixt ist diese „usbekische Identität" mit Einschlüssen russischer und sowjetischer Herkunft. Ob bewusst oder unbewusst umschließt das gegenwärtige Nationalgefühl **jede Menge Sowjetmentalität.** So kann es passieren, dass ein Kaukasier vollkommen unbefangen als Landsmann begrüßt wird.

Liebe zu Heimat und Vaterland

Heimatliebe ist **eine Grundkonstante** im Leben jedes Usbeken. Sie umschließt Usbekistan als Vaterland, meint aber insbesondere auch die Liebe zur jeweiligen Herkunftsregion. In der Regel ist diese die schönste des Landes und jeder Usbeke wird gerade sie heiß und innig zum Besuch anempfehlen. Kritische Äußerungen zur eigenen Heimat oder aber gegenüber dem Vaterland stoßen auf vollkommenes Unverständnis und werden als „Nestbeschmutzung" betrachtet. Auch von Fremden wird erwartet, dass sie sich mit Kritik gegenüber dem Gastland zurückhalten und eher das Erfreuliche und Schöne hervorheben. Man sollte dies allerdings weniger als überzogenen Nationalismus verstehen, sondern vielmehr als Varianten von Lokalpatriotismus und Vaterlandsliebe.

Hierarchien und „nachalniklar"

Die usbekische Gesellschaft ist relativ **streng hierarchisch** organisiert. Zum einen wird traditionell unterschieden nach Geschlecht, Alter und Position. Oberhalb dieser Dimensionen findet sich eine Einteilung in Ober-, Mittel und Unterschicht, die seit dem Zerfall der Sowjetunion in erster Linie an das finanzielle Vermögen gebunden und vom Bildungsniveau weitestgehend abgekoppelt ist. Charakteristisch (und durch die Sowjetzeit noch verstärkt) ist die **Akzeptanz von Autoritäten.** Macht wird in der

Regel uneingeschränkt akzeptiert und Amtspersonen werden respektiert, selbst wenn ihr Benehmen dem Westeuropäer bisweilen fast schikanös erscheinen mag. **Träger dieser Hierarchien** sind die sogenannten *nachalniklar. Nachalnik* steht für „Vorgesetzter" oder auch „Chef" und ist nicht nur ein aus dem Russischen stammendes Wort, sondern sozusagen ein gesamthaft übernommenes Phänomen: Wichtige Entscheidungen trifft grundsätzlich nur der *nachalnik*. Da in Rangordnungen zwangsläufig fast jeder einen *nachalnik* über sich hat, werden damit Entscheidungen grundsätzlich **„nach oben delegiert".** Dies führt zum einen zu langwierigen Entscheidungsprozessen, innerhalb derer man sich von Amtsperson zu Amtsperson nach oben hangeln muss, um schlussendlich beim „richtigen" *nachalnik* zu landen. Die unteren Ebenen der Bürokratie sind dabei aber nicht minder wichtig zu nehmen, entscheiden sie doch über das Fortkommen „die Stufen hinauf". Zum anderen führt dieses Denken aber auch dazu, dass die unteren Ebenen weder Verantwortung noch Eigeninitiative übernehmen (können). **Aufgaben und Zuständigkeiten** sind klar in Bereiche geteilt – und für alles andere fühlt man sich demzufolge nicht zuständig. Was in den Verwaltungsstrukturen besonders augenfällig ist, zeigt sich aber auch in vielen anderen Bereichen des Lebens. Bisweilen führt diese Verkettung von Zuständigkeiten zu fast skurrilen „Von-Pontius-zu-Pilatus-Läufen", an deren Ende man unter Umständen unverrichteter Dinge wieder bei Pontius ankommt. Wichtig ist in jedem Falle **Geduld.** Ob man nun in einer Schlange steht und der Schalter plötzlich auf unbestimmte Zeit geschlossen wird oder aber aus nicht in Erfahrung zu bringenden Gründen ein Flug ausfällt – Aufregung bringt in den seltensten Fällen weiter.

027un-kk

„Nachalniklar" haben immer recht

Individualismus und Kollektivismus

Das Leben usbekischer Menschen ist geprägt von Gemeinschaft. Ob Familie, Großfamilie, *Mahalla* (Nachbarschaftsgemeinde), Dorfgemeinschaft, Religionsgemeinschaft – in jeder Situation seines Lebens begreift man sich irgendwie als **Teil eines sozialen Kollektivs.** Zusammenhalt, Gemeinschaftssinn und Übereinstimmung innerhalb der verschiedenen gesellschaftlichen Gruppen haben traditionell eine große Bedeutung. Gemeinschaften geben einen Rahmen von Normen und Verhaltensregeln vor. Dies bietet Geborgenheit, Sicherheit und nicht zuletzt etwas weniger Verantwortung des Einzelnen für sein eigenes Leben. Nah rückt die jeweilige Gruppe aber auch, wenn es um die Einhaltung von Regeln, Normen und Gleichklang geht. Man mag es nicht, wenn sich Einzelne unterscheiden wollen und quittiert es mit Unverständnis, wenn Individualität hervorgehoben werden will. Dies – und das ist die Kehrseite der Geborgenheit – schränkt die Individualität der Gruppenmitglieder oft gewaltig ein. Sowohl die russische als auch die usbekische Kultur können als traditionelle „Schamkulturen" beschrieben werden. Diese Kulturen zeichnen sich durch starke „Fremdüberwachung" von Normen und Verhalten aus. Nicht Individualität, sondern **öffentliche Wertschätzung** gilt als höchstes Gut. Dies betrifft insbesondere die Wertschätzung durch die Angehörigen der jeweiligen Gemeinschaft. **Scham** wird empfunden, wenn Normverstöße öffentlich werden. Für Usbeken ist es schwer vorstellbar, dass es jemandem egal sein könnte, was die Öffentlichkeit von einem denkt. Das führt dazu, dass man sich in der Öffentlichkeit häufig gänzlich anders benimmt als im privaten Umfeld. Schämen muss sich auch der, dem ungeahndet öffentlich Unrecht getan werden kann. Aus diesem Grund bekommt der Begriff der **Ehre** ein starkes Gewicht. Sein Gesicht wahrt der, der Unrecht, das ihm angetan wurde, ahndet. Zwar endet dies heute nicht mehr in „Ehrenmorden" oder ähnlich rigiden Methoden, aber das Grundprinzip der Schamkultur hat sich erkennbar erhalten. Viele Aktivitäten des Alltags unterliegen relativ genauen Normen, aus deren Einhaltung Wertschätzung und Ehre resultiert.

Das ausgeprägte Gemeinschaftsleben bringt für den Fremden allerdings weniger das Thema Ehre mit sich, sondern vor allem die Tatsache, dass man so gut wie niemals alleine ist – und schon gar nicht einsam. Für usbekische Menschen scheint es schwer vorstellbar, dass man einfach nur, aus welchem Grund auch immer, „seine Ruhe" haben will. Ein großer Vorteil dieser Kultur ist, dass man immer sehr schnell Menschen kennenlernt. Einen Weg erfragen endet nicht selten in Begleitung, auch eine Parkbank hat man selten längere Zeit für sich allein.

Die Gesellschaft heute

☐ Das moderne Usbekistan: der Unabhängigkeitsplatz in Taschkent (080un-kk)

Khanat Karimow und seine Folgen – Innenansichten

Staatsaufbau und Machtverhältnisse

Seit der Unabhängigkeit 1991 definiert sich Usbekistan als **Präsidialrepublik.** 1992 wurde eine **Verfassung** eingeführt, die die aus Demokratien bekannten Grundrechte sowie die Gewaltenteilung garantiert. Seit 2004 existiert ein **Zweikammerparlament.** Es besteht aus der Unterkammer *(oliy majlis),* die in etwa mit dem deutschen Bundestag vergleichbar ist und aus 250 Abgeordneten besteht. Die Obere Kammer ist mit 100 Senatoren dem Bundesrat ähnlich.

Diese Struktur erscheint zunächst relativ demokratisch, tatsächlich aber ist die **Position des Präsidenten** innerhalb dieses Machtapparates **absolut dominant.** Er ernennt und entlässt den Ministerpräsidenten, seine Stellvertreter sowie die Minister und Gouverneure. Er ist oberster Befehlshaber der Streitkräfte, ernennt die Mitglieder des Verfassungsgerichts sowie des Obersten Gerichts und zudem den Vorsitzenden der Zentralbank. Somit stehen Legislative, Exekutive und Judikative vollständig unter der Kontrolle des Präsidenten, eine **Gewaltenteilung existiert nur formal.**

Das Usbekistan der Realität ist trotz seines demokratischen Grundanstrichs ein Staat, in dem Meinungsfreiheit kaum existiert. Alle Mitglieder des Parlaments sind Vertreter regierungsnaher Parteien, **Oppositionsparteien** werden bis heute **nicht zugelassen** – das Mehrparteiensystem ist eine Fassade. Unter dem Vorwand, den islamischen Fundamentalismus bekämpfen zu müssen, wird politische Opposition im Land weitestgehend unterdrückt, staatliche Repressionen treiben viele Oppositionelle ins Exil.

Von 1991 bis zu seinem Tod im Jahre 2016 regierte **Islam Abduganiewitsch Karimow** das Land. Er hat sowohl das politische System als auch die politische Kultur des Landes maßgeblich geprägt. Erstaunlich waren die Mehrheiten, mit denen *Karimow* seine Wahlen gewann, niemals fiel die Zustimmung merklich unter 90 %. Obgleich dies erhebliche Zweifel daran nahelegt, dass die Wahlen tatsächlich frei und geheim durchgeführt wurden, konnten die internationalen Beobachter niemals tatsächlich einen Wahlbetrug nachweisen. Die Beeinflussung geschah subtiler, nämlich indem Gegenkandidaten verhindert oder lediglich marionettenartig einge-

> Karimow als „Vater" der Jugend – Propagandaplakate sind allgegenwärtig

setzt wurden. De jure wurde dieser Präsident also jedes Mal „ordnungsgemäß" gewählt. 2017 ist in Samarkand posthum eine überlebensgroße **Statue Karimows** unweit des Registans zu seinen Ehren errichtet worden, 2018 wurde zu seinem 80. Geburtstag ein **Mausoleum** auf einem Hügel am Rande der Stadt eröffnet: eine stets gut besuchte Pilgerstätte für seine Anhänger.

Mit ähnlich hohem Ergebnis (88,6 %) gelangte 2016 **Schawkat Mirsijojew** an die Macht. Es scheint tatsächlich so zu sein, dass die Usbeken ihre Präsidenten lieben ... Und tatsächlich ertönen, werden Usbeken nach ihrem Verhältnis zur Regierung befragt, Lobeshymnen. Dieses Phänomen ist jedoch weniger durch des Volkes Liebe als vielmehr vor dem Hintergrund einer spezifischen politischen Kultur zu erklären. In der Tat gibt sich die Mehrheit der Bevölkerung relativ zufrieden mit ihrem Präsidenten. Natürlich werden die sozialen Missstände und die politischen Probleme wahrgenommen. Aber laute Kritik an der Regierung oder deren Politik wird eher vermieden.

Das wichtigste Kriterium hinsichtlich der Bewertung der Regierung scheint ohnehin die (innen- und außenpolitische) **Stabilität** zu sein. Der Verlust von Sicherheit und Stabilität durch den **Zerfall der Sowjetunion** hat die Bevölkerung gegenüber radikalen Reformen misstrauisch gemacht. **Pluralismus und Meinungsvielfalt** werden eher als Gefährdung dieser Stabilität betrachtet und sind so wenig erstrebenswert. Fast könnte

028un-kk

80 Kilometer Autonomie – der Traum vom unabhängigen Karakalpakistan

Mit dem Zerfall der Sowjetunion wurde auch in Karakalpakistan die Forderung nach Souveränität laut. Bereits 1990 bot Präsident Karimow der Region den Status der Unabhängigkeit an, allerdings nur innerhalb der usbekischen Republik. Dabei ist es bis heute geblieben, obwohl die Mehrheit der Bevölkerung zunächst einen Anschluss an das sprachverwandte Kasachstan präferiert hatte.

Die Autonomie Karakalpakistans ist relativ beschränkt. Zwar besitzt die Republik eine eigene Flagge, eine Verfassung und ein Parlament, der Vorsitzende des karakalpakischen Parlaments ist aber einer der Stellvertreter des usbekischen Parlamentsvorsitzenden und die Gesetze Usbekistans bleiben für Karakalpakistan bindend. Usbekistan achtet streng darauf, dass weitere Autonomiebestrebungen unterbleiben - dies zeigt auch folgende (wahre) Geschichte:

Anlässlich des 60-jährigen Bestehens der karakalpakischen Hauptstadt Nukus 1991 besuchte Karimow die Region und legte den Grundstein für eine neue Hauptstadt. Diese sollte sich etwa 80 km südlich von Nukus, am sogenannten „Kilometer 80" befinden. Ein erstes Gebäude wurde errichtet, in dem sich zukünftig der Oberste Sowjet Karakalpakistans befinden sollte. Das einzige jedoch, was sich in diesem Gebäude jemals befand, war das Bankett zur Grundsteinlegung. Warum aber wurden bereits kurz danach die Baumaßnahmen eingestellt? Die Antwort auf diese Frage hat Karimow in den Grundstein meißeln lassen: „Der erste Stein der zukünftigen Hauptstadt Karakalpakistans, gelegt vom ersten Präsidenten Usbekistans Islam Karimow (2. Dezember 1991)."

Dieser Satz am „Kilometer 80" ist eine bedeutungsschwere Botschaft, bis 1924 verlief nämlich genau hier die Grenze zwischen dem hauptsächlich von Karakalpaken und Kasachen bewohnten Amudarja-Delta und dem usbekisch dominierten südlichen Territorium. Aus usbekischer Sicht, so macht Karimow deutlich, markiert diese Stelle also das Ende des karakalpakischen Territoriums, nicht die bisher etwa 100 km südlich verlaufende Grenze. Vier sehr fruchtbare Bezirke sowie zwei große Städte liegen auf dem Gebiet, das Karimow mit dieser neuen Grenzziehung als zu Usbekistan gehörig reklamiert. Die in den Stein gemeißelte Botschaft an Karakalpakistan lautet also in Wirklichkeit: „Spaltest du dich ab, bist du hier zu Ende!"

der Eindruck entstehen, als würden breite Bevölkerungsschichten einen „patriarchalischen Führer" durchaus schätzen. Sowohl die lange Amtszeit als auch die starke Fixierung auf einzelne Personen der politischen Riege haben Tradition: **Scharaf Raschidow** regierte Usbekistan 24 Jahre lang (1959–1983) in der Manier eines Großfürsten und viele sowjetische Parteichefs ließen sich personenkultartig öffentlich lobpreisen. Nach dem Zerfall der Sowjetunion hoffte man im Westen auf einen grundsätzlichen Systemwandel auch der mittelasiatischen Länder. Mit der Aufnahme in die OSZE (Organisation für Sicherheit und Zusammenarbeit in Europa) sowie beträchtlichen finanziellen Hilfen verband sich die Hoffnung, die Länder auf einen Demokratiekurs bringen zu können. Diese Demokratisierungseuphorie ist allerdings angesichts der geschilderten Defizite und anhaltender mangelnder Rechtsstaatlichkeit inzwischen deutlich abgeebbt.

So sind **demokratische Grundwerte** in der Bevölkerung bis heute nur in Ansätzen verankert, erst langsam entwickelt sich eine Zivilgesellschaft. Mit der **Präsidentschaft Mirsijojews** jedoch sind einige Hoffnungen verbunden. Zwar kommt auch er aus dem Umfeld *Karimows,* hatte jedoch als Premierminister unter seinem Vorgänger nur wenig zu sagen. Seit seiner Machtübernahme hat sich vieles verändert, unter anderem wurden zahlreiche Regimekritiker aus den Gefängnissen entlassen. Allerdings ist diese **Liberalisierung** noch nicht konsolidiert, viele Punkte auf der politischen Agenda des neuen Präsidenten sind widersprüchlich und werfen Fragezeichen auf, gleichzeitig aber sind vielfältige Reformen in Gang gesetzt worden. So haben bereits erhebliche personelle Umbesetzungen in Ministerien stattgefunden, der Einsatz von Zwangsarbeit bei der Baumwollernte wurde verboten, der Mindestlohn erhöht u. v. m. Die jüngeren Entwicklungen lassen also durchaus hoffnungsvoll in die Zukunft blicken ...

Usbekische Klanwirtschaft – lokale Herrschaftsstrukturen

Einen festen Bestandteil des politischen Systems in Usbekistan bilden die sogenannten Klans. In einer engeren Verwendung bezeichnet der Begriff „Klan" Herkunftsgemeinschaften, die auf einem verwandtschaftlichen Verhältnis beruhen. In einer weiter gefassten Bedeutung werden unter Klans informelle Allianzen verstanden, die oft regional verankert sind, ihre Mitglieder müssen nicht miteinander verwandt sein. Im Deutschen kennt man für dieses Phänomen das Wort **„Vetternwirtschaft".**

Im gesamten zentralasiatischen Gebiet beherrschen solcherart Klanstrukturen das gesellschaftliche und politische Leben. Klans sind historisch gewachsen und entscheiden die Geschicke der Länder seit Jahrhunderten wesentlich mit. Das Gefüge dieser Strukturen ist sehr komplex. Zum einen handelt es sich um **informelle politische Netzwerke,** die fließend sind und je nach Machtverteilung entstehen und wieder zerfallen können. Sie können, müssen aber nicht durch verwandtschaftliche Beziehungen oder andere regionale Zugehörigkeiten untermauert sein. Zum anderen gibt **es regionale und lokale Klanstrukturen.** Sie sind konstanter, denn zu ihnen gehört die Abstammung aus gleichen Regionen bzw. bestimmten Familien. Die politischen Netzwerke wiederum werden aber hauptsächlich durch regional verankerte Klans gebildet, die so ihre wirtschaftlichen Interessen durchsetzen wollen. Die Klanangehörigen geben dabei ihre **Loyalitäten** nicht auf, denn auf ihnen gründet ihre Macht. So entsteht ein verzweigtes Netzwerk verschiedenster Abhängigkeiten und Loyalitäten, welches das gesamte Staatsgefüge Usbekistans einerseits untermauert, andererseits aber durch seine Macht und Mächtigkeit auch immer wieder gefährdet. Das Bild Usbekistans als autoritärer Staat wäre unvollständig, blieben diese Machtnetzwerke unberücksichtigt.

Politische Netzwerke

Karimow beherrschte das Handwerk des Netzwerkens ausgesprochen gut, was nicht zuletzt seine lange Amtszeit beweist. Mithilfe seiner **Staatsberater** kontrollierte er alle wichtigen Ressourcen und Geschäfte des Landes. Häufig stammen solche Berater direkt aus der Verwandtschaft des Präsidenten oder aus den einflussreichen Familien des Landes. Die Staatsberater ihrerseits können großen Einfluss ausüben. Da die Voraussetzung für einen Werdegang als Staatsberater die absolute Loyalität gegenüber dem Präsidenten ist, bringt dieser Deal also beiden Seiten enorme Vorteile: Der Präsident sichert sich die Unterstützung einflussreicher Familienklans und diese wiederum werden mittels der Staatsberater begünstigt. Dieses **Patronage-Klientel-System** sichert die politische Stabilität des Landes. Die Klans werden am Herrschaftssystem beteiligt, um deren Einfluss unter Kontrolle zu halten. In der Regel werden die Berater nur wenige Jahre im Amt gelassen, um ihren Macht- und Einflussbereich zu begrenzen.

Obwohl die weit verzweigten Beziehungsgeflechte häufig nicht unmittelbar ins Auge springen, weiß jeder genauestens darüber Bescheid, auf welche Art und Weise die einzelnen Mitglieder der Regierung sowie der wirtschaftlichen Elite miteinander verbunden sind. Dass da kräftig eine Hand die andere wäscht, ist ein offenes Geheimnis. Es gibt unzählige Beispiele für Vetternwirtschaft dieser Art. Exemplarisch dafür ist der kometenhafte Aufstieg von *Mansur Maksudi* zum Großaktionär von Coca-Cola und weiteren Handelsfirmen, nachdem er die Tochter des ehemaligen Präsidenten, *Gulnara Karimowa,* geheiratet hatte. Nach der Scheidung ist er allerdings genauso schnell wieder gefallen.

Schawkat Mirsijojew, der neue Präsident, musste zum Machtaufbau zunächst hart durchgreifen. Das funktionierte nur mit einem großangelegten Austausch von Eliten. So hat er bereits die Führungsetagen mehrerer Ministerien beinahe komplett ausgetauscht. Ob diese Bemühungen nachhaltig sind, wird die Zukunft zeigen. Fakt ist: Die beschriebenen Patronage-Strukturen sind lange tradiert und fester Bestandteil der zentralasiatischen Gesellschaften. Sie reichen weit in die vorsowjetische Vergangenheit zurück und haben auch bei der Bildung der sowjetischen Machteliten eine wesentliche Rolle gespielt. So sprach man schon während dieser Zeit in Anlehnung an die in der Sowjetunion geltende Planwirtschaft in Usbekistan ironisch von **Klanwirtschaft.** Dennoch waren die Führungsschichten während der **Sowjetära** hinsichtlich ihrer regionalen Loyalitäten bei Weitem nicht so homogen, denn Kader- und Personalentscheidungen wurden immer in Moskau gefällt. Karriere machte, wer die Interessen und die ökonomischen Ziele Moskaus umzusetzen wusste. Zudem waren in allen Führungseliten immer „Moskauer Aufpasser" vertreten, die verhinderten, dass Netzwerkinteressen zu offensichtlich verfolgt wurden. Im Kreml war man sich nämlich darüber im Klaren, dass zu starke Führungsfiguren im zentralasiatischen Gebiet durchaus eine Gefahr für die Stabilität des gesamten politischen Systems der UdSSR darstellen könnten. Zwar duldete man die lange Amtszeit des Ersten Sekretärs der Kommunistischen Partei der Usbekischen SSR, *Scharaf Raschidow,* um den Preis der Stabilität und der wirtschaftlichen Planerfüllung, die untere Riege des Politbüros jedoch wurde häufig ausgewechselt.

Lokalgemeinschaften

Das gesamte staatliche Rechtssystem ist durchdrungen von **Beziehungsstrukturen,** die außerhalb jeglichen staatlichen Rechtssystems funktionieren. In Form von Korruption gefährden sie permanent den Staat und untergraben seinen Einfluss. Insbesondere die Lokalgemeinschaften spielen hierbei eine große Rolle. Gemeinschaftsanbindung und Rechtsempfinden der Bevölkerung sind stark durch diese lokalen Strukturen geprägt, die ebenso bereits in vorsowjetische Zeit zurückreichen.

Eine solche lokale Struktur bildet die **„Mahalla".** *Mahalla* kann man wohl am ehesten als „Viertel" oder „Quartier" im Sinne von Wohngebiet erklären. Nur, dass es sich hierbei nicht um lockere Beziehungen lokal beieinander lebender Menschen handelt, sondern um eine Art **Nachbarschaftsgemeinde mit festen Strukturen** und Verantwortlichkeiten.

Die Mahalla-Struktur ist so alt wie die Städte selbst. Bereits traditionelle islamische Städte bestanden aus dem Zusammenschluss einzelner autonomer Stadtviertel, welche sich nach der Zugehörigkeit zu einer Stammesgruppe bildeten. Die Strukturierung nach lokalen Zugehörigkeiten ist im kulturellen Bewusstsein der Bevölkerung fest verankert. Die *Mahalla* als größere Einheit ist traditionell der Familie übergeordnet.

Zu den **traditionellen Aufgaben** der *Mahalla* gehört die Artikulation von Interessen, die Weitergabe von Werten, die Pflege von Bräuchen, die Unterstützung sozial Bedürftiger sowie die Ausrichtung von Festen. Die Menschen einer *Mahalla* fühlen sich wie eine „große Familie", sie helfen einander und arbeiten zusammen. Im sogenannten *hashar*, einem Arbeitseinsatz, unterstützen die Nachbarn einander beim Bau von Wohnungen, beim Reinigen der Straße und Ähnlichem. Zu ihrem Sprecher wählen die Einwohner seit Jahrhunderten einen „weisen Alten", den *oqsoqol*. Dieser *oqsoqol* besitzt eine Art richterliche Kompetenz im Umgang mit sozialen Problemen und Konflikten. Die *Mahalla* bildet gleichzeitig ein Netz sozialer Kontrolle. Sie ist eine fest im kollektiven Bewusstsein verankerte lokale Institution.

In der Sowjetzeit wurden viele Mahallas in Kolchosen und Sowchosen umgewandelt. Ihre grundsätzliche Struktur jedoch blieb häufig erhalten. So basierten viele Kolchosen prinzipiell auf den vor Ort gewachsenen (so-

081un-kk

zialen) Strukturen. In den Städten wurden sogar ganze Plattenbausiedlungen einfach zu Mahallas erklärt. Diese basierten zwar selten auf gewachsenen lokalen Strukturen, schufen ihrerseits aber wiederum neue lokale Strukturen ganz ähnlicher Art.

Auch die sozialen Funktionen der *Mahalla* blieben erhalten. Sogar der *hashar* findet sich im Sowjetsystem als *subotnik* wieder. *Mahallas* funktionierten auch hier als Kontrollorgane, wenngleich dies nunmehr staatliche Kontrolle bedeutete.

Es sind diese lokalen Gemeinschaften, auf denen sich die usbekische Gesellschaft gründet. Sie trotzten, basierend auf kulturellen Werten, gewissermaßen den staatlichen Wandlungsprozessen und hielten sich beständig. Einerseits werden hier **Solidargemeinschaften** gelebt, andererseits geht es um die **Vermittlung sozialer und kultureller Werte.** Das unabhängige Usbekistan versucht, diese lokalen Gemeinschaftsstrukturen in das staatliche System zu integrieren. Die *Mahalla* ist in der usbekischen Verfassung (Art. 105) **als administrative Einheit** verankert und verfügt über eine Reihe von Aufgaben und Selbstbestimmungsrechten. Die Mahalla-Büros werden von einem Vorsitzenden *(rais)* geleitet, der staatlich besoldet wird. Gemeinsam mit seinem Sekretär *(kotib)* wird er von der Bürgerversammlung für zweieinhalb Jahre gewählt. Damit übernehmen die Mahalla-Büros die Aufgaben, die traditionell von den informell anerkannten *oqsoqollar* sowie den Ältestenräten wahrgenommen wurden.

Wo die Unterstützung sozial Bedürftiger früher den lokalen Gemeinschaften selbst entsprang, kommen nun staatliche Sozialleistungen hinzu, die durch das Mahalla-Büro verteilt werden. Mit der Einbeziehung der *Mahalla* in die lokale Selbstverwaltung wird das **Solidarnetzwerk institutionalisiert.** Diese „Mahallisierung" erscheint als ein Versuch, die Kluft zwischen Staat und Gesellschaft zu verringern. Lokale kulturelle und gemeinschaftliche Orientierungen sollen mit der staatlichen Ordnung verbunden werden. Gleichzeitig ermöglicht diese Maßnahme aber auch die **staatliche Kontrolle über die lokalen Strukturen.** Besonders einflussreich sind die *Mahallas* in den Altstädten und im ländlichen Bereich, wo man derzeit etwa 5700 von ihnen zählt. In städtischen Wohnvierteln liegt ihre Bedeutung eher auf funktionaler Ebene, hier gibt es landesweit etwa 4000 *Mahallas.* Auch wenn die *Mahalla* als solche nicht unmittelbar zum Patronage-Klientel-System zu zählen ist, so bilden sich doch genau hier die lokalen Loyalitäten und Netzwerke.

☒ Die Mahalla – Treffpunkt und Sozialstruktur

Bürokratie und Korruption

In diesem weitverzweigten und verschachtelten System persönlicher Netzwerke gibt es ebenso verzweigte Loyalitäten und Abhängigkeiten. Innerhalb dieses Geflechts gilt **Korruption** gewissermaßen als Prinzip der Strukturierung von sozialen Beziehungen.

Das **Patronage-Klientel-System** der höchsten politischen und wirtschaftlichen Ebenen setzt sich damit vollkommen nahtlos „nach unten" fort. Beinahe überall im usbekischen Alltag trifft man auf Formen der Korruption. Dabei reichen die Praktiken vom eher freundschaftlichen „Vitamin B" über Vorteilsnahme und Amtsmissbrauch bis hin zu kriminellen Formen. Dass niemand, der irgendwelche Verfügungsgewalt besitzt, seine Freunde und Verwandten vergisst, ist vollkommen „normal" und ganz selbstverständlich. Ob Verwaltung, Polizei, Bildungs- oder Gesundheitssystem – Bestechung, Erpressung und Korruption sind allgegenwärtig.

Als ein Grund dafür wird häufig angegeben, dass **leitende Beamte in Usbekistan** auf wackeligen Stühlen sitzen. Die Besetzung erfolgt in der Regel über Benennung und rotiert in regelmäßigen Abständen. Als offenes Geheimnis gilt, dass viele Ämter käuflich zu erwerben sind. Dies setzt die Amtsinhaber unter finanziellen Druck – sie müssen die Investitionen für ihre Position gewissermaßen wieder „reinholen". Und dies zügig, denn bald schon kann sie wieder ein anderer innehaben. So wundert es wenig, dass der usbekische „Normalbürger" weder mit Behörden noch mit der Polizei gerne zu tun hat. So groß der **Respekt vor Ämtern und Uniformen** ist, so groß ist der Abstand, der zu ihnen gehalten wird. Respekt bedeutet in diesem Falle also nicht Wertschätzung, sondern in erster Linie Misstrauen. Der Grund dieses Misstrauens ist amtlich bestätigt: In dem jährlich von **Transparency International** herausgegebenen „Korruptionswahrnehmungsindex" belegt **Usbekistan Rang 158 von 180 (2018)** und gehört damit zu den korruptesten Ländern der Welt.

Führerscheine, Promotionsurkunden, Pässe – so gut wie **alles ist käuflich erwerbbar.** Und, frei nach dem Prinzip von Angebot und Nachfrage – es wird gekauft. Nun kann man bei einer Promotionsurkunde noch von einem gewissen Luxusgut sprechen. Anders allerdings stellt sich die Sache bei Leistungen etwa im Gesundheits- oder im Bildungssystem dar. Da wird nicht bestochen, um sich etwas unrechtmäßig für Geld anzueignen, da muss häufig schon für den Zugang zu Leistungen, die einem rechtmäßig zustehen, gezahlt werden, so z. B. für ein Krankenhausbett. Und so geht es weiter: dem einen wird etwas zugesteckt, um einer Strafe zu entgehen, dem nächsten, um sich nicht anstellen zu müssen, einem weiteren, damit man nicht bestohlen wird ...

Vitamin B

„Wie man mit diesem Auto so schnell fahren kann!“, wundern wir uns noch, da entdecken wir, zeitgleich mit unserem rasanten Fahrer, den Verkehrspolizisten. Vergessen ist das eben noch zwischen dem Fahrer und uns stehende Unwohlsein, denn sofort keimt das Solidaritätsgefühl im Innenraum des Wagens auf: „So schnell waren wir nun auch wieder nicht und warum auch ausgerechnet hier diese sinnlose Geschwindigkeitsbegrenzung ...?“ Etwas bang ist uns doch, während wir auf die Kontrolle zurollen.

Verwundert registrieren wir, wie - nun schon in unmittelbarer Sichtweite des Polizisten - unser Fahrer sein Handy zückt. „Was macht er denn nun? Das ist doch wohl hier auch verboten? Warum setzt er der Geschwindigkeitsüberschreitung nun noch einen drauf?“ Das Telefonat fortführend reicht er, demonstrativ beiläufig, die Papiere durch die einen Spalt heruntergelassene Scheibe. Die offenbar bei Durchsicht der Ausweise entstandene Frage des Verkehrshüters beantwortet unser Fahrer nicht, dafür brüllt er nun umso vehementer in seinen Hörer. Die Szenerie verfolgend richten wir uns ergeben auf ein längeres Prozedere ein. „Das wird nicht gut ausgehen!“ Auf Missachtung reagieren Uniformen doch international allergisch. Während wir beginnen, unseren potenziellen Anteil am Strafgeld zu diskutieren, werden die Papiere plötzlich zurückgereicht, das Handy zugeklappt und die Fahrt geht, gewohnt rasant, weiter. „Wie jetzt, keine Strafe? ... Wir waren viel zu schnell, wie kann das sein? ... Nicht mal aussteigen? ... Keine Funktionskontrolle der Scheinwerfer? ... Nicht mal eine klitzekleine Begutachtung des Datums vom Verbandskasten? Wie geht das - was hast du mit diesem Polizisten gemacht?“, fragen wir unseren Fahrer. Der hebt unschuldig verschmitzt die Schultern und sagt: „Nichts! Ich habe nur mal mit meinem Schwager telefoniert, gefragt, wie es ihm so geht ...“ „????“

„Mein Schwager ist ‚nachalnik‘ im Polizeibüro.“

Sich in einem solchen Fall an die **Polizei** zu wenden, gilt allgemein als relativ sinnlos: Entweder seien die Polizisten in irgendeiner Weise selbst mit von der Partie oder aber sie hätten Angst. Als sicherste Variante gilt, sich ein gut funktionierendes Netzwerk „gegenseitiger Hilfe“ aufzubauen. Will heißen: Je mehr Hände man wäscht, desto besser werden die eigenen gewaschen. Die Korruptionspraktiken sind weitestgehend bekannt und man arrangiert sich notgedrungen mit ihnen. Obgleich eine Vielzahl von Gesetzen erlassen wurde, welche Korruption verhindern sollen, zeigt sich eine starke Beständigkeit. Der **Anti-Korruptionskampf ist bisher wenig erfolgreich.** Auch zukünftig scheint er wenig aussichtsreich. Zum einen, weil alle staatlichen Maßnahmen (auch Gesetze) Makulatur bleiben, wenn die politischen Eliten selbst korrupt sind. Zum anderen, weil die Gehälter (etwa von Ärzten oder Lehrern) so gering sind, dass „Gehaltsaufbesserungen" durch Bestechungsgelder beinahe unumgänglich sind, um selbst über die Runden zu kommen. Die Entwicklung eines Unrechtsbewusstseins ist in diesem Wirrwarr von Beziehungsstrukturen eine schwierige Angelegenheit. So ist Korruption nach wie vor ein Charakteristikum aller mittelasiatischen Länder.

Die Wiedergeburt einer Nation – Identität und Nationalismus

Die drei usbekischen Identitäten

Das Bewusstsein von Identität findet sich bei Usbeken auf mehreren verschiedenen Ebenen: Zum einen umfasst dies das Nationalbewusstsein im Sinne der **Staatsbürgerschaft** und innerhalb der nationalen Landesgrenzen. Zum anderen bezieht es sich auf die **mittelasiatische Region** und damit implizit auch auf die Region des „alten Turkestan". Doch eher zuerst als zuletzt fühlt man sich vor allem bestimmten **lokalen Netzwerken** zugehörig.

Diese lokalen Identitäten erweisen sich noch immer als weitaus stärker als die nationale Identität. Das verwundert wenig, denn sie sind auch viel älter. Die usbekische Nation, einst willkürlich und künstlich geschaffen, kann mit kaum 100 Jahren keine sonderlich lange Geschichte aufweisen. Siebzig Jahre davon war sie zudem als Unionsrepublik der Sowjetunion den Assimilierungsbestrebungen der russischen Kultur ausgesetzt. Dennoch entwickelte sich gerade in dieser Zeit ein nationales Bewusstsein, da für die usbekische Nation die Jahre der Sowjetmacht gleichzeitig ihre ersten eigenen Jahre waren. Die ersten Jahre, um zu lernen, sich als Nation zu fühlen und um erstmals eine eigene Identität herauszubilden. Obgleich vorhanden, konnten diese **„Republikidentitäten"** die traditionellen und lokalen Identitäten jedoch nicht verdrängen. Zu beobachten ist vielmehr, dass sie die Sowjetzeit und mit ihr die Nationenbildung relativ unbeschadet überlebt haben. Dies mag auch damit zusammenhängen, dass sie in gewissem Sinne sogar immer weiter gepflegt wurden. Schon während der Sowjetzeit wurden die Probleme, die sich aus den tradierten Netzwerken für **die Identifikation als Unionsrepublik** ergaben, deutlich. Egal, welche „modernen" Strukturen der Sowjetsozialismus auch schuf, immer tauchten schnell wieder starke und bindende Netzwerkstrukturen

029un-kk

auf. Entweder sammelten sich z. B. in Kolchosen oder *Mahallas* bereits tradierte Verbände oder sie strukturierten sich durch den Zusammenschluss in Kolchosen oder *Mahallas* neu.

Während etwa die baltischen Länder oder die Ukraine aus einem starken Nationalbewusstsein heraus ihre Unabhängigkeit erkämpften, trägt die **Unabhängigkeit Usbekistans** eher den Charakter eines „unverhofften Geschenkes". Weder ist sie Resultat politischer Aufstände noch Willensbekundung unzufriedener Bürger. Im Unterschied zu anderen Ländern wurde hier die nationale Eigenständigkeit nicht „von unten" erzwungen. Die breite Bevölkerung „ertrug" die Veränderungen vielmehr mit Gleichmut und zeigte ein eher geringes Interesse an der Bildung einer unabhängigen Nation.

So stand die usbekische Regierung nach der Unabhängigkeit vor der Aufgabe, eine nationale Identität zu erschaffen. Dabei wurde die durch die Sowjetunion betriebene **Schaffung der Nation der Usbeken** nahtlos weitergeführt. Dass der Staat Usbekistan kein historisch gewachsenes Gebilde, sondern eine Geburt der **sowjetischen Nationalitätenpolitik** ist, wird bis heute nicht thematisiert. Da nicht auf vorsowjetische Wurzeln zurückgegriffen werden kann, muss die **Ansässigkeit des Volkes** auf dem jetzigen Territorium reichen, um den Nationalstaat zu legitimieren.

Dieser Prozess wurde seit 1991 durch *Karimow* energisch vorangetrieben. Die Bildung einer nationalen Identität gestaltet sich allerdings viel schwieriger als erhofft, denn unter dem jahrzehntelangen Einfluss der Sowjetunion sind viele der nationalen Eigenheiten kaum gepflegt worden. Zudem war der Tag der Unabhängigkeitserklärung kulturell keineswegs eine „Stunde Null", auch wenn das die politischen Machthaber gern so propagieren, denn die 70 Jahre Sowjetära haben in allen mittelasiatischen Ländern kulturelle Spuren hinterlassen.

Towarischtsch Sowjetbürger

Die Suche nach diesen kulturellen Spuren führt zurück in die Anfänge der Nationenbildung. Mit Gründung der Sowjetunion ging ein grundlegender politischer und kultureller Wandel einher, der natürlich auch die neu erklärten mittelasiatischen Nationen betraf. Die neue Sowjetkultur war nichts, was streng geplant und zielgerichtet erschaffen wurde. Die **sowjetische Kulturideologie** bildete sich allmählich heraus. Ihr Verständnis basierte auf dem Grundgedanken von Kultur als „Überbau der Gesellschaft". In diesem Sinne galt sie als „gestaltbar" durch die „herrschende Klasse". „Progressive Elemente", die es nach *Lenin* in jeder Kultur gäbe, sollten bewahrt werden, schädliche Relikte galt es „zu überwinden". Dieser Kulturbegriff setzte einen weitreichenden Prozess der **„Sowjetisierung"** in Gang: Aus dem Fundus des kulturellen Erbes der „neuen Nationen" wurden, bisweilen relativ willkürlich, Elemente für „bewahrungswürdig" befunden, andere wiederum wurden als „zu überwinden" erklärt. Mit Dekreten und Gesetzen ging man **gegen nationale Gewohnheiten** wie Polygamie, Brautkauf, Brautraub, Blutrache etc. vor. Die „Kulturfront" wurde gewissermaßen zur **Front des Klassenkampfes.**

Mit der stalinistischen Ära setzte eine „Kulturrevolution" ein, welche die nationalen Kulturen vollständig entwerten sollte. Hatte man bis dahin noch nach Elementen gesucht, die sich mit dem „neuen, proletarischen Menschen" vereinen ließen, wurde das traditionelle Kulturerbe nun gänzlich in Frage gestellt. Der Pluralismus der sowjetischen Anfänge fand hier sein jähes Ende, die „Sowjetisierung" begann. **Positive Aspekte** dieses „Kulturkampfes" bestanden vor allem in der zügigen und vollständigen **Alphabetisierung** der Bevölkerung sowie im Kampf um die **Gleichstellung der Geschlechter.**

Eine sehr wesentliche „kulturelle Spur" ist die russische Sprache. Indem *Lenin* die Sprache als „Trägerin nationaler Kultur" ansah, wurde die **Sprachenpolitik** zu einem wichtigen Instrument der Nationenbildung. So ordnete die Sowjetmacht allen Regionen, die in den 1920er-Jahren zu Nationen erklärt wurden, Nationalsprachen zu. Mit Einführung des kyrillischen Alphabetes verkümmerten diese Nationalsprachen jedoch zunehmend. **Russisch wurde zur Amtssprache,** Russisch wurde gelehrt ... Russisch wurde nach und nach zur Umgangssprache auch im Alltag. Mit der zunehmenden Verkümmerung der „alten Sprachen" wurde die Nabelschnur zum nationalen kulturellen Erbe für die Folgegenerationen durchtrennt.

Gleichzeitig setzte der Prozess einer **sowjetischen Standardisierung** ein. Aufbau und Organisation von Bildungseinrichtungen, das gesamte Wohnungs- und Bauwesen – alles wurde zentral von Moskau aus gesteuert. Kannte man eine Moskauer Plattenbauwohnung, fand man in Samarkand mühelos das Schlafzimmer einer usbekischen Familie. Konnte man sich in Buchara einen Tee kochen, fand man sich in Leningrad problemlos am Herd zurecht. Die **zentrale Planwirtschaft** tat ihr Übriges: Noch im letzten Winkel Zentralasiens konnte man Moskauer Eis kaufen, Tee aus Mittelasien lagerte in den Kaufhallenregalen der russischen Metropolen. **Überall in der Sowjetunion** legten Frischgetraute Blumen am Mahnmal gegen den Faschismus nieder. Überall verbrachten Familien ihre Sonntage in ähnlichen Freizeitparks. Überall trug man die gleiche Kleidung, lernte nach gleichen Lehrbüchern, aß die gleichen Konserven, las die gleichen Zeitungen ... „Towarischtsch Sowjetbürger" war geboren.

Das kulturelle Erbe der mittelasiatischen Völker wurde beinahe vollständig in den Bereich der **Folklore** verdrängt. Dass Aufführungen „volkstümlicher" Tänze oder „traditioneller" Musik in der Sowjetunion so beliebt waren, lag u. a. an der Faszination für das Fremde – als Bestandteil der sowjetischen Kultur wurden sie gar nicht wahrgenommen. Sie muteten den Sowjetbürgern wohl eher an wie Zeichen aus einer vergangenen Welt.

Die Standardisierung auf „Sowjetnorm" betraf aber vor allem die äußere Form. Unter der Oberfläche hielten sich durchaus Elemente originär **zentralasiatischer Alltagskultur,** bestimmte Sitten, Gebräuche und Rituale existierten weiter. Hinter der sowjetischen Form „überlebte" sozusagen ein System von Wertvorstellungen und moralischen Vorschriften, das nach wie vor wirksam blieb. Zwar wohnte man nun in uniformen Plattenbauwohnsektoren, aber die Familienbeziehungen blieben trotzdem eng. Man heiratete nun ohne Brautgeld *(qalim),* aber die soziale Bedeutung der Ehe blieb eher traditionell. Die moderne sowjetische Nationalkultur Usbekistans kann man sozusagen als bunte Mischung beschreiben: Aus der ethnischen Vielfalt innerhalb der Unionsrepublik resultierte eine Verschmelzung unterschiedlichster regionaler und lokaler Elemente. Traditionen und Wertevorstellungen der vorsowjetischen Zeit blieben teilweise erhalten. Gleichzeitig entwickelte sich eine ideologisch hervorgebrachte Sowjetkultur, die auch außerhalb ihres offiziellen Geltungsbereiches Wurzeln schlug. Der usbekische „Towarischtsch Sowjetbürger" lebte sozusagen in einer Sowjetkultur, deren regionale Färbung zwar vielfach überstrichen worden war, aber dennoch deutlich spürbar blieb.

Usbekische Identität – Rekonstruktion oder Neukonstruktion?

Mit der Unabhängigkeit musste diese sowjetisierte Nationalkultur wieder zu einer möglichst „rein" usbekischen werden. Und so wurden unter verschiedenen Farbschichten die kulturellen Eigenheiten hervorgekratzt und eine nationale Identität wurde rekonstruiert. Dafür aber musste zunächst die sowjetische Farbe ab: Das postsowjetische Nationalbewusstsein musste von seiner jüngeren Vergangenheit abgegrenzt werden. Als erste Maßnahme hierzu wurde **Usbekisch als Amtssprache** eingeführt, dann das kyrillische Alphabet abgeschafft. Straßen und Plätze wurden umbenannt und die zahlreichen Symbole des Kommunismus wurden aus dem öffentlichen Raum entfernt. Diese **Bereinigung** schaffte Platz für die neuen, die usbekischen Nationalsymbole – doch welche sollten das sein? Die Auswahl dieser **neuen Symbolik** vollzog sich in allen mittelasiatischen Ländern mit beinahe skurriler Programmatik. Jedes der Länder gab sich größte Mühe, an eine **vorsowjetische Identität** anzuknüpfen. Gesucht wurde nach Symbolen, die beweisen sollten, dass die jeweilige Nation seit Menschengedenken und ohne Unterbrechung existierte. Das konnte natürlich nicht funktionieren, da es schlicht nicht den Tatsachen entsprach. Dennoch versuchte man konsequent dem Muster zu folgen, was die frühsowjetische Nationalitätenpolitik vorgegeben hatte. Die Willkür der Grenzziehungen allerdings musste zwangsläufig dazu führen, dass die unabhängigen Republiken auf ihre eigentlich **gemeinsame Geschichte** stießen. Daraus wiederum erwuchs das Problem, dass historische Leitfiguren, Kunstwerke, Symbole ... von mehreren Ländern gleichzeitig als ihr jeweils ureigenes nationales Erbe okkupiert wurden. So behalf man sich, zumindest in Usbekistan, damit, die **Geschichte eines Territoriums** zu bemühen. Historische Persönlichkeiten wurden je nachdem, ob deren Geburts-, Wirkungs- oder Todesort im Gebiet des heutigen Landes lag, zu **usbekischen Nationalhelden.** Ein Beispiel ist der Dichter *Alisher Navoiy,*

Alisher Navoiy – Nationalheld mehrerer Nationen

031un-kk

der in Usbekistan als Nationaldichter gilt, als Volksheld aber mindestens ebenso in Tadschikistan verehrt wird.

Zum wichtigsten Nationalhelden wurde **Amir Timur** (bekannt als *Tamerlan*), ein zentralasiatischer Eroberer des 14. Jahrhunderts. Ihm wird die Parole „Stärke durch Gerechtigkeit" zugeschrieben. Dieses Motto nutzte *Karimow* nun munter dazu, seine eigene politische Gewalt zu legitimieren. Dass *Amir Timur* ein skrupelloser Imperator gewesen ist, verschwindet dabei hinter seinen „Verdiensten": Inmitten von Chaos schuf er ein System von Recht und Gesetz und förderte Wissenschaft und Kultur – ganz wie *Karimow* selbst also – so wohl die Botschaft. Allerdings ist auch *Amir Timur* nur ein „bisschen usbekisch" – selbst *Tucholsky* lässt ihn in seinem Werk „Mir ist heut so nach Tamerlan" durch Kirgisistan reiten.

Insgesamt ist man bei der **Rekonstruktion der Historie ziemlich kreativ:** Wenn es keine verwertbaren Spuren gibt, wird einfach eine eigene Tradition erfunden. So kann man wohl alles in allem weniger von Re-Konstruktion, als vielmehr von einer Neu-Konstruktion nationalstaatlicher Identität sprechen. Geschichte scheint dabei als etwas Formbares betrachtet zu werden, was jegliche **Neuschaffung nationalstaatlicher Symbolik erlaubt.** Sowohl durch die Sprachenpolitik als auch durch die Konstruktion von Nationalität durch willkürliche Formung der Historie kommt man nicht umhin, sich stark an die frühe Sowjetzeit erinnert zu fühlen.

Die Propaganda Karimows ist immer noch allgegenwärtig – hier als Beschwörung von Hoffnung, Zuversicht und Vertrauen in die Jugend

Auch die **ideologische Durchdringung von Bildungsanstalten,** die mindestens ebenso ausgeprägt ist wie in der Sowjetunion, erinnert daran. Die grenzenlose Glorifizierung des Nationalstaats und ihres „starken Führers" zeigt sich im Stadtbild deutlich an einer Unzahl von Transparenten, Fahnen und Losungen.

Bereits in Kindergärten und Grundschulen wird intensiv am Nationalgefühl gearbeitet. Fahnen werden ausgemalt und schmücken die Räume. Keine öffentliche Einrichtung, schon gar keine Bildungseinrichtung, kommt ohne Plakate und Banner mit Sprüchen des alten oder des amtierenden Präsidenten aus. Studenten werden gar in eigenen Kursen über die Größe ihrer Nation und die Großtaten ihrer Nationenväter unterrichtet. Eine Art Staatsbürgerkunde auf Usbekisch, vor dem Machtwechsel gern auch „Karimologie" genannt.

So wie die Bilder von *Lenin, Marx* oder *Raschidow* an den Wänden das Feld räumen mussten, mussten es ihre Statuen in Parks und auf Plätzen. Sie wurden durch den neuen „Führer" ausgetauscht, die Höhe des Sockels allerdings ist gleich geblieben.

„Vertrauen ist gut …" – Kontrolle, Überwachung, Sicherheit

Terrorismus

Terroristische Aktivitäten sind ein fester Bestanteil des negativen Bildes, das die westliche Welt gewöhnlich mit Usbekistan verbindet. Terrorismus wird hier im Wesentlichen mit radikalem Islamismus gleichgesetzt. Mit dem Anschlag vom 11. September 2001 in den USA rückte **die zentralasiatische Region** in den **Blick globaler Sicherheitspolitik.** Vor allem ihre geopolitische Lage prädestinierte sie scheinbar als strategisch wichtigen Operations- oder Rückzugsort international agierender Terrornetzwerke. Aus diesem Grunde richteten sowohl die USA als auch Deutschland relativ zügig nach dem 11. September Militärbasen an der Grenze zu Afghanistan ein.

Insgesamt ist die Realität noch wesentlich komplexer, als sie auf den ersten Blick erscheint. Lange vor 2001 hatte die usbekische Regierung selbst den Terrorismus als größte **Bedrohung für die innenpolitische Stabilität** identifiziert. Terrorismus wird dabei ganz klar mit radikalem Islamismus gleichgesetzt und durch die politische Führung zu einer Gefahr für die innenpolitische Sicherheit stilisiert. Sorgsam wurde ein **Bild der islamistischen Bedrohung** aufgebaut, um jegliche religiösen Kräfte im Land und damit eine mögliche Gefährdung der jetzigen Führung zu unterdrücken. Die offiziellen Angaben zu Mitgliederzahlen und internationalen Vernetzungen vermeintlich radikalislamisch gesinnter Gruppen sind jedoch vage. Ein gewisses Gewaltpotenzial lässt sich am deutlichsten der Islamischen Bewegung Usbekistans (IBU) nachweisen. Dies bestätigt eine Serie von Terroranschlägen in Taschkent 1999 sowie 2004.

Menschenrechtsorganisationen weisen schon seit Langem darauf hin, dass die usbekische Regierung unter dem **Deckmantel der Terrorismusbekämpfung** gegen jegliche Opposition im Land vorgehe. Die islamische Bedrohung werde gnadenlos dazu genutzt, die eigene Machtausübung zu legitimieren.

Die außerordentliche Komplexität der Situation wurde (im Westen) allerdings erst mit den **Ereignissen in Andijon** anerkannt. Im Mai 2005 hatten hier **Aufstände und Demonstrationen gegen die Regierungspolitik** stattgefunden, denen die usbekischen Sicherheitskräfte mit großer Härte und Gewalt begegneten. Offiziell wurde die Härte des Vorgehens, das mehrere Hundert Tote forderte, damit begründet, dass die Aufständischen Anhänger radikalislamischer Organisationen seien. Eher jedoch offenbarte sich hier die große Unzufriedenheit der usbekischen Bevölkerung mit ihrer sozialen Lage. Inwieweit diese deutliche Äußerung von Kritik an der politischen Führung des Landes tatsächlich durch religiöse Gruppen forciert wurde, ist kaum einschätzbar, zumal die usbekische Regierung die internationalen und nationalen Medien durch Einreiseverbote und Schließung von usbekischen Sendern von den Ereignissen total abschottete.

Die Folgen von Andijon waren und sind noch immer weitreichend. Nicht nur, dass die Befugnisse sowohl ausländischer als auch usbekischer Medien nachhaltig eingeschränkt wurden, auch die amerikanische Militärbasis musste auf Geheiß der usbekischen Regierung geschlossen werden. Eigentlich hatte Usbekistan sich durch seine Einbindung in die globale Sicherheitspolitik nach 2001 eine Verbesserung der Beziehungen zu Europa und Amerika erhofft. Dies jedoch trat nicht in gewünschtem Maße ein. Den „Rausschmiss" der amerikanischen Militärs begründete man damit, dass die USA die islamistischen Kräfte im Land unterstützt habe, um die politische Führung zu stürzen. Auch hier also zeigt sich deutlich die Angst der usbekischen Führungselite vor westlichen Einflüssen und daraus resultierender politischer Instabilität.

Die **reale Terrorismusgefahr in Usbekistan** ist umstritten. Besonders schwierig wird die Einschätzung durch die **doppelbödige Islampolitik** des Staates. Nach der Unabhängigwerdung von der Sowjetunion war der Islam zunächst unverzichtbar für die Schaffung einer nationalen Identität. Gleichzeitig bedroht ein Erstarken des Islam die politische Führung des Landes, wenn er zum Ort der Opposition gegen die politischen und sozialen Missstände würde.

Extrainfo 2 (s. S. 7): Trailer zum Film „Massacre in Uzbekistan", der die Ereignisse in Andijon thematisiert (Englisch)

Usbekistan propagiert offiziell einen gemäßigten Staatsislam, duldet aber nahezu nichts, das sich außerhalb der offiziell zugelassenen Religionsausübung artikuliert. Von Menschenrechtsorganisationen wird berichtet, dass sich mehrere Tausend **Gefangene aufgrund religiöser Aktivitäten** in usbekischen Gefängnissen befinden, die stärksten Repressionen ausgesetzt sind.

Die Wahrnehmung des Gewaltpotenzials radikalislamischer Gruppen in Usbekistan lässt Raum zur Über- und Unterschätzung. Nicht zu unterschätzen jedoch sind die Gefahren, die sich daraus ergeben, dass das Regime künstlich eine imaginäre Bedrohung fördert, um seine Machtausübung zu rechtfertigen. Durch gewaltsame Unterdrückung schafft man sich Feinde, um sie dann zu bekämpfen.

Einige kritische Stimmen, darunter auch die des ehemaligen britischen Botschafters in Usbekistan *Craig Murray,* behaupten sogar, dass die Anschläge von 2004 durch den usbekischen Geheimdienst selbst initiiert wurden. *Craig Murray* wurde bereits nach zwei Jahren Amtsausübung suspendiert.

Usbekistan und die Menschenrechte

In allen zentralasiatischen Ländern kommt es anhaltend zu **massiven Menschenrechtsverletzungen.** Besonders gravierend ist die Situation in Turkmenistan und Usbekistan. Dass die usbekische Verfassung formal alle einschlägigen Rechte garantiert sowie die wichtigsten Menschenrechtskonventionen unterzeichnet wurden, ist reine Makulatur. Ein engmaschiger und restriktiver Apparat von **usbekischer Staatssicherheit (SNB), Polizei und Justiz** überwacht die **politische Opposition,** aber auch Mitarbeiter von Menschenrechtsorganisationen permanent.

Öffentliche Meinungsäußerungen sind, wenn nicht regierungskonform, schwierig und nicht ohne Risiko. Regierungskritische Gruppierungen werden durch Einschränkungen von Versammlungs- und Vereinigungsfreiheit so massiv behindert, dass es innerhalb des Landes kaum nennenswerten Widerstand gibt. Die Opposition agiert mehrheitlich im Untergrund oder im Ausland.

Meinungs- und Pressefreiheit sind stark eingeschränkt, es gibt faktisch **keine freie Medienberichterstattung.** Alle Medien sind entweder vom Staat selbst betrieben oder unterliegen schärfsten Kontrollen. Der Druck auf internationale Medien ist enorm. Die durch „Reporter ohne Grenzen" erstellte Rangliste zur weltweiten Situation der Pressefreiheit (Press Freedom Index) verzeichnet Usbekistan 2019 auf Platz 160 von 180.

Obgleich verfassungsrechtlich garantiert, ist die **Freiheit in der Ausübung von Religionen nicht gewährleistet.** Menschenrechtsorganisationen gehen davon aus, dass sich unter den Personen, die aufgrund religiöser Aktivitäten **in usbekischen Gefängnissen** sitzen, **eine große Anzahl von Regimegegnern und Oppositionellen ohne extremistischen Hintergrund** befindet. Immer wieder wird auch über unmenschliche Haftbedingungen und Willkür berichtet.

Unabhängige **Nichtregierungsorganisationen (NGOs)** haben es in Usbekistan nicht leicht. Nach den Ereignissen in Andijon 2005 (s. S. 111) wurde ihre Arbeit über ein Jahrzehnt massiv behindert, viele wurden sogar zu „freiwilligen" Schließungen gedrängt. Seit der Wahl des neuen Präsidenten 2016 hat sich die Situation aber etwas entspannt.

Great Game – die Republik Usbekistan – Außenansichten

Die Nachbarn – Verhältnis zu den anderen „Stan-Ländern"

Man könnte leicht annehmen, dass ein ähnlicher Kulturraum, gepaart mit einer gemeinsamen Vergangenheit, zu zahlreichen Gemeinsamkeiten führt. Die „Stan-Länder" zeigen, dass dies nicht zwingend ist. Zwar handelt es sich bei ihnen aufgrund ihrer gemeinsamen Geschichte als Unionsrepubliken gewissermaßen um eine Schicksalsgemeinschaft – viel mehr Gemeinschaft allerdings gibt es nicht (mehr). Ihr heutiges Verhältnis zueinander resultiert aus einem komplexen Gefüge historisch gewachsener oder politisch erzwungener Beziehungen, die bis in die Gegenwart nachwirken und besonders durch die Zeit der Sowjetära nachhaltig bestimmt wurden. Die heutige Situation lässt sich gut mit einem alten russischen Sprichwort beschreiben: *Ein gewesener Freund ist schlimmer als ein Feind.*

Die 70 Jahre „Freundschaft" der mittelasiatischen Region waren eher erzwungen. Durch die sowjetische Staatengemeinschaft war man miteinander verbunden, ob man nun wollte oder nicht. Die zentralisierte Wirtschaftspolitik Moskaus tat ihr Übriges: Die staatlich gesteuerte „Spezialisierung" der Länder auf einzelne Produkte machte die Republiken wirtschaftlich voneinander abhängig – man war aufeinander angewiesen. Durch die Zugehörigkeit zur Sowjetunion bildete sich im Laufe der Zeit zwar auch eine Art **sowjetischer Identität** heraus, gleichzeitig aber blieben die lokalen und nationalen Identitäten erhalten. Paradoxerweise hatte gerade die durch willkürliche Grenzziehung charakterisierte sowjetische Gebietspolitik die Ausbildung von „Republikenidentitäten" sogar gefördert. Die lang tradierten nationalen Identitäten blieben jedoch unterschwellig ebenso erhalten. Insgesamt gestaltete sich das Nachbarschaftsverhältnis offiziell friedlich, während der (späten) Sowjetzeit jedoch kam es bereits verstärkt zu Nationalitätenkonflikten, die aber keine bedeutsamen Ausmaße annahmen.

Seit der Unabhängigkeit verfolgt jede Regierung ihre eigenen politischen und wirtschaftlichen Interessen. Weder wirtschaftlich noch kulturell versteht man sich als eine einheitliche Region. Die Abgrenzung zur gemeinsamen sowjetischen Epoche sowie untereinander macht sich besonders im Bestreben nach Ausbildung einer jeweils eigenen nationalen Identität bemerkbar. Dabei kann man nur bedingt auf die vorsowjetische Zeit zurückgreifen, basieren doch die heutigen Grenzen nicht auf historischen Nationen, sondern sind vielmehr ein **Resultat der sowjetischen Gebietspolitik.** So gestaltet sich die nationale Identitätsbildung viel schwieriger als erhofft. Zum einen sind während der Sowjetzeit viele der regionalen Eigenheiten kaum gepflegt worden, zum anderen haben die 70 Jahre Sowjetära selbst ihre kulturellen Spuren hinterlassen – und dies nicht nur äußerlich, sondern vor allem auch im Bewusstsein der Menschen. Sowohl das religiöse Bewusstsein als auch nationale Besonderheiten mussten nach der Unabhängigkeit mühsam re- oder neu konstruiert werden.

Konstituierendes Merkmal der Staaten und daher von größter ideeller und legitimatorischer Bedeutung sind die **Staatsgrenzen.** Mit der Unabhängigkeit erkannten die Länder die aus der Sowjetzeit stammenden Grenzen nach dem völkergewohnheitsrechtlichen Prinzip an. Nichtsdestotrotz kommt es seither zu Konflikten bezüglich der Grenzziehungen. Ursache ist zum einen das noch aus der Sowjetzeit resultierende „Vielvölkergemisch". Immer wieder kommt es zu Spannungen zwischen ethnischen Gruppierungen, was in der Folge zu Konflikten zwischen den Republiken führt. Dies zeigt sich in **Auseinandersetzungen im Ferganatal,** in dem sich usbekische Enklaven auf kirgisischem Staatsgebiet befinden, ebenso wohnen größere Gruppen der jeweils anderen Nationalität im Grenzgebiet zwischen Usbekistan und Tadschikistan. Dies führt zu historisch motivierten Gebietsansprüchen und in der Folge zu massiven Grenzkonflikten. Auch zwischen Usbekistan und Kasachstan sowie zwischen Usbekistan und Turkmenistan gibt es Konflikte aufgrund strittiger Grenzabschnitte, die den ohnehin angespannten zwischenstaatlichen Verhältnissen nicht zuträglich sind.

Neben den ethnisch motivierten Problemen geht es bei den **Grenzkonflikten** aber auch um Wasser- und Weiderechte, um landwirtschaftliche Nutzflächen und Handelswege sowie um Bodenschätze und Industrieanlagen. Immerhin eint diese Region eine fast siebzigjährige gemeinsame Geschichte und damit eine gemeinsame Infrastruktur. Diese war allerdings nicht national, sondern regional geschaffen worden, was bis heute zu Streitigkeiten führt. Alles in allem gestalten sich die nachbarschaftlichen Beziehungen zwischen den ehemaligen Unionsrepubliken eher schwierig. Der neue Präsident bemüht sich seit seinem Amtsantritt 2016 allerdings sehr um Entspannung in den Beziehungen zu den Nachbarländern. Inzwischen wurden mehrere Übereinkommen unterschrieben, um die konfliktgeladene Grenzziehung zwischen den beiden Ländern voranzubringen.

Der große Bruder – das Verhältnis zu Russland

Die Beziehungen zum einstigen „großen Bruder", heute Russland, unterlagen in den letzten Jahrzehnten vielfältigen Veränderungen.

Während der Sowjetzeit wurde die gesamte mittelasiatische Region im Wesentlichen von Russland unterhalten. Die Zuwendungen waren so groß, dass sie eine beinahe europäische Infrastruktur ermöglichten. Im Gegenzug wurde die rohstoffreiche Region ausgebeutet. Jedes Land hatte seine spezifischen Aufgaben im wirtschaftlichen Gesamtgefüge der Sowjetunion. Usbekistan war beinahe vollständig auf die Produktion von Baumwolle ausgerichtet. Für die Bevölkerung war dies selbstverständlich und wurde nicht großartig hinterfragt. Die **wirtschaftliche Unterordnung** sowie die daraus resultierenden **wechselseitigen Abhängigkeiten** zwischen Russland und „seinen" Republiken führten **nach 1991** zu großen wirtschaftlichen Schwierigkeiten in den Republiken. In Usbekistan musste zunächst die Landwirtschaft von Baumwollmonokultur umgestellt werden, um die Ernährung der Landesbevölkerung sicherzustellen. Die wechselseitige Abhängigkeit gilt besonders auch für die **Infrastruktur** - die meisten der großen Ölpipelines verlaufen durch russisches Gebiet.

Die **usbekische Außenpolitik nach der Unabhängigkeit** war zunächst darauf ausgerichtet, den Einfluss Russlands einzudämmen. Dies gilt sowohl für die wirtschaftliche als auch für die kulturelle Ebene. Die durch die neuen politischen Machthaber in Usbekistan geschürte Furcht vor einer Weiterführung der Okkupationsherrschaft führte im Land selbst zu einem eher feindseligen Klima gegenüber Russland. Die in Usbekistan lebenden Russen verließen nach und nach das Land. Damit verlor es nicht nur qualifizierte Arbeitskräfte, sondern auch viele gebildete Menschen. Der Wille zur Auswanderung wurde durch die offizielle Sprachpolitik verstärkt - die usbekische Nationalsprache wurde zur Amtssprache, das **kyrillische Alphabet** wurde, als Symbol der „Russifizierung", abgeschafft. Russland selbst war eher inaktiv - im ersten Jahrzehnt nach dem Zusammenbruch der Sowjetunion spielten die mittelasiatischen Länder kaum eine Rolle in der russischen Außenpolitik.

Diese Einstellung änderte sich 2001, als nach den Ereignissen des **11. September** sowohl Amerika als auch Europa deutliches Interesse an der Region zu zeigen begannen. Als im Oktober 2001 „im Kampf gegen den Terrorismus" die ersten amerikanischen Truppen in Usbekistan stationiert wurden, war Russland damit einverstanden, denn es ging davon aus, dass dieses internationale Engagement ein kurzes Intermezzo sein würde. Als „strategische Partner des westlichen Bündnisses" wurden die Staaten aber ganz unverhofft aufgewertet und erhielten in nicht unwesentlichem Maße wirtschaftliche Unterstützung. Gerade Usbekistan nutzte dies zum Aufbau einer **Zusammenarbeit mit den USA** und zog sich aus der sicherheitspolitischen Partnerschaft im Rahmen der GUS-Strukturen zurück. Der drohende **Einflussverlust** veranlasste die Moskauer Führung, sich vor Ort wieder stärker zu engagieren, um Russlands Vormachtstellung zu erhalten. Damit rückte auch wieder die wirtschaftliche Zusammenarbeit ins Blickfeld russischer Außenpolitik. Das Bemühen, Mittelasien in die Sphäre russischen Einflusses zu reintegrieren, wurde dadurch verstärkt, dass die Regimewechsel in einigen anderen ehemaligen Unionsrepubliken (wie etwa 2003 in Georgien und 2004 in der Ukraine) die russische Führung alarmierten. Eine derartige **Desintegration des postsowjetischen Raumes** konnte Russland sich weder wirtschaftlich noch sicherheitspolitisch leisten. Die usbekischen Eliten bekamen ihrerseits Angst vor Unruhen im eigenen Land und die Neigung, auf die Hilfe des ehemaligen „großen Bruders" zurückzugreifen, wuchs zusehends.

Den eigentlichen **Wendepunkt im Verhältnis Russland–Usbekistan** markieren die Ereignisse in **Andijon 2005.** Hier kamen mehrere hundert Menschen ums Leben, als die staatlichen usbekischen Sicherheitskräfte einen Aufstand gewalttätig niederschlugen. Die permanenten Verletzungen der Menschenrechte durch Usbekistan wurden im Ausland zwar schon lange kritisiert, hatten aber aufgrund eigener sicherheitspolitischer und wirtschaftlicher Interessen eher Zurückhaltung zur Folge. Dass nun aber die usbekische Regierung sämtlichen westlichen Journalisten den Zutritt zum Ort des Geschehens verweigerte und damit eine unabhängige Recherche der Geschehnisse und die Aufdeckung von Menschenrechtsverletzungen unmöglich machte, rief schärfste **Kritik aus den USA und Europa** hervor. Die Beziehungen des westlichen Auslands zu Usbekistan verschlechterten sich nunmehr rapide: Die USA froren ihre Finanzhilfen ein, die EU verhängte ein Waffenembargo und für usbekische Politiker wurden Einreiseverbote verhängt. Die usbekische Regierung kündigte dem Westen daraufhin das Vertrauen: Ihrer Einschätzung nach hätten die Aufständischen von Andijon ein Kalifat gründen wollen und das westliche

Ausland habe sie dabei unterstützt. Die unrühmlichste Rolle dabei spielten nach Meinung des usbekischen Regimes die USA. Sie finanzierten Nichtregierungsorganisationen (NGOs), angeblich um die Regierung im Land zu stürzen. Der gemeinsame Kampf gegen den Terrorismus war nun ganz offenbar weniger wichtig als der Umstand, nicht den „Feind" im eigenen Land haben zu wollen. Im Oktober 2005 forderte das usbekische Regime die USA deshalb auf, ihre Truppen aus Usbekistan abzuziehen.

Diese Ereignisse führten zu einer **Reorientierung der zentralasiatischen Eliten nach Russland.** Hatte die usbekische Regierung bislang Bindungen an Russland oder an die GUS aktiv entgegengewirkt, erhoffte man sich nun innen- und außenpolitisch Unterstützung. Gleichsam reumütig kehrte Usbekistan in die „Arme des großen Bruders" zurück und wurde im Kreml mit offenen Armen empfangen. In der Folge vollzog sich auch ein deutliches Wiedererstarken der wirtschaftlichen Zusammenarbeit. Das große Interesse Russlands an Usbekistan erklärt sich aus den wirtschaftlichen Abhängigkeiten, die noch aus der Sowjetzeit herrühren: Russland braucht zentralasiatisches **Erdöl und Erdgas,** um seinen Lieferpflichten gegenüber Europa nachzukommen, und Usbekistan braucht das russische Pipelinenetz, um seine Rohstoffe effizient exportieren zu können. Seinen wirtschaftlichen und politischen Einfluss festigt Russland zunehmend auch durch humanitäre Hilfen, Schuldenerlasse und die Unterstützung der russischen Diaspora. Dabei profitiert es davon, dass Russisch in Zentralasien nach wie vor die wichtigste regionale Verkehrssprache ist.

032un-kk

Russisch ist wieder salonfähig

Go West – das Verhältnis zu den USA, zu Europa und zur weiten Welt

Russland ist nicht die einzige Großmacht, die sich seit der Unabhängigkeit um Einfluss in Mittelasien bemüht. Das gegenwärtige Geschehen erinnert ein wenig an das berühmte *Great Game,* in dem am Ende des 19. Jahrhunderts das russische Großreich und Großbritannien um die Vorherrschaft in Turkestan rangen. Die einflussreichsten internationalen Mitspieler in Usbekistan sind neben Russland die **EU, die USA** und **China.** Dabei sind unterschiedliche Interessen im Spiel, die, wie auch die des „großen Bruders", seit Bestehen des unabhängigen Usbekistan gewissen Entwicklungen unterlagen. Das erste Jahrzehnt der Unabhängigkeit fand zunächst im Wesentlichen ohne großes Interesse ausländischer Staaten an Usbekistan statt. Dies änderte sich merklich mit den Ereignissen des 11. September 2001. Dass zu diesem Zeitpunkt das internationale Interesse an einer aktiveren Rolle in diesen Regionen wuchs, resultiert insbesondere aus zwei Faktoren: Zum einen wurden besonders Usbekistan und Kirgisistan vor dem Hintergrund der **NATO-Aktivitäten in Afghanistan** im Kampf gegen den Terrorismus zu strategisch wichtigen Ländern. Zum anderen gibt es gewichtige **energiepolitische Gründe,** in der Region aktiv zu sein. Immerhin weisen Kasachstan, Turkmenistan und Usbekistan sehr reiche Öl- und Gasvorkommen auf. Durch innen- und außenpolitische Unruhen könnten die „Energietransfers" in den Westen erheblich gefährdet werden.

Bereits zum Ende des Jahres 2001 wurde eine amerikanische Luftwaffenbasis in Usbekistan eröffnet. Im Februar 2002 kam ein deutscher Militärstützpunkt in Termiz hinzu, der bis Dezember 2015 mit etwa 300 Soldaten als Drehscheibe für die Versorgung der deutschen Truppen in Afghanistan diente. Die Freundschaft zwischen Usbekistan und den USA endete 2005 jedoch jäh mit den Ereignissen in Andijon und die andauernde **amerikanische Kritik** an den Menschenrechtsverletzungen sowie der darauf folgende Truppenabzug ließen den Einfluss der USA auf Usbekistan spürbar abnehmen.

Deutschland hingegen war sehr zurückhaltend in der Bewertung der Andijon-Ereignisse. Zwar hatte man Sanktionen verhängt, diese hatten aber eher symbolischen Charakter. Wirkliche politische Konsequenzen blieben aus. Diese „Nachsicht" wurde belohnt: Die deutschen Truppen durften bleiben und Deutschland war bis 2014 das einzige westliche Land, das einen Militärstützpunkt in Usbekistan unterhielt. Deutschland ist es auch, welches bis heute innerhalb der EU die intensivsten bilateralen Beziehungen zu Usbekistan pflegt und die treibende Kraft hinter dem „weichen" Kurs der EU gegenüber Usbekistan sein dürfte. In Usbekistan selbst herrscht generell ein großes Interesse an Europa. Dies gilt insbesondere **Deutschland** mit seiner wirtschaftlichen Kraft und seinen nationalen Erfahrungen mit dem Wiederaufbau nach dem Zweiten Weltkrieg sowie der deutsch-deutschen Wiedervereinigung. Deutschland seinerseits hatte bereits am 31. Dezember 1991 die fünf Republiken der Region als souveräne Staaten anerkannt und innerhalb kürzester Zeit Botschafter in alle Länder entsandt. Gegenwärtig sind u. a. die Deutsche Gesellschaft für Internationale Zusammenarbeit (GIZ – vormals GTZ und DED), der Deutsche Akademische Austauschdienst (DAAD), der Deutsche Volkshochschulverband (DVV), die Welthungerhilfe, das Goethe-Institut, die Konrad-Adenauer-Stiftung (KAS) und die Friedrich-Ebert-Stiftung (FES) vor Ort tätig. Kein anderes Land hat eine solche politische Präsenz in Usbekistan oder kann ein ähnliches Netzwerk in den Ländern der Region vorweisen.

Einen großen Einfluss in der Region üben allerdings weder Deutschland noch die EU aus. Mit Russland und **China** agieren zwei Mächte, deren Gewicht erheblich größer ist. Ein Beispiel hierfür ist die Shanghai Cooperation Organisation (SCO). Grundlegende Ziele der SCO sind laut Selbstdarstellung die politische und wirtschaftliche Zusammenarbeit sowie die Unterstützung von Frieden und Sicherheit in der Region. Aus anderer Perspektive könnte sie allerdings auch ein gemeinsames Manöver Russlands und Chinas sein, um westliche Einflüsse in Zentralasien zu begrenzen. Gewissermaßen „praktisch" für Usbekistan ist dabei, dass weder Russland noch China eine Zusammenarbeit an die Achtung der Menschenrechte und an demokratische Mindeststandards knüpfen. Demokratie wird von beiden eher mit Destabilisierung gleichgesetzt – das wiederum sehen die zentralasiatischen Alleinherrscher ebenso.

Aufgrund ähnlicher kultureller (religiöser) Wurzeln agieren noch weitere, wenn auch wirtschaftlich und politisch wesentlich weniger gewichtige Mitspieler auf der Bühne Usbekistan. Da das Land aber auf eine säkulare Verfassung besteht, ist eine engere Anlehnung an **die islamischen Nachbarn** (Iran, Afghanistan, Pakistan) oder auch die Türkei unwahrscheinlich. Es macht eher den Eindruck, als bestünde relativ wenig Anziehungskraft zu diesen Ländern und als fürchte man, die sozialen und politischen Errungenschaften der Sowjetära durch engere Anbindungen an islamische Gesellschaften zu verlieren.

Mit der **Präsidentschaft Mirsijojews** ist eine deutliche Intensivierung der Kontakte zu den Großmächten, den Nachbarstaaten und zu internationalen Organisationen erkennbar. Mit der **Liberalisierung** des Landes wächst zum einen das wirtschaftliche Interesse Russlands und der USA, zum anderen ist Usbekistan auch aus geostrategischen und geopolitischen Gründen von Bedeutung.

Quo vadis – Tauwetter oder Eiszeit?

Es ist derzeit schwer einzuschätzen, wie sich Usbekistan innen- und außenpolitisch entwickeln wird. Ein Ziel, das – zumindest vordergründig – alle auf der zentralasiatischen Bühne beteiligten Akteure eint, ist die innere **Stabilität des Landes.** Die Akteure außerhalb der Region sind durch zwei weitere Interessen vereint: Neben dem gemeinsamen **Kampf gegen den Terrorismus,** woraus sich geopolitische Interessen ergeben, geht es ihnen vor allem um wirtschaftliche Aspekte, insbesondere um die **Energieressourcen im Land.**

Trotzdem sich das Land unter dem neuen Präsidenten offener zeigt, folgt es nach wie vor der Funktionslogik autoritärer Systeme, nämlich ihrer Machtsicherung. Alle in- und ausländischen **Demokratisierungsbemühungen** in Usbekistan treffen auf die starre Kontinuität informeller Institutionen und Herrschaftsnetzwerke. Eine Zivilgesellschaft entwickelt sich erst zaghaft in den letzten Jahren, behindert durch die Einschränkungen der persönlichen Freiheit. Auf eine gewachsene **Zivilgesellschaft** kann das Land daher kaum zurückgreifen. Im Gegensatz zu anderen ehemaligen Unionsrepubliken wurde die Unabhängigkeit des Landes nicht „erkämpft". Sie kam eher in Form eines unverhofften Geschenkes, als dass sie ein Resultat politischer Aufstände gewesen wäre. Und auch heute noch scheint die Angst vor politischen Unruhen und deren Folgen in breiten Bevölkerungsschichten ein permanentes Grundgefühl zu sein. Die 1990er-Jahre, in denen viele der postsowjetischen Länder mit inneren Unruhen oder gar Bürgerkriegen, in jedem Fall aber mit großen wirtschaftlichen Nöten zu kämpfen hatten, haben sich tief ins kollektive Gedächtnis gegraben. Es mag auch daran liegen, dass „starke Führer", die das Land vor all dem (vermeintlich) schützen können, sehr geschätzt werden. Die liberale Demokratie des Westens hingegen übt momentan wenig Anziehungskraft aus.

Eine der ersten Amtshandlungen *Mirsijojews* war es, ganz im sowjetischen Stil, einen **Fünfjahresplan** vorzulegen. Die Strategie verfolgt fünf grundlegende Ziele, symbolisiert durch fünf Farben: Gold steht für die Entwicklung und Liberalisierung der Wirtschaft, Purpur für eine Reform des Rechtssystems, (Himmel-)Blau für die Weiterentwicklung der Gesellschaft, Rot für die soziale Entwicklung und Weiß für religiöse Toleranz, interethnische Eintracht und eine sicherheitsorientierte Außenpolitik. Diese fünf Grundpfeiler sind großflächig im öffentlichen Raum plakatiert. Auch hier können Ernsthaftigkeit und konkrete Ausgestaltung der versprochenen Reformen erst in der Zukunft eingeschätzt werden, momentan bleibt nur der Verweis auf eine beabsichtigte oder propagierte Transformation.

Turbokapitalismus mit Handbremse – Wirtschaft

Wirtschaftliche Entwicklung

Schlendert man durch ein Einkaufscenter in Taschkent, kann man quasi an nichts erkennen, in welchem Land der Erde man sich gerade befinden könnte. **Globalisierung und Marktwirtschaft** scheinen auch in Usbekistans Supermarktregalen angekommen. Nichts erinnert daran, dass sich hier vor zwei Jahrzehnten noch die Hochburg der sozialistischen Planwirtschaft befand.

Tatsächlich war die Umstrukturierung der Plan- zur Marktwirtschaft die größte Herausforderung, der sich das Land nach seiner Unabhängigwerdung stellen musste. Der Schein, den die marktwirtschaftlich gefüllten Regale verbreiten, trügt jedoch, denn der Übergang vollzieht sich nur langsam und das Land befindet sich noch heute **mitten im Transformationsprozess.** Wirtschaftsreformen wurden bisher nur in kleinen Schritten umgesetzt, es handelt sich nach wie vor weitgehend um ein **staatswirtschaftliches System.** Dies zeigt sich daran, dass ein Großteil der Wirtschaft noch immer fest in staatlicher Hand liegt. Nur wenige Unternehmen sind privatisiert, Kleinunternehmer werden durch Einschränkungen und Verbote, ständig neue Steuern und Abgaben, Schwierigkeiten bei der Kreditaufnahme, teure Zölle und Korruption auf allen Ebenen behindert.

Noch immer werden **marktwirtschaftliche Reformen** mit dem Verweis auf die Aufrechterhaltung der sozialen Stabilität verzögert und die Regierung verfolgt eine konsequente „Stabilisierungspolitik“: Eine der stabilisierenden Maßnahmen ist, die Devisenreserven des Landes zu konsolidieren. Das allerdings bringt drastische Importbeschränkungen mit sich, die ihrerseits negative Auswirkungen auf das Wirtschaftswachstum haben.

Eine andere Maßnahme ist, dass sowohl Preise als auch Löhne staatlich kontrolliert werden. Zumindest hatte dies zur Folge, dass größere soziale Unruhen bisher erfolgreich vermieden werden konnten.

Seit einigen Jahren kann Usbekistan dennoch auf merkliche **Wachstumsraten** verweisen. Zurückzuführen sind diese vor allem auf die günstige Entwicklung der Hauptexportgüter (Erdöl/Erdgas, Baumwolle, Gold), auf die nicht unerheblichen Überweisungen usbekischer Gastarbeiter aus dem Ausland sowie auf das relativ niedrige Ausgangsniveau in den meisten Branchen. Angemerkt werden muss zudem, dass die offiziellen Angaben der Regierung immer eher mit Zurückhaltung betrachtet werden müssen, da Usbekistan insgesamt eine wenig transparente Informationspolitik verfolgt.

Aus diesem Grund liegt die offizielle **Arbeitslosenquote** bei 9,3 % (2019), inoffiziellen Angaben zufolge aber weitaus höher (etwa 30 %). Zwar gibt es einen großen informellen Sektor (Schwarzarbeit, Schattenwirtschaft), nichtsdestotrotz leben mehr als 25 % der Bevölkerung unterhalb der Armutsgrenze. Der Mindestlohn liegt umgerechnet bei monatlich ca. 69 US-Dollar, der Durchschnittslohn im Land bei etwa 170 US-Dollar, in der Hauptstadt 300 US-Dollar (Stand Januar 2019).

Die Bedingungen für ausländische Investoren sind schlecht. Dazu tragen insbesondere schikanöse staatliche Vorgaben und Kontrollen bei. Hinzu kommen häufige Gesetzesänderungen, mangelnde Infrastruktur außerhalb der urbanen Zentren, Korruption und Klientelismus und die Probleme bei der Devisenkonvertierung. Gerade die **Privatisierung** der zumeist hoch verschuldeten Großbetriebe geht nur zögernd voran. Hemmnis für ausländische Investoren sind vor allem veraltete technische Ausstattung und das Bestreben des Staates, eine Mehrheitsbeteiligung an diesen Betrieben zu halten.

Generell wird versucht, die **Zahl der Importe** so gering wie möglich zu halten, um die eigenen Devisenvorkommen zu schonen und die Abhängigkeit von den Weltmarktpreisen zu reduzieren. Exorbitant hohe Importzölle machen es schwer, ausländische Waren auf dem usbekischen Markt zu platzieren. Auf diese Weise wird zum einen die Konkurrenz mit inländischen Produkten vermieden, zum anderen unterliegen die Importe mittels der Zölle staatlicher Kontrolle. Die wichtigsten **Außenhandelspartner** sind China und Russland (je etwa 18 %) sowie Kasachstan, die Türkei und Südkorea (je etwa 6 %). Der Außenhandel mit Deutschland macht nur einen Anteil von etwa 2,5 % aus.

Die gesamtwirtschaftliche Situation wird zusätzlich durch eine relativ **hohe Inflationsrate** beeinflusst. Offiziellen Angaben zufolge liegt sie bei etwa 14 %, viele westliche Beobachter schätzen sie sogar höher ein.

Energiewirtschaft und Industrie

Usbekistan ist reich an Bodenschätzen. Insbesondere Erdöl und Erdgas stellen, als weltmarktfähige Exportgüter, einen bedeutenden Faktor für die Wirtschaft des Landes dar. Obgleich die Förderung noch nicht sonderlich gut ausgebaut ist, gehört **Erdgas** zu den wichtigsten Exportgütern des Landes und Usbekistan ist jetzt schon einer der zehn größten Erdgasförderer der Welt. An der Förderung von Erdgas ist eine Vielzahl internationaler Unternehmen beteiligt, wobei nahezu alle Investoren zur Kooperation mit der staatlichen Gesellschaft Usbekneftgaz verpflichtet sind. Seit 2010 verläuft eine Pipeline aus der Region Buchara nach China, größter Abnehmer bleibt jedoch das russische Unternehmen Gazprom.

Die wichtigsten Industriezweige in Usbekistan sind der Automobil- und (Land-)Maschinenbau sowie die chemische Industrie. Unter dem Namen GM Uzbekistan (vormals Daewoo) werden jährlich rund 250.000 Pkw der Marke Chevrolet hergestellt, die hauptsächlich in Russland und Zentralasien abgesetzt werden. Ein freier Importmarkt für Kraftfahrzeuge wird durch hohe Importzölle verhindert, auf diese Weise befahren kaum andere Autos als Chevrolets das Land.

Wichtige Industriezweige sind weiterhin der Bergbau (Gold, Buntmetalle) und die Textilindustrie. Daneben gibt es eine Reihe von Betrieben der Leicht- und Nahrungsmittelindustrie, deren technische Ausstattung jedoch häufig noch nicht modernisiert ist.

Wo ist eigentlich der Aralsee? – Landwirtschaft

Baumwolle

Usbekistan ist in erster Linie ein Agrarland. Die Landwirtschaft ist ein wichtiger Wirtschaftszweig und hat einen höheren Anteil am Bruttoinlandsprodukt als die Industrie.

Viehzucht wird vor allem in den Steppen betrieben (Karakulschafe, Ziegen), die fruchtbaren Gebiete werden ackerbaulich genutzt. Etwa 80 % der Anbaufläche entfallen dabei auf Baumwolle. Sie ist nicht nur wichtigstes Agrarprodukt des Landes, sondern **zentrales Element der Kultur** Usbekistans – nicht ohne Grund findet man sie sogar auf dem Wappen des Landes.

Und nicht nur da – Baumwolle ist allgegenwärtig: Man findet sie nicht nur in natura auf den Feldern, sondern stilisierte Darstellungen von Baumwollkap-

034un-kk

▷ Stilisierte Baumwolle an Plattenbauten

Der Kampf gegen die Zwangsarbeit – Baumwollernte in Usbekistan

Die Erntesaison für Baumwolle beginnt gewöhnlich Anfang September und ist sehr kurz. Niederschläge und Kälte im beginnenden Herbst verschlechtern die Qualität und je weiter die Erntesaison fortschreitet, desto niedrigere Preise erzielt die Baumwolle. Bauern stehen unter dem Druck, innerhalb kurzer Zeit so viel wie möglich zu ernten. Jedes Jahr bücken sich deshalb ca. 2,5 Millionen Menschen zu den niedrigen Pflanzen hinab, um sie mühevoll zu pflücken.

Noch bis vor Kurzem konnte jeder Staatsbedienstete, ob Arzt, Lehrer oder Beamter, zur Baumwollernte „abgeordnet" werden. Monatelang wurden sie von ihren sonstigen Tätigkeiten entbunden, um ihren „freiwilligen" Ernteeinsatz abzuleisten. Untergebracht in Sammelunterkünften nahe den Feldern, nicht nur der sengenden Sonne, sondern auch Wassermangel und mehr als schwierigen hygienischen Bedingungen ausgesetzt, schufteten sie täglich 12 Stunden, um die staatlich festgelegte Quote zu schaffen. De facto handelte es sich jedoch nicht um freiwillige Erntehilfe, sondern um eine Zwangsmobilisierung. Deren Hauptinitiatoren und -nutznießer waren aber nicht die Baumwollproduzenten, also die Bauern selbst, sondern die staatlich kontrollierten Handelsgesellschaften, die den Bauern die Baumwolle abkaufen. Denn sie sind es, die Quoten und Preise festlegen. Ohne das stillschweigende Einverständnis der Regierung und ohne die aktive Beteiligung örtlicher Behörden wäre eine Mobilisierung in diesem Maße unmöglich gewesen. Die Mobilisierung von „Freiwilligen" in Spitzenzeiten war bereits zu Sowjetzeiten üblich. Dies allerdings nur als ein Relikt der sozialistischen Planwirtschaft zu verstehen, greift zu kurz. Der Rückgriff auf diese Variante der „Zwangsarbeit" ist symptomatisch für die gegenwärtige Landwirtschaftspolitik in Usbekistan. Während z. B. 1992 noch 40 % der Baumwolle maschinell geerntet wurden, sank dieser Anteil bis heute auf etwa 5 %. Verantwortlich dafür ist der schlechte Zustand der Maschinen aus den ehemaligen kolchoseeigenen MTS (Maschinen-Traktoren-Stationen). Der Zugang zu neuen Geräten ist durch die staatlichen Restriktionen bei Importen und der Kreditaufnahme erschwert. Gleichzeitig trägt die Migration von Arbeitskräften ins Ausland erheblich zur Verschärfung des Arbeitskräftemangels bei.

Unter Präsident Mirsijojew wurde mit einem Erlass vom August 2017 der Zwangseinsatz pädagogischen und medizinischen Personals sowie Jugendlicher bei der Baumwollernte verboten. Obwohl dies die Zwangsarbeit enorm eingedämmt hat, berichten internationale Beobachter weiterhin über vielfältige Zuwiderhandlungen. Von den jährlich ca. 2,5 Millionen Pflückern, die von Mitte September bis Ende November Baumwolle sammeln, stufte die ILO (Internationale Arbeitsorganisation) noch 2017 rund 14 Prozent als Zwangsarbeiter ein. Gleichzeitig mit dem Verbot wurde eine große PR-Kampagne gestartet, um weiter Freiwillige auf die Felder zu bekommen. Gleichzeitig wurde eine verstärkte Automatisierung der Landwirtschaft beschlossen, die die Zwangsarbeit weiter eindämmen soll.

Bis vor wenigen Jahren wurden auch Kinder zu Ernteeinsätzen verpflichtet. Praktisch alle 10- bis 15-jährigen Schulkinder aus ländlichen Regionen und Kleinstädten wurden zur Baumwollernte herangezogen und arbeiteten einen bis zwei Monate lang auf den Feldern, statt zur Schule zu gehen. Der Preis dafür war wochenlanger Unterrichtsausfall. Hinzu kamen hohe gesundheitliche Risiken: Durch den Einsatz von Entlaubungsmitteln sowie durch schlechtes Essen und mangelnde Hygiene erkrankten viele der Kinder. Die Zahl der seit den 1990er-Jahren bis 2013 jährlich eingesetzten Kinder wird auf etwa 2 Millionen geschätzt. Zahlreiche Menschenrechtsorganisationen hatten in den letzten Jahrzehnten immer wieder auf diese usbekische Form der Kinderarbeit aufmerksam gemacht. Als Folge der gewachsenen öffentlichen Aufmerksamkeit stieg die Zahl der Firmen, die Baumwolle aus Usbekistan boykottierten, immer weiter an.

Durch die globale Vernetzung der Produktion gestaltet sich der Nachweis über die Herkunft der Baumwolle zugegebenermaßen recht schwierig. Unlängst verfolgte die Universität Köln den Weg eines T-Shirts von usbekischen Baumwollfeldern bis an die deutsche Kleiderstange: Die Baumwolle wird in Usbekistan geerntet und in der Türkei gewaschen und versponnen. Zum Weben kommt sie nach China, danach wird sie in Marokko gefärbt. In Honduras wird das T-Shirt geschneidert, das dann nochmals nach China verschifft wird, damit es dort bedruckt werden kann. Nach dem Druck wird es nach Italien transportiert, damit es die verkaufsfördernde Bezeichnung „Made in Italy“ erhalten kann. Erst dann gelangt es ins deutsche Regal … Das bedeutet, dass diese Boykotte kaum praktische Konsequenzen zeitigen, denn bis an den Anfang der Kette reicht der Einfluss deutscher Händler kaum.

Der Kampf der Menschenrechtsorganisationen und zahlreicher Aktivisten in Usbekistan jedoch hat sich glücklicherweise gelohnt: Seit einigen Jahren wird Kinderarbeit im großen Stil nicht mehr beobachtet. Trotz aller Verbesserungen gibt es aber noch immer zahlreiche Aktivisten vor Ort, die stark bezweifeln, dass das Land den von der britischen Wochenzeitschrift The Economist verliehenen „Improvement Prize“ wirklich verdient hat.

Extrainfo 3 (s. S. 7): ARD-Reportage über Kinderarbeit bei der Baumwollernte in Usbekistan

seln durchziehen das gesamte Land. Beispiele dafür sind Springbrunnen, Lampen, Fassadenreliefs, Balkone an Plattenbauten u.v.m.

Der Boden Mittelasiens ist außerordentlich fruchtbar, das warme Klima ermöglicht mehrere Ernten im Jahr. So wurde auf dem Gebiet Usbekistans schon immer Baumwolle angebaut und bereits während der Kolonialisierung hatte sich dieser Anbau zu einem wichtigen Wirtschaftsfaktor für das Russische Reich entwickelt. Die zentralasiatischen Länder deckten den gesamten Baumwollbedarf Russlands. Mit der Oktoberrevolution setzte der industrialisierte Anbau ein, Baumwolle wurde de facto zur Monokultur.

„Weißes Gold" – Fluch und Segen

Das Resultat dieser Monokulturpraxis war und ist eine beinahe totale wirtschaftliche Abhängigkeit. Getreide und andere Rohstoffe mussten nunmehr importiert werden, Usbekistan wurde zur reinen Rohstoffquelle für die Sowjetunion.

Dieses sowjetische Erbe prägt das Land bis heute – es ist Fluch und Segen zugleich. Auf der einen Seite ist Baumwolle, das „Weiße Gold", bis heute ein **Exportschlager**. Usbekistan gehört zu den zehn weltweit größten Baumwollexporteuren.

Auf der anderen Seite erschwert es die wirtschaftliche Eigenständigkeit. Noch immer ist Usbekistan in starkem Maße abhängig von Nahrungsmittelimporten. Die Diversifizierung der landwirtschaftlichen Produktion ist eine der dringendsten Entwicklungsaufgaben des Landes. Hinzu kommt eine massive Umweltproblematik, die sich (zumindest teilweise) aus der Notwendigkeit der Bewässerung der Baumwolle ergibt.

Das Problem Bewässerung

Baumwolle ist eine sehr anspruchsvolle Pflanze. Neben dem guten Boden und dem warmen Klima braucht Baumwolle vor allem Wasser: Für die Produktion von einem Kilo Baumwolle werden ca. 11.000 Liter Wasser verbraucht. Da Usbekistan großflächig aus Wüsten besteht, müssen weite Teile der Anbauflächen künstlich bewässert werden. Schon mit der Kolonialisierung wurden russische Bauern nach Turkestan umgesiedelt, die **mittels Bewässerung Neuland** zum Anbau von Baumwolle gewinnen sollten. Zum Zwecke der Ertragserhöhung erließ *Lenin* 1918 ein Dekret zur Bewässerung der turkestanischen Baumwollfelder. Damit wurde der industrialisierte Anbau von Baumwolle eingeleitet und ein beispiellos gigantomanisches Bewässerungsprojekt begann. Durch den intensiven Bau von Bewässerungskanälen trieb die Sowjetmacht die Neulandgewinnung mit höchstem technischem und menschlichem Einsatz voran.

Das größte Problem in diesem Zusammenhang ist die **Bodenversalzung.** Zum einen gelangt bei jeder Bewässerung Salz in den Boden. Zum anderen ist das Grundwasser Mittelasiens ausgesprochen salzhaltig. Durch die große Hitze beginnt es bereits 2–3 m unter der Erdoberfläche zu verdunsten, wobei die Salze sich an der Erdoberfläche ablagern und die Ertragfähigkeit der Böden drastisch einschränken. Aus diesem Grund müssen neben Bewässerungs- auch Entwässerungsarbeiten durchgeführt werden. Der Grundwasserspiegel wird künstlich niedrig gehalten, um den Salzgehalt im Boden zu verringern. Zudem muss der Boden vor dem Anbau „gewaschen“ werden. Dazu staut man auf rechteckigen Parzellen Wasser, welches mit dem ausgewaschenen Bodensalz in Sammelkanälen abgeleitet wird. Der Wasserbedarf dieser Maßnahmen ist enorm hoch.

Die daraus folgende **übermäßige Wasserentnahme aus Flüssen** hat vielfache ökologische Schäden verursacht. Hinzu kommen massenweise Düngerrückstände, Herbizide und Pestizide, die Böden und Grundwasser nachhaltig verunreinigt haben.

Desolate Bewässerungskanäle

035un-kk

Der Aralsee – Chronologie einer Katastrophe

Noch Mitte des 20. Jahrhunderts war der Aralsee, etwa 120-mal größer als der Bodensee, das viertgrößte Binnengewässer der Erde. Heute sind seine einst 68.000 km² Wasseroberfläche auf etwa 10 % seiner einstigen Fläche geschrumpft, der See ist nahezu ausgetrocknet.

Über das Verschwinden des Sees gibt es zwei Theorien: Usbekische und russische Wissenschaftler behaupten, das Sinken des Wasserspiegels um über 20 m hätte ***geologische Ursachen.*** *Eine Erdplatte hätte sich so verschoben, dass der See jetzt höher liege und das Wasser durch Kapillarwirkung in das nunmehr tiefer gelegene Kaspische Meer fließe. Dafür spräche, dass der Wasserspiegel des Kaspischen Meeres tatsächlich angestiegen ist.*

Viele andere, insbesondere auch westliche Experten, vertreten eine andere These: Zum Verschwinden des Sees hätte vor allem der ***intensive Bewässerungsanbau*** *geführt. Bereits zu Beginn der Sowjetzeit bestand das wirtschaftliche Ziel darin, möglichst flächendeckend Baumwolle anzubauen. Tatsächlich wurde die bewässerte Fläche von den 1950er- bis zum Ende der 1980er-Jahre auf 7,4 Millionen ha verdoppelt, 1990 betrug die Fläche sogar 8,1 Millionen ha. Möglich war dies allerdings nur durch die Entnahme von gigantischen Mengen Wasser aus dem Fluss Amudarja. Ein Beispiel für den sowjetischen Machbarkeitswahn ist der Karakumkanal, mit dessen Bau bereits 1954 begonnen wurde. Mit 1400 km Länge ist er der größte Bewässerungskanal der Welt. Nicht nur, dass er quer durch eine Wüste mit extrem hohen Temperaturen verläuft, etwa die Hälfte ist zudem nicht befestigt - er verläuft also schlicht durch Sand. Auf diese Weise verdunsten bzw. versickern etwa 50 % des Wassers schon auf dem Weg durch die Wüste Karakum. Durch den Karakumkanal werden mehr als 40 % des Wassers aus dem Amudarja abgezweigt. Hinzu kommen unzählige kleinere Kanäle in ähnlichem Zustand.*

Diese gewaltige Bewässerungsinfrastruktur führt dazu, dass kaum noch Wasser im Aralsee ankommt. Und das wenige Wasser, das noch hingelangt, ist zudem kontaminiert durch Düngemittelrückstände aus der Landwirtschaft. Die Folgen dieser „Bewässerungspolitik" kumulieren in einer gewaltigen ökologischen Katastrophe: Das Wasser im See wurde zunehmend salzhaltiger und der freigelegte Seeboden entwickelte sich zu einer riesigen ***Salzwüste.*** *Einheimische Pflanzen und Tiere starben aus. Wüstenstürme verteilen das Gemisch aus Sand, Salz, Pestiziden und Herbiziden, was dann dazu führt, dass weite Bodenflächen im Umland unfruchtbar gemacht werden. Das verschärft die sozioökonomische Situation zusätzlich, indem durch den Rückgang des Sees und dessen Versalzung nicht nur die Fischereiwirtschaft, sondern auch die Landwirtschaft betroffen ist.*

Extrainfo 4 (s. S. 7): Fünfteilige ARTE-Reportage über den Zustand des Aralsees

095un

*Insbesondere die direkten und indirekten **gesundheitlichen Folgen** für die Menschen der Region sind bestürzend: Überproportional häufig treten Anämie, Typhus, Hepatitis und Krebserkrankungen auf und die Kindersterblichkeitsrate ist mit 10 % eine der höchsten der Welt. Bereits 1988 wurde eine Region von 473.000 km² rund um den Aralsee zum Katastrophengebiet erklärt.*

Seitdem sind viele Jahre und internationale Hilfsprojekte vergangen. Der See ist, zum einen durch die Austrocknung, zum anderen durch einen Staudamm, in einen nördlichen und einen südlichen Teil getrennt. An der nördlichen Hälfte, die sich auf dem Gebiet Kasachstans befindet, wird seit 2003 die Mündung des Syrdarja wirksam aufgestaut, wonach sich die Situation spürbar verbessert hat. Der Preis für die Stabilisierung im Norden war die weitere Austrocknung der usbekischen Südhälfte, der nunmehr auch noch das Wasser des Syrdarja fehlte. Eine Aussicht, den See als Ganzes zu retten, hätte nur bestanden, wenn der Amudarja wesentlich mehr Wasser in die Südhälfte geführt hätte. Bedingung dafür wäre eine konsequente Umstrukturierung der usbekischen Landwirtschaft gewesen – die Wasserentnahme hätte um die Hälfte reduziert werden müssen. Dies hielten, angesichts der daraus resultierenden existenziellen Probleme für die Bauern, selbst die optimistischsten Experten für unrealistisch. Sie hatten Recht – bereits 2014 meldete ZEITonline: „Größter Teil des Aralsees vollständig ausgetrocknet“. So ist es bis heute; eine Umkehrung dieser Entwicklung ist praktisch unmöglich.

*Das größte Problem der Bewohner der Deltaregion ist auch längst nicht mehr das Wasser des Aralsees, sondern ihr **tägliches Trinkwasser.** Sogar in der karakalpakischen Hauptstadt Nukus ist der Zugang zu sauberem Wasser eingeschränkt. Nur stundenweise fließt es hier durch die Leitungen. Und in den Dörfern fließt oft gar nichts mehr, hier wird Trinkwasser in großen Behältern antransportiert. Usbekische Experten diskutieren darüber, die Einwohner der Region nach Zentralusbekistan umzusiedeln. So verschwindet in absehbarer Zeit vielleicht nicht nur der Aralsee, sondern auch die Bevölkerung der Region. Eines allerdings bleibt erhalten: eine riesige ökologische Katastrophe.*

Die Melone

Bei der Abreise aus Taschkent wird man verwundert feststellen, dass das Handgepäck einen außergewöhnlichen Konkurrenten hat: die Melone. Aber nicht nur hier sind Melonen ständige Begleiter – in ganz Usbekistan trifft man immer wieder auf Berge von ihnen. Kein Straßenrand, kein Basar ist auch nur denkbar ohne eine Vielzahl der verschiedenen Sorten in Hülle und Fülle. Jeder Usbeke hat eine andere Zahl darüber parat, wie viele Sorten es geben soll. Die Angaben schwanken zwischen 200 und 1000. Wie auch immer, man sollte so viele wie möglich von ihnen probieren, denn der köstliche Geschmack der usbekischen Melonen ist legendär. Gern und immer wieder wird erzählt, dass in Zeiten der mongolischen Herrscher Melonen aus Usbekistan mit Gold aufgewogen wurden. Bereits im Mittelalter sollen sie bis nach Bagdad exportiert worden sein – in eigens dafür gefertigten Behältnissen, die mit Eis aufgefüllt wurden. Man soll sie sogar gegen Sklavinnen gehandelt haben. Und tatsächlich – ihr Geschmack ist mit den in Deutschland käuflichen Melonen aus Spanien oder Mittelamerika nicht zu vergleichen. „Goldwert" sind sie wohl nicht mehr, dagegen spricht der bemerkenswert niedrige Preis – derzeit etwa 10 Eurocent pro Kilo.

Überraschend ist, wie so saftige Früchte in so trockenen Regionen wachsen können, doch Melonen sind viel weniger anspruchsvoll als es scheint. Am wichtigsten ist Sonne – und dass sie davon in Usbekistan reichlich haben, schmeckt man. Viele Sorten werden sogar in der Steppe kultiviert.

Melone wird in den Sommermonaten zu beinahe jeder Mahlzeit gereicht. Einige Sorten sind sogar bis zum nächsten Jahr haltbar – sie werden zu diesem Zweck in Netzen hängend gelagert.

Viele Ausländer müssen allerdings auch mit den Gefahren, die die Melone birgt, Bekanntschaft machen: Mit Wasser oder Bier verträgt sie sich nicht, am besten trinkt man, wenn überhaupt, grünen Tee dazu.

036un-kk

… neben der Baumwolle

Neben Baumwolle werden einige weitere landwirtschaftliche Produkte angebaut. Überwältigend ist die Fülle von **Früchten,** die auf den Basaren angeboten wird. Die wichtigsten landwirtschaftlichen Anbauflächen für Aprikosen, Weintrauben, Äpfel, Birnen, Pfirsiche, Feigen, Quitten, Granatäpfel etc. sowie für Getreide befinden sich im „grünen Garten" Usbekistans, im Ferganatal.

Angebaut wird ebenso eine Vielzahl von Melonensorten. Seit Jahrhunderten berühmt sind die Honigmelonen aus dem Gebiet Xorazm. Ohnehin sollen die usbekischen Melonen die süßesten Melonen der Welt sein.

Eine große Rolle in der usbekischen Landwirtschaft spielt die **Zucht von Seidenraupen.** Nachdem Seide jahrhundertelang ein chinesisches Geheimnis war, schmuggelte, so ist es überliefert, um 420 n. Chr. eine chinesische Prinzessin Seidenraupeneier aus dem Land. So verbreitete sich die Raupenzucht auch über andere Gebiete, unter anderem im alten Turkestan. Heute sieht man in Usbekistan entlang vieler Bewässerungskanäle Maulbeerbäume stehen, deren Blätter die Nahrungsgrundlage der Raupen sind. Die Aufzucht der Seidenraupen ist ein kurzer, aber aufwendiger Prozess: Im April wird mit der Zucht von etwa 2–3 mm langen Raupen begonnen. Innerhalb der folgenden etwa 12 Wochen wachsen die Raupen auf bis zu 12 cm Länge heran. Dazu müssen sie gut gefüttert werden und das bedeutet, dass die Züchter permanent für Maulbeerblätter sorgen müssen, was bei der benötigten Menge tägliche Schwerstarbeit ist. Nach dieser Zeit beginnen die Raupen, ihren Kokon zu spinnen, aus dem jeweils bis zu 1200 m Seidenfaden gewonnen werden können. Häufig werden die Seidenraupen auch im Haus gezüchtet. Die Stiegen mit den Raupen – zum Schutz gegen Fliegen mit dünnen Tüchern abgedeckt – nehmen bisweilen ganze Zimmer in Anspruch. Die ganze Familie ist somit in Aufzucht und Fütterung involviert. Sobald die Kokons gesponnen sind, werden sie in die Fabrik gebracht. Usbekistan ist der drittgrößte Seidenproduzent der Welt.

037un-kk

> Seidenraupenkokons

Wirtschaftsfaktor Seidenstraße – Usbekistan und der Tourismus

„Good Luck!" – Tourismus im Anflug

Start in den Tourismus und Landung in der Realität

Dass man am Taschkenter Flughafengebäude mit einem riesigen Schriftzug „Good Luck" begrüßt wird, ist eine freundliche Geste. Allerdings hofft man, dass der Zusammenhang zwischen diesem Geleit und dem Fliegen als solchem nicht gar zu eng ist ... Immerhin ist es der Abflug, der von diesem Glückswunsch geleitet wird – zu diesem Zeitpunkt hat man den Aufenthalt mithin schon hinter sich. Und Usbekistan tut einiges dafür, um diesen Aufenthalt zu einem Erlebnis werden zu lassen.

Leider sind es noch nicht allzu viele, die sich diesem Erlebnis stellen. Usbekistan spielt auf der Landkarte des globalen Tourismus derzeit noch keine große Rolle. Dabei ist es jahrzehntelang ein Reiseland gewesen, schon immer zog der **Glanz der Seidenstraße** viele Gäste an. So gab es in der Zeit der Sowjetunion einen florierenden Tourismus, der vor allem in den Städten entlang der Seidenstraße stattfand. Mit dem Ende der Sowjetzeit allerdings gingen die Zahlen rapide zurück, der Fremdenverkehr brach zunächst fast gänzlich zusammen. Die große Anziehungskraft der Region verlor gegen eine schwer einschätzbare Sicherheitslage sowie gegen eine den westlichen Standards nicht genügende touristische Infrastruktur. Hinzu kamen Formalitäten, die die Einreise ins Land erheblich erschwerten.

In den letzten 10 Jahren hat Usbekistan verschiedenerlei unternommen, um wieder mehr ausländische Touristen ins Land zu locken. Und zu bieten hat dieses Land einiges: wunderschöne Bauten, traumhafte Landschaften, orientalisches Flair ... Wichtigster Gegenstand des touristischen Marketings ist und bleibt aber die Seidenstraße: 1998 wurde Usbekistan zum „Land der Seidenstraße" ausgerufen. Mehrere hundert Millionen Dollar sind seitdem in die **touristische Infrastruktur** investiert worden. Zwischen den touristischen Zentren wurden große Straßen gebaut, um den Busladungen des Pauschaltourismus komfortable Reisebedingungen zu schaffen. Auch an Unterkünften mangelt es nicht. Gerade in den touristischen Zentren der Seidenstraße gibt es viele große und kleine Hotels, darunter international bekannte Ketten. Große Hotels wurden gebaut, das Hotelpersonal wird inzwischen in den Hochburgen des Tourismus, z. B. in der Türkei oder in Ägypten, ausgebildet. Außerhalb der großen Städte ist die Lage schwieriger, aber inzwischen etablieren sich auch hier Pensionen und Privatunterkünfte. Zudem wurden die **Einreisebestimmungen** erheb-

096un-fo©Dudarev_Mikhail

lich vereinfacht und Usbekistan kann auf eine relativ stabile Sicherheitslage für ausländische Touristen verweisen.

Die vielen Maßnahmen zum Ausbau des Tourismus scheinen bereits zu fruchten, die **Anzahl der Touristen** im Land ist in den letzten 5 Jahren um beinahe die Hälfte auf 2,8 Mio. pro Jahr gestiegen.

Neben Erdgas und Gold ist auch der Tourismus ein **Devisenbringer** für Usbekistan, am Bruttoinlandsprodukt hat er allerdings keinen wesentlichen Anteil. Das touristische Potenzial des Landes wird jedoch weitaus höher eingeschätzt, als es die jetzigen Besucherzahlen spiegeln. Dass noch immer relativ wenige Gäste ins Land kommen, hat viele Grün-

^ Shar-i-Zinda – die Nekropole von Samarkand

Extrainfo 5 (s. S. 7): Kompaktes Video über Usbekistan für Touristen (Englisch)

038un-kk

de. Ein Grund ist sicherlich die irrationale Angst vor einer Welt, die für viele im Dunklen liegt: Über Usbekistan weiß und hört man gemeinhin relativ wenig. Es liegt im Dunklen einer sowjetischen Vergangenheit, im Dunklen einer unbekannten Gegenwart und im Dunklen einer ungewissen Zukunft. Was gegenwärtig medial vermittelt wird, klingt wenig nach einem erholsamen Urlaubsland: Zentralasien hat ein denkbar **schlechtes Image.** Und so erliegen viele eher übertriebenen Befürchtungen als der Sehnsucht nach der Seidenstraße und dem Traum von Tausendundeiner Nacht.

Dazu kommen weitere Gründe, die es Usbekistan schwer machen, mit anderen Reiseländern zu konkurrieren. Zum einen ist es relativ schwierig, an fundierte **Informationen über das Land** zu gelangen. Die deutschsprachige Reiseliteratur ist sehr überschaubar und bei der Internetrecherche stößt man schnell auf sprachliche Barrieren.

Der potenziell Reiselustige ist im Wesentlichen auf größere, meist auf Zentralasien spezialisierte Reiseanbieter angewiesen. Etabliert hat sich in den letzten Jahren ein organisierter Gruppentourismus, der das Spektrum zwischen kunst- und kulturinteressierten (begüterten) Bildungsbürgern im oberen Alterssegment und per Bus rundreisenden All-Inclusive-Senioren umfasst.

Obgleich Reisen ins und im Land uneingeschränkt möglich sind, sind vor allem außerhalb der touristischen Zentren relativ wenige Individualreisende unterwegs. **Individualtourismus** wird zwar nicht direkt behindert, aber auch nicht wirklich gefördert. Dem usbekischen Staat ist sehr viel daran gelegen, die ausländischen Gäste von den Schattenseiten des Landes fernzuhalten. Sie sollen die Regionen unter Anleitung von Agenturen bereisen, in hervorragenden Hotels übernachten, wenig öffentliche Verkehrsmittel benutzen und ausgewählte Orte besuchen. Das Image Usbekistans, das Touristen mit nach Hause tragen sollen, wird sorgsam konstruiert.

Ganz sicher hat der noch wenig verbreitete Individualtourismus auch mit den umständlichen **Aufenthaltsbedingungen** (s. S. 227) zu tun. Jeder Ausländer mit Touristenvisum muss sich innerhalb von 72 Stunden registrieren lassen. Aber damit nicht genug. Diese Erstregistrierung muss nun durch tägliche Registrierungen ergänzt werden. Für Gruppenreisende, die ohnehin in Hotels übernachten, wird das ganze Prozedere durch die

Agenturen mitorganisiert. Individualreisende müssen sich selbst darum kümmern und, falls Hotel/Gastgeber keine Registrierung ausgeben können, das Meldeamt für ausländische Bürger aufsuchen. Dies gilt sowohl für die selbst organisierte Übernachtung in Hotels als auch für das Unterkommen bei Privatpersonen.

Die sorgfältig gesammelten **Registrierungsquittungen** müssen bei der Ausreise vorgelegt werden. So wird es dem Reiselustigen zumindest durch die offiziellen Stellen vermittelt, bei Nichteinhaltung der Vorschriften werden Geldstrafen angedroht.

In der Realität der Flughafenbeamten spielen diese Registrierungen eine weit geringere Rolle. Die Kontrolle der Registrierungen, oft nur kleine Zettelchen mit dem Stempel des Hotels, scheint von der Tagesverfassung des jeweiligen Beamten abzuhängen und besteht in der Regel aus einem kurzen Blick auf das pure Vorhandensein kleiner Zettelchen. Deshalb fällt es nicht ganz leicht, dieses Prozedere ernst zu nehmen. Dennoch sollte man in dieser Sache gewissenhaft bleiben und die dahinter liegende Brisanz nicht verkennen, denn die Gefahren gehen in Usbekistan prinzipiell weniger von einer instabilen Sicherheitslage aus als von den usbekischen Sicherheitsbehörden selbst.

Gruppenreisen nach Usbekistan sind kein preiswertes Vergnügen. Für diese Erkenntnis genügt ein kurzer Blick in die Angebote der Reiseagenturen. Für eine vierzehntägige Rundreise müssen wenigstens 2500 Euro eingeplant werden. Gleichwohl lässt es sich als Individualtourist im Land relativ preiswert leben.

Die geringen Touristenzahlen sind nicht zuletzt sicherlich auch in den Ansprüchen westlicher Touristen an ihre Urlaubsländer begründet. Abseits der Pfade des Pauschaltourismus ist das Land noch relativ wenig touristisch erschlossen. So sollte gerade der Individualtourist in Usbekistan offen sein für Experimente und Überraschungen.

Ganz viel Gold – orientalisches Weltkulturerbe

Seit jeher ist der Kulturraum des heutigen Usbekistan geprägt vom Gegensatz zwischen der einfachen nomadischen Lebensweise und den Städten. Verbunden nur durch Karawanenwege glichen **die Städte** Inseln einer hoch entwickelten Zivilisation. Noch heute wirken die Oasen inmitten der kargen Einöde wie lang ersehnte Träume. Nach ewigem Weg durch die Einsamkeit der Wüste empfangen den Reisenden üppig blühendes Grün, geschäftiges Leben und prachtvolle Bauten wie ein Rausch. Selbst Goethe, der niemals dort gewesen ist, fällt kein schöneres Geschenk ein (s. Zitat Seite 1).

0980un-kk

Chefsache Samarkand

Es gibt viele Traumstädte, aber wenige Städte sind so aus Träumen gebaut wie Samarkand. Kaum jemand könnte sagen, dass Samarkand in Usbekistan liegt, aber jeder kennt es und: Jeder hat sofort einen Traum dazu. Es ist ein kollektiver Kindheitstraum – der Traum von den Märchen aus **Tausendundeiner Nacht.**

2700 Jahre nun schon trägt Samarkand „die Größten" durch seine Geschichte. Tief beeindruckt von seiner Schönheit war *Alexander der Große* und für *Dschingis Khan* war es zu groß und zu schön, deshalb ließ er es dem Erdboden gleich machen. Seine heutige Pracht erhielt Samarkand durch *Amir Timur:* Mit seinen prachtvollen Bauten erschuf er das „glanzvolle Antlitz der Erde", sich ein ewiges Denkmal und uns unseren Traum.

Moscheen mit leuchtenden Kuppeln, russische Kolonialbauten, riesige Portale, sowjetische Plattenbauten, hohe Minarette mit bunten Mosaiken aus glasierten Kacheln ... Vor allem Größe ist es, die hier gebaut wurde, nämlich die Größe der jeweiligen Macht. Die Araber, die Perser, *Dschingis Khan, Amir Timur,* die Usbekenherrscher, die Sowjets – in Samarkand bauten immer die Mächtigen. Und mit den Mächten veränderten sich die Bauten – nicht aber das **Prinzip der Machtdemonstration.** Auch die heutige Staatsführung baut. Das unabhängige Usbekistan investiert Unmengen

⌃ Decke der Tilya-Kori-Medrese am Registan-Platz (Samarkand)

Extrainfo 6 (s. S. 7): Video von EURONEWS über die Stadt Samarkand (Englisch)

Fünf Dollar

Registan - Kindheitstraum aus Tausendundeiner Nacht. George Curzon, der berühmte britische Diplomat, bezeichnete ihn einst als nobelsten öffentlichen Platz der Welt. Keine europäische Stadt ließe sich finden, in der ein freier Platz auf drei Seiten von gotischen Kathedralen umgeben sei. Und tatsächlich: Der Anblick ist erhebend.

Auffällige Polizeipräsenz - Usbekistan schützt sein Kulturerbe. Kaum angekommen und der erste Polizist naht. Haben wir etwas falsch gemacht? Im Flüsterton: „Wollen Sie mal auf das Minarett der Ulugh-Beg-Medrese?“ Was für eine Frage, wer wollte das nicht! Natürlich, aber wie soll das gehen? „Kommt mit!“ Und im Innern der Medrese, schon auf halbem Weg nach oben, die ausgestreckte Hand: „Für jeden fünf Dollar!“ Sie verschwinden in der Hosentasche der Uniform - gern bezahlt, allerdings mit etwas Verwunderung.

Bei Einbruch der Dunkelheit dann der Gedanke: Wie sieht er wohl bei Nacht aus, dieser nobelste Platz der Welt? Angekommen, liegt der Registan in völliger Dunkelheit. Aber hatten wir nicht vom Minarett aus überall Strahler gesehen? Und uns vorgestellt, wie sie nachts das Wunderwerk in sanftes Licht tauchen würden?

Wieder ein Polizist. „Warum ist es hier dunkel, fehlt der Strom?“ Nein, Strom ist vorhanden, auch der Operator ist noch da. Im Flüsterton: „Sollen die Lichter angeschaltet werden?“ Was für eine Frage, darum waren wir hier! Natürlich, aber wie soll das gehen? Er zieht uns beiseite, weg von der italienischen Reisegruppe. „Für jeden fünf Dollar!“ Sie verschwinden in der Hosentasche der Uniform. Der Operator ist dann leider doch schon weg, wir bekommen die Dollars zurück.

Buchara, eine Medrese, keine Sehenswürdigkeit, sondern aktive Lehrstätte. Für Besucher gesperrt. Schade, so einzigartig die Mosaike, ein Foto wäre zu schön. Ein Polizist naht. Haben wir etwas falsch gemacht, den Verhaltenskodex missachtet? Er will uns nur aufklären, bemerkt dann unser Interesse. Im Flüsterton „Wollen Sie trotzdem hinein?“ Was für eine Frage! Natürlich, aber es ist doch verboten!?. „Für jeden fünf Dollar!“ Sie verschwinden in der Hosentasche der Uniform, die Tür wird geöffnet. Wir wundern uns nicht mehr.

[>] Tiger an der Sherdor-Medrese in Samarkand

039un-kk

seiner Ressourcen, um die timuridischen Gebäude wieder aufzubauen. Wenig wichtig scheint dabei Authentizität. Weder orientiert man sich tatsächlich genau am historischen Original noch werden die Gebäude authentisch genutzt. Gebaut wird nicht denkmalgetreu, sondern vor allem schnell und prächtig. Es wird nicht erhalten, stabilisiert, renoviert – es wird größtenteils neu gebaut gegen die **Einwände von Denkmalschützern** – auch hier baut wieder ein Chef, der Staatschef. Aber immerhin, er baut und erhält so, wenn auch nur ungefähr, einige großartige Zeugnisse islamischer Baukunst. Und so gibt es viel Lohnenswertes zu sehen. Trotzdem ist das heutige Samarkand **kein Orientmuseum,** sondern eine moderne Großstadt.

Vor den Cafés stehen Plastikstühle, auf den Basaren wird chinesische Massenware verkauft, breite Magistralen führen durch sowjetische Plattenbausiedlungen – nicht ein Hauch von orientalischem Flair. Aber ganz unvermittelt, dann doch wie im Traum, erblickt man das Blau einer der Kuppeln der gewaltigen Prachtbauten ... In diesem Sinne ist Samarkand fast eine kuriose Stadt.

2001 wurde die gesamte Stadt als **Schnittpunkt der Weltkulturen** in die UNESCO-Welterbeliste eingetragen. Zu Recht, trotz der Plastikstühle, denn dieses Kulturdenkmal zeigt den kulturübergreifenden Traum von Macht.

Leben im Museum – die Städte der Seidenstraße

Auch Buchara und Chiwa sind - wie Samarkand - Oasenstädte an der Seidenstraße und gehören zum UNESCO-Weltkulturerbe. In ihnen verliert sich der Charme sowjetischer Provinzstädte, hier findet man den Hauch orientalischen Flairs, den eine Reise an die Seidenstraße verspricht.

Dass **Buchara** viele der 2500 Jahre seines Bestehens ein geistiges Zentrum war, ist deutlich sichtbar. Die Fülle von **Moscheen und Medresen** ist beeindruckend.

Portal gegen Portal stehen sie sich gegenüber und heben so ihre jeweilige Pracht noch hervor. Obwohl es monumentale Bauten sind, scheinen sie leicht zu sein. Es sind die Fliesenmosaiken, die sie scheinbar schwerelos machen. Vielleicht ist es tatsächlich so, wie *René Grousset* schreibt:

„Der einzige Luxus, den der mongolische Nomade kannte, bestand darin, dass er seine Zeltwände mit Stickereien und Webereien ausschmückte.

Ist das Kunst oder kann das weg? – Zum Umgang mit dem baukulturellen Erbe

Wie beinahe überall auf der Welt hat die Förderung des Tourismus in Usbekistan einen Haken: In dem Maße, wie touristischer Komfort und Infrastruktur ausgebaut werden, verschwindet die Ursprünglichkeit dessen, was die touristische Anziehungskraft begründet.

Dies ist derzeit in Usbekistan sehr gut zu beobachten. Während das Angebot von Unterkünften mit internationalem Standard in Buchara und Chiwa in den letzten zwei Jahrzehnten sehr überschaubar geblieben ist, starten nun Bauvorhaben für größere Hotelanlagen. Der durch die Liberalisierung der Wirtschaft sowie die Verheißungen der Tourismusindustrie ausgelöste Bauboom betrifft insbesondere die Altstädte. Für Hotels und Infrastruktur wird Platz benötigt. Dieser Platz wird in den Zentren von Buchara, Samarkand und um die Altstadt von Chiwa nun geschaffen - und zwar durch Abriss alter Bausubstanz. Auf diese Weise verschwinden ganze Wohnquartiere. Und überhaupt gelten die traditionellen Viertel als nicht repräsentativ für ein modernisiertes Land, deshalb werden sie - wie in Samarkand - nicht selten von der vierspurigen Straße, auf der die Touristenbusse kommen, durch Mauern mit folkloristischem Fliesendekor abgetrennt.

Bisweilen verschont der Bauboom auch nicht die Bauwerke, deretwegen die Touristen eigentlich kommen. Zum einen haben die schweren Baufahr-

Nachdem er sesshaft geworden war, hatte er das Bedürfnis, in seinen Palästen und Moscheen durch Bekleidung der Wände mit Keramik einen ähnlichen Eindruck zu erzeugen."

(*René Grousset* in *Ella Maillarts* „Turkestan Solo")

Überwältigend ist vor allem die **Farbenpracht der Fliesen.** So wie sich in ihrem Blau der Himmel abzeichnet, spiegeln sie sich im Wasser der unzähligen Becken, die sich auf den Plätzen zwischen den monumentalen Bauten befinden. Früher dienten sie als Wasserreservoirs, heute sitzt man dort im Schatten von Bäumen, trinkt Tee und bespricht das Wesentliche.

In der Bauweise von Buchara lebt die Seidenstraße fort. Die alten Handelsgewölbe lassen die Atmosphäre der Vergangenheit aufleben. Doch was einst ein einziger lärmender Markt war, ist heute überraschend still.

zeuge inzwischen einige Schäden an den alten Gemäuern angerichtet, außerdem entgehen nur wenige alte Bauwerke einer Gesamtrekonstruktion, die ihnen auch noch den Rest an Authentizität, der die Sowjetzeit überleben konnte, nimmt.

Ein besonders krasses Beispiel ist Shakhrisabz, eine der vier UNESCO-Weltkulturerbestätten Usbekistans. Durch seine Altstadt, einst eindrückliches und einmaliges Beispiel zentralasiatischer Stadtentwicklung, wurde nun eine breite Schneise geschlagen. Inzwischen ist auch die UNESCO auf die „Maßnahmen zur touristischen Entwicklung" aufmerksam geworden und droht, die Stätte aus der Welterbeliste zu streichen.

Egal, in welche Stadt der Welterbeliste man schaut, ob Shakhrisabz, Buchara, Chiwa oder Samarkand: Die Problematik ähnelt sich. Hotelneubauten verdrängen traditionelle Wohnhäuser und deren Bewohner, die touristische Infrastruktur verdrängt das Quartiersleben. Wenn der Tourismus auf diese Weise weiterentwickelt wird, steht zu befürchten, dass die authentische Atmosphäre mehr und mehr verloren geht. Eindrückliches Beispiel dafür ist Buchara, das sich in den letzten jahren deutlich in Richtung Freizeitpark entwickelt hat: steril, pittoresk und ohne jegliche Gefahr, etwas zu vermissen, was zu einem gediegenen Pauschalurlaub mitteleuropäischer Vorstellung gehört.

Nicht zu vergessen: Besonders betroffen vom Abriss zugunsten touristischer Infrastruktur oder allgemeiner „Modernisierung" sind die Bauwerke der Sowjetzeit. So wird auch die sowjetische Moderne Opfer von Malls und Hotelpalästen.

Das Leben abseits der Souvenirbasare vollzieht sich in den **Gassen der Altstadt.** Zwischen den lehmverputzten Häusern spielen Kinder, Frauen backen Brot oder sitzen beim Schwatz. Immer wieder trifft man auf Portale und kleine Moscheen. Während ihre großen Schwestern im Zentrum aufwendig restauriert wurden, zeigen diese hier eher maroden Charme. Man sieht ihnen die Jahre der Sowjetzeit an. Sie dienten als Speicher, als Wohnraum, als nichts. Doch auch diese weitere Schicht Geschichte kann die einstige Pracht kaum verdecken. Um die Altstadt herum ist Buchara eine typisch postsowjetische Stadt. Große Hotelbauten zeigen, dass die Stadt schon während der Sowjetzeit ein beliebtes Reiseziel war. In modernen Einkaufsstraßen kann man das grelle chinesische Plastik erwerben wie überall auf der Welt.

⌃ Farbenpracht der Fliesen

Extrainfo 7 (s. S. 7): Kurzes Video von EURONEWS über die Stadt Buchara

040un-kk

Während Samarkand und Buchara leben, ist **Chiwa** schon seit 1967 eine Museumsstadt. Auf 700 m Länge und 400 m Breite drängen sich hier mehr Moscheen, Mausoleen, Medresen und Minarette, als man sich irgendwo sonst erlaufen kann. Umgrenzt ist das **„Freiluftmuseum"** von einer Stadtmauer mit vier Toren.

Chiwa ist sehr alt, es wird sogar immer älter. Ständig verweisen neue Funde auf eine noch längere Geschichte. Da es jedoch mehrfach zerstört und wieder aufgebaut wurde, stammen die meisten Gebäude von **Itchan-Kala,** der Altstadt, aus dem 19. Jahrhundert. Bekanntestes Wahrzeichen Chiwas ist nicht vollendete Pracht, sondern **ein unvollendetes Minarett.** Mit 28 m Bauhöhe ist es offensichtlich zu kurz geraten, daher sein Name **Kalta Minor (kurzes Minarett).** Eine Legende sagt, sein Baumeister hätte dem Emir von Buchara ein höheres Minarett versprochen und vollendete den Turm in Chiwa daher nie. Eine andere Legende sagt, man hätte während des Baus festgestellt, dass man vom Minarett in den Hof des Harems schauen könne und baute daher nicht weiter ... Hätte es die geplanten 70 m erreicht, wäre es jedenfalls das höchste Minarett der islamischen Welt – und vom Harem hätte man aus dieser Höhe ziemlich wahrscheinlich nicht mehr viel erkennen können. Aber es ist ein Fragment geblieben und gerade das macht es einzigartig. Einzigartig ist auch sein Fliesenschmuck. Ornamentgürtel aus türkisfarbenen, grünen und weißen

Kalta Minor in Chiwa

Extrainfo 8 (s. S. 7): Bericht von EURONEWS über die Stadt Chiwa (Englisch)

Highway für Diverses – die Seidenstraße

Die Seidenstraße: Lange Karawanen, beladen mit den Schätzen des Orients, durchziehen weite Wüsten. Auf den Basaren prächtiger Städte mit klangvollen Namen wird mit den wertvollen Kostbarkeiten schwungvoll gehandelt. Und über all dem Treiben leuchten die Sterne aus Tausendundeiner Nacht ... So ungefähr muss es gewesen sein. Aber ein bisschen anders war es doch.

Denn: Eine Seidenstraße gab es eigentlich niemals. Tatsächlich gab es ein weit verzweigtes Handelsnetz, ein Gewirr von Pfaden und Wegen, die das fernöstliche China mit dem europäischen Mittelmeer verbanden. Diese Wege führten durch viele Länder, die wir heute unter den Namen China, Indien, Pakistan, Afghanistan, Kirgisistan, Tadschikistan, Usbekistan, Turkmenistan, Iran und Türkei kennen. Der interkontinentale Fernhandel begann bereits im 6. Jahrhundert v. Ch. Transportiert wurde alles, was selbst laufen konnte und was auf Kamele passte: Sklaven, Porzellan, Gewürze, Tee, Früchte und natürlich Seide in Richtung Europa und andersherum Gold, Silber, Wein, Nüsse und andere europäische Delikatessen. Mitreisende waren ebenso: Ideen, Religionen und Kultur. Auf der Seidenstraße kam der Buddhismus in den Westen und der Islam in den Osten. So hatte das Wegenetz nicht nur entscheidenden Einfluss auf den Handel zwischen den Kontinenten, sondern auch auf den Austausch der Kulturen zwischen Ost und West.

Die Tour auf dem ältesten Handelsweg der Welt war nicht gerade ein Spaziergang. Zum einen machten klimatische und geografische Gegebenheiten den Karawanen zu schaffen. Zum anderen aber mussten Dutzende Herrschaftsgebiete durchquert werden, wo man im besten Fall Zoll entrichten, im schlimmeren Fall mit Überfällen rechnen musste. Dort, wo das Wege-

Fliesen bedecken seine gesamte Fläche Itchan-Kala ist vollständig restauriert. Beinahe fällt es schwer, sich vorzustellen, auf welch altem Pflaster man sich bewegt – zumal flächendeckend touristenschuhfreundliche Betonsteine verlegt wurden. Fast alle Gebäude sind mit Restaurants, Souvenirläden oder Schauwerkstätten besetzt. Sobald es dunkel wird, ist die Altstadt menschenleer. Das Leben zieht sich in die verwinkelten Gassen an den Altstadträndern zurück. Es lohnt sich, am späten Abend noch einmal wieder zu kommen. Dann spiegelt sich der Sternenhimmel in den Kuppeln der Moscheen und man kann mit dem letzten Cola-Verkäufer in Ruhe einen Wodka trinken.

netz wie in einem Nadelöhr zusammengeführt wurde, entstanden blühende Oasenstädte. Im heutigen Usbekistan sind das Samarkand, Buchara und Chiwa.

Als die europäischen Seefahrer den Weg über die Meere entdeckten, verlor der Handel über den Landweg, und mit ihm die Seidenstraße, an Bedeutung.

Vielleicht sind es die Verheißungen des fremden Orients, die dem Wort „Seidenstraße" in europäischen Ohren einen geheimnisvollen Klang verleihen. Dieser Mythos jedenfalls ist es, der immer schon viele Reisende anlockte. Einer der ersten war Marco Polo, Scharen folgen ihm bis heute. Die Idee, die Seidenstraße nach der Unabhängigkeit zum Träger des usbekischen Tourismus zu machen, war eine gute. Inzwischen trägt sie einen munteren Pauschaltourismus ins Land. Der Seidenstraßenmythos wird bei allem, was Touristen locken könnte, gnadenlos ausgenutzt. Die weiten Verzweigungen des Handelsnetzes werden dabei aufs Trefflichste illustriert: Seidenstraße ist in Usbekistan überall. Seidenstraße ist auf den Basaren der alten Oasenstädte, wo Berge von Teppichen, handgeschmiedeten Messern, Kupferschalen, handbemaltem Geschirr und luftigen Haufen von Seidentüchern an die früheren Hochzeiten des Handels erinnern. Und einiges davon kommt auch heute aus China. Seidenstraße ist auf den Wüstenpisten zwischen den Städten, in deren Schlaglöchern sich die Bandscheiben betagter Touristen sammeln.

Rege genutzt werden die Pfade des alten Transportnetzes auch durch den Drogenhandel. Nachdem Pakistan und Iran ihre Kontrollen an den Grenzen zu Afghanistan erheblich verschärft haben, wichen die Drogenschmuggler auf die Route durch die ehemalige Sowjetunion aus. Jedes Jahr sollen auf der alten Route rund hundert Tonnen reinen Heroins nach Europa gelangen. Die chronische Korruption bis in die höchsten Ebenen bietet ideale Bedingungen für dieses Geschäft.

Ganz viel Grün – das Ferganatal

Wer meint, das Land durch seine Hauptstadt und das Seidenstraßen-Trio Samarkand, Buchara und Chiwa zu kennen, irrt sich gewaltig. Auf ein vollkommen anderes Usbekistan trifft man im Ferganatal. Während im Westen trockene Wüsten und Leere das Bild des Landes prägen, befindet sich im Osten eine riesige, dicht besiedelte grüne Oase. Schon die Anreise ist, in vielerlei Hinsicht, ein Erlebnis. Für Touristenbusse ist die Schnellstraße Taschkent-Fergana nach wie vor gesperrt, deswegen kommen Reisegruppen in der Regel mit dem Flugzeug.

Damit ersparen sie sich die peniblen Kontrollen durch das Militär, welche Individualreisende über sich ergehen lassen müssen: Jedes Auto wird geöffnet, jeder Pass wird kontrolliert und jeder Ausländer wird namentlich erfasst. Allerdings verpassen die Reisegruppen auch die Fahrt durch eine überaus reizvolle Landschaft. Bereits eine halbe Autostunde hinter Taschkent ahnt man am Horizont die eindrucksvollen Bergketten, die das Tal umgeben. In der riesigen Senke zwischen dem Tian-Schan und dem

Bewohner des touristisch wenig erschlossenen Ferganatals

Alai-Gebirge lebt ein Drittel der usbekischen Bevölkerung. Das kontinentale Klima ist optimal für alles, was wachsen muss. Wo in der Sowjetzeit Baumwolle als Monokultur angebaut wurde, befinden sich heute riesige Obstplantagen, Getreide- und Gemüsefelder. Kein Wunder also, dass das Ferganatal auch der **„grüne Garten Usbekistans"** genannt wird.

Durch seine Lage und die willkürlichen Grenzziehungen der Sowjetzeit ist das Gebiet **Heimat vieler Nationalitäten.** Diese Tatsache führt nicht selten zu gewaltsamen Auseinandersetzungen, die dem Tal den Ruf einer eher unsicheren Gegend geben. Dass die Region immer wieder mit Fundamentalismus und Terrorismus in Verbindung gebracht wird, liegt allerdings vermutlich weniger in der tatsächlich stark ausgeprägten islamischen Tradition der Bevölkerung begründet. Vielmehr scheint die usbekische Regierung diese Assoziation gezielt aufzubauen und sorgsam zu pflegen, um gegen jegliche oppositionellen Kräfte brutal vorgehen zu können.

Von Touristen wird das Gebiet noch vergleichsweise wenig frequentiert. Dies mag zum einen an seiner vermeintlichen Unsicherheit liegen. Vielleicht liegt es aber auch daran, dass die Städte für den Reisenden scheinbar wenig Sehenswertes bieten. Tatsächlich sind Fergana, Andijon und Namangan relativ große industrielle Ballungsgebiete, die insgesamt weniger orientalisch als vielmehr (post-)sowjetisch wirken. Eine Ausnahme bildet **Kokand,** das als einstige Hauptstadt des Khanats wenigstens mit einem Palast aufwarten kann. An den meisten Orten braucht man schon einige Phantasie, um das Usbekistan aus Tausendundeiner Nacht zu erkennen. Und für eine Unterkunft braucht man bisweilen einen ziemlich langen Atem. Spannend ist das Ferganatal aber für den, der das ganze Usbekistan kennenlernen will.

Platte und Prachtbau – Taschkent

Wer nach Usbekistan kommt, der kommt wegen der Seidenstraße. Doch während die Weltkulturerbe-Städte wie orientalische Freilichtmuseen wirken, erinnert in Taschkent nur wenig an den Orient. Aus der Perspektive Tausendundeiner Nacht ist die Hauptstadt arm an nennenswerten Sehenswürdigkeiten. Aber Taschkent ist die **Hauptstadt des Landes.** Und als Hauptstadt spiegelt es die Entwicklung Usbekistans und die Lebensweise der urbanen Usbeken auf so anschauliche Weise wider, dass sich ein Rundgang in diesem Architekturmuseum unbedingt lohnt.

Bis zur russischen Kolonialzeit war Taschkent eine **typisch orientalische Stadt.** Moscheen, Medresen und Basare prägten das Bild. Die Wohnhäuser aus Lehm schmiegten sich in Quartieren eng aneinander, ein Geflecht enger Gassen verband Häuser und Wohnviertel miteinander. Da sie Licht und Luft aus einem Innenhof beziehen, sind die Häuser zur Straße hin fensterlos. Das folgt konsequent einer islamischen Lebensweise der Trennung von privatem und öffentlichem Raum. Ein kleiner Teil dieser nun schlicht „Altstadt“ genannten Quartiere ist bis heute erhalten.

Mit der Übernahme Mittelasiens durch das Russische Reich (1866) wurde Taschkent zu einer **russischen Kolonialstadt** umgebaut. Breite Boulevards und großzügige, quadratisch angelegte Wohngebiete europäischer Baustile wurden der Altstadt angefügt. Die immense Ausdehnung demonstrierte Selbstbewusstsein und Macht der russischen Kolonialherren.

Plattenbauten

Mit der Sowjetzeit begannen Planungen neuer Lebens- und Wohnformen für den neuen „sozialistischen Menschen“. Dieser Mensch sollte gute Lebensbedingungen haben, d. h. ausreichend Wohnraum, Wasser und Strom. Er sollte sich von seiner Arbeit erholen können, also wurden Parks und Grünanlagen angelegt. Er sollte sich versammeln können, um den Paraden der Sowjetmacht zuzujubeln – man schuf zentrale Plätze, Boulevards, Magistralen. Wohnhäuser wurden im typischen **neoklassizistischen Stil der Stalinära** gebaut, wir kennen diesen „Zuckerbäckerstil“ aus Berlin oder Eisenhüttenstadt. Ganz bewusst orientierte man sich hier am Erbe der Weltkultur, denn Barock oder Renaissance sollten nicht mehr allein den herrschenden Klassen vorbehalten sein. Nun, da er selbst herrschte, sollte auch der „Sowjetbürger“ herrschaftlich wohnen können. – „Herrschaftlich“ wirken diese Gebäude vielleicht heute nicht unbedingt, aber sie verfügten über allen Komfort, den man aus dem modernen Europa kannte. Als die ersten dieser Häuser fertiggestellt waren, begannen wahre Pilgerwanderungen: Bis dahin hatte man noch nie Wohnungen mit Bädern gesehen.

Die weitere Ausdehnung der Stadt war vor allem **Folge des Zweiten Weltkrieges.** In dieser Zeit wurden viele Industrieanlagen aus den Kriegsgebieten Russlands nach Taschkent evakuiert und mit der Industrie kamen Menschen.

Nach dem Krieg musste „besser, billiger und schneller“ (Chruschtschow, Ministerpräsident der UdSSR 1958–1964) Wohnraum geschaffen werden – weiträumige Plattenbausiedlungen entstanden.

Noch während dieser (Auf-)Bauphase zerstörte 1966 ein **Erdbeben** die Stadt beinahe vollständig. Ein Großteil der orientalischen Altstadtquartiere zerfiel in Trümmer, etwa 75.000 Familien wurden innerhalb weniger Augenblicke obdachlos. Mit dem sowjettypischen Habitus der sozialistischen Weltmacht erklärte Moskau umgehend, Taschkent werde schöner werden als jemals zuvor – eine sowjetische „Modellstadt“ sollte entstehen.

Der **Wiederaufbau Taschkents** erhielt oberste Priorität und aus allen Unionsrepubliken wurden die besten Stadtplaner und Architekten nach Mittelasien geschickt. Sie bekamen erstaunlich viel Spielraum für die Gestaltung dieser Modellstadt des seriellen Bauens, ein riesiger Modellversuch sowjetischen Massenwohnungsbaus begann. Die Gestalter nutzten ihren Spielraum und liefen zu ästhetischen Höchstleistungen auf. So wurde Taschkent die „Stadt mit den schönsten Plattenbauten der Welt" (Martin Mosebach).

Und es ist tatsächlich außergewöhnlich, wie phantasievoll hier lokale Tradition mit sozialistischer Funktionalität verbunden wurde. Besonders die reich verzierten Ornamente an den Fassaden sind tief in der **islamischen Baugeschichte** verwurzelt.

Dieser Baugeschichte entnommen wurden auch die Pandscharas. Diese Blenden, die zum Schutz vor der Sonne als zweite Fassade vorgesetzt werden, waren bereits von den Medresen bekannt.

⌃ Plattenbau in Taschkent

Extrainfo 9 (s. S. 7): Mit P. Meuser im Gespräch über „die schönsten Plattenbauten der Welt" in Taschkent, mit vielen Bildern

Man mag Plattenbauten lieben oder nicht, die äußere Ästhetik derer von Taschkent bewegt sich weit jenseits der sonst weltweit zu findenden Wohnmaschinen. Im Innern entsprechen sie wie überall der sowjetischen Standardisierung. Auch hier spiegelt sich der Grundsatz der sowjetischen Nationalitätenpolitik: **national in der Form, sowjetisch im Inhalt.**

Dass große Teile der Altstadt mit ihren schmalen und verwinkelten Straßenzügen zerstört waren, machte auch die Neugestaltung des städtischen Raums notwendig. Der Geist der sowjetischen Utopie der 1960er und 1970er-Jahre ist hier wohl am deutlichsten spürbar. Beinahe unwirklich erscheinen die gigantischen langen und breiten Straßen. Sechs Autospuren

Die Metro

Jeder Besucher in Taschkent wird von seinen Gastgebern möglichst schnell in die Metro geführt. Nicht nur, dass sie der einzige kühle Platz in der Stadt und das schnellste Fortbewegungsmittel ist - vor allem ist sie der absolute Stolz eines jeden Hauptstädters. Die Taschkenter Metro ist die einzige in Usbekistan, bis heute sogar die einzige in ganz Mittelasien.

Kurz nach dem schweren Erdbeben 1966 wurde mit der Planung begonnen, 1972 mit dem Bau und 1977 wurde die erste Linie eröffnet, die rote Chilonzor-Linie. Sie soll die schönste des ganzen U-Bahn-Systems sein, sagen die Taschkenter. Und tatsächlich: In jeder Station finden sich prunkvolle Lüster, aufwendige Ornamente, kunstvoll gestaltete Kuppeln, üppiger Marmor an Boden, Säulen und Wänden - alles glitzert und glänzt.

Die sowjetische Architektur zeigt hier, was sie kann. In Taschkent fahren nicht nur die gleichen Züge wie in Moskau oder St. Petersburg, die unterirdischen Paläste der russischen Metrolegenden waren auch für die Gestaltung der Stationen sichtbar Vorbild.

Größte Freude bereitet es Sascha, unserem Freund und Stadtführer, uns Station für Station „die Baumwolle" zu zeigen. Man entdeckt sie überall: An der Station Paxtakor z. B. als Fliesenornamente, an „Ozbekiston" als knospenförmige Lampen ...

Inzwischen besteht die Metro aus drei Linien (rot, blau, grün) mit insgesamt knapp 38 km Streckennetz, der weitere Ausbau ist geplant.

Dass die Metro erdbebensicher gebaut wurde, wussten wir. Mit der Information, dass sie im Ernstfall zu einem Atomschutzbunker umgebaut werden kann, verblüfft uns Sascha dann doch. Diese Tatsache erklärt aber das jahrelange absolute Fotografierverbot im gesamten Metrobereich. In-

machen jede Überquerung zu Fuß zu einer gefährlichen Exkursion. Riesige Plätze und überbreite Boulevards, auf denen gewaltige Aufmärsche und Paraden möglich sind, zeugen noch heute von der Größe und Macht der Sowjetunion.

Neustadt

Größe und Macht demonstriert auch die **postsowjetisch-usbekische Staatsarchitektur.** Glitzerpaläste aus kostbaren Materialien, turmhohe Bankgebäude – alles prunkvoll und protzig. Sie sollen den Eintritt Usbekis-

104un-kk

zwischen ist es glücklicherweise aufgehoben und man darf die Vielfalt und Schönheit der Gestaltung problemlos ablichten und so mit nach Hause nehmen. Eine Fahrt mit der Metro kostet derzeit umgerechnet etwa 20 Eurocent. Es wird nicht die Fahrtdauer oder die Streckenlänge berechnet: Eine Fahrt dauert so lange, bis man aus dem Untergrund wieder auftaucht.

Baumwolldarstellung in der Metrostation Paxtakor

tans in die globale Modernität beweisen und viele Elemente islamischer Baukunst finden sich auch hier. So wird das Parlamentsgebäude beispielsweise von einer riesigen, türkisblauen Kuppel gekrönt, wie man sie von Moscheen kennt. Über Geschmack lässt sich natürlich streiten, aber diesen Bauten fehlt die künstlerische Qualität, die man bei den vor- und sowjetischen Bauten finden kann. Vieles ist auf **schnelle Effekte** ausgerichtet. Da werden Steinornamente mit Gipskarton begrenzt, Marmorspalten mit Bauschaum geschlossen – Hauptsache, es geht schnell. Auf den ersten (und fernen) Blick beeindruckt das. Aber auf den zweiten Blick wirkt es aufgeblasen. Der Rückgriff auf die Bautradition macht hier eher den Eindruck der Beschwörung alter Traditionen, die das Nationalbewusstsein stärken sollen.

Das ganze Bankenareal ist faktisch ein **Potemkinsches Dorf,** denn die demonstrierte Wirtschaftskraft entspricht der realen Geschäftstätigkeit des Landes in keiner Weise. Beinahe surreal wirken insofern die emsig umhereilenden *bisnesmeni* (Geschäftsleute).

Ebenso wie in der sowjetischen (Wiederaufbau-)Architektur sind **Raum und Wasser** die tragenden Elemente der Machtinszenierung der Moderne. Fontänen, Springbrunnen und sprudelnde Wasserspiele sollen Pracht und Wohlstand zur Schau stellen.

Gerade Wasserfülle ist ein Symbol für Reichtum, was sich vor dem Hintergrund, dass man sich eigentlich inmitten der Wüste befindet, unmittelbar erschließt. Dass abends viele der Wasserspiele kunterbunt illuminiert werden, ist dahingegen eher eine Geschmackssache. Auch Raum de-

044un-ag

monstriert Macht. Zwischen den Prachtbauten wurden riesige Parks angelegt, in denen Menschen verweilen sollen, um die geisterhafte Prachtstadt zu beleben. Aber das funktioniert nicht sonderlich gut: Man ist zwar stolz auf das Viertel, promeniert und zeigt es Besuchern, aber kaum jemand verweilt dort länger. Es scheint, als fühlen sich die Menschen nicht wohl zwischen den Hausgiganten, als fehle es an gemütlichen Orten der Stille.

So, wie sich jedes Land in seiner Hauptstadt inszeniert, zeigt Usbekistan hier seine neue Kraft und seine Herrlichkeit: „Schaut, wie mächtig wir sind!"

Altstadt

Wie eine andere Welt dagegen wirken die Reste der ehemaligen Altstadt. Nur wenige Medresen und Moscheen haben Erdbeben, Sozialismus und postsowjetischen Modernisierungswahn überlebt.

Bereits in der Sowjetzeit wurde geplant, die Altstadt abzureißen – der Zerfall der Sowjetunion kam dazwischen. Auch die postsowjetische Regierung plante den Abriss, doch die Bevölkerung protestierte heftig. Das ist bemerkenswert, gehört eine ausgeprägte Protestkultur doch nicht unbedingt zum Wesen der Usbeken. Das Verhältnis der Taschkenter zu ihrer Altstadt ist dennoch zwiespältig. Mangelhafte Infrastruktur, fehlende Kanalisation und Raummangel führen zum Wegzug gerade junger Leute.

Metropole von Weltrang

Alles in allem ist Taschkent heute jedoch eine lebendige Metropole mit 2,4 Millionen Einwohnern. Das Lebensgefühl ist, gerade in den Sommermonaten, angenehm entspannt. Man sitzt in einem der vielen Straßencafés oder Restaurants, es gibt Einkaufszentren und jede Menge Museen, Theater und andere kulturelle Einrichtungen.

Für den Besucher wirkt die Stadt **eher europäisch als orientalisch.** Statt der Seidenstraße gibt es mehrspurige Autostraßen, deren nur in der Woche dichter Verkehr aber erstaunlich gemächlich über auffallend saubere Straßen rollt. Hektik und Gedränge enger orientalischer Städte fehlen, selbst das sonst bei jedem Manöver übliche und mitunter nervtötende Hupen ist eher selten. Die Grünanlagen sind ausgesprochen gepflegt und vollkommen müllfrei. Am Abend sind die Parks bunt beleuchtet, Familien treffen sich zu Spaziergängen und ausgedehnten Picknicks. Noch vor einigen Jahren trafen sich tausende Taschkenter allabendlich auf dem **„Broadway".** So wird die Fußgängerzone am Amir-Timur-Denkmal (Salyelgoh ko'chasi) genannt, die sich in der Dämmerung zu einer Meile aus

☐ In der Altstadt von Taschkent

097un-kk

bunt beleuchteten Ständen und Zelten verwandelte. Inzwischen ist das Gebiet, auf dem jahrmarktähnlicher Trubel herrschte, relativ begrenzt und die Stände sind verschwunden. Die Straße ist dennoch sehr lebendig geblieben und nicht nur die unzähligen Nachtklubs rufen den Eindruck hervor, dass der Islam hier weiter entfernt ist als in Berlin-Kreuzberg. Übrigens unterhält Taschkent seit 1993 eine Städtepartnerschaft zu Berlin. Aber das wissen wahrscheinlich genauso wenige Berliner wie Taschkenter.

Besonders stolz sind die Hauptstädter auf ihre **Oper** (Alisher-Navoiy-Oper). Entworfen wurde sie von **Alexej Schtschussew,** dem Architekten des Leninmausoleums in Moskau, der den 1933 eigens dafür ausgeschriebenen Wettbewerb gewann. Üppig ausgestattet im stalinistischen Zuckerbäckerstil mit nationaler Prägung und relativ unversehrt enthalten, ist dieses Gebäude unbedingt sehenswert. Es wurde nach dem Zweiten Weltkrieg von japanischen Kriegsgefangenen erbaut und die Taschkenter erzählen stolz, dass diese nach ihrer Rückkehr in Japan eine Kopie des Gebäudes errichtet haben. Dies allerdings scheint eine Legende zu sein.

Stolz ist man auch auf das 1997 eröffnete **Timuriden-Museum.** Hier werden die Highlights usbekischen Nationalstolzes gezeigt. Das Museum ist auch architektonisch in eine Reihe mit Bauten nationalstolzprägender Funktion einzuordnen. In der Nähe befindet sich der gleichnamige Park mit einer großen Statue des Nationalhelden *Timur.* Einige prominente Vorgänger wurden je nach vorherrschender politischer Linie ausgetauscht. So musste einst *Konstantin Petrowitsch von Kaufmann,* der erste russische

⌃ Zirkusgebäude in Taschkent

Generalgouverneur von Turkestan, *Stalin* weichen (1940), der wiederum von *Karl Marx* und *Friedrich Engels* abgelöst wurde (1967).

Von besonderer Eindrücklichkeit ist die Taschkenter **Metro.** Nicht nur, weil sie schneller und komfortabler als jedes andere Verkehrsmittel durch Taschkent transportiert, sondern auch, weil sie mitsamt ihren einfallsreich gestalteten Stationen der Stolz aller Hauptstädter ist, sollte der Besucher sie unbedingt benutzen.

„Ruhe bitte!" – Medien und Presse

Medienlandschaft und Pressefreiheit

Usbekistan verfügt über eine **scheinbar breite Medienlandschaft** mit einer Vielzahl von Zeitungen und Zeitschriften, vier Nachrichtenagenturen, sechs Rundfunkstationen und über zwanzig Fernsehstudios. Doch diese Vielfalt ist trügerisch: Rundfunk, Presse und Fernsehen standen während der Zeit *Karimows* vollständig **unter staatlicher Kontrolle.** Obgleich die Kontrolle oder gar Zensur von Medien schon seit 1997 verfassungsrechtlich untersagt ist, gab es in der Realität keine freie Medienberichterstattung. Alle Sendungen des usbekischen Fernsehens mussten vor der Ausstrahlung zur Kontrolle aufgezeichnet werden, Liveübertragungen gab es nicht. Alle Medienagenturen wurden entweder vom Staat selbst betrieben oder unterlagen schärfsten Kontrollen. Auch die Infrastruktur liegt in

099un-kk

Privat wird gern, viel und ohne Einschränkungen gefilmt

100un-kk

staatlicher Hand. **Journalisten** dürfen nur mit staatlicher Akkreditierung arbeiten, die regelmäßig erneuert werden muss. Diese zu erlangen, kann schwierig werden, vor allem für jene, die bereits in der Vergangenheit durch kritische Beiträge aufgefallen sind. Die ohnehin schwierigen Bedingungen hatten sich besonders nach den Ereignissen in Andijon (s. S. 111) nochmals verschärft. 2005 hatten hier Aufstände und Demonstrationen stattgefunden. Usbekische Sicherheitskräfte begegneten diesen Aufständen mit großer Härte und Gewalt. Während die Regierung von etwa 130 Toten sprach, waren es ausländischen Medien und Menschenrechtsorganisationen zufolge weit mehr. Offiziell wurden die Aufständischen mit radikalislamistischen Organisationen in Verbindung gebracht, inoffiziell handelte es sich bei den Unruhen um deutliche Kritik an der politischen Führung des Landes. Nach diesen Ereignissen kam es zu Massenverhaftungen von Journalisten sowie Schließungen von Sendern und Zeitungen. Sogar ausländische Sender wie BBC und Deutsche Welle, die über die Vorkommnisse in Andijon berichteten, wurden angeklagt und zeitweise geschlossen. In der Folge wurden die Befugnisse sowohl ausländischer als auch usbekischer Medien nachhaltig eingeschränkt. Eine regierungskritische Berichterstattung war über Jahrzehnte beinahe unmöglich.

Seit *Karimows* Tod hat sich die Lage augenscheinlich verbessert. Im World Press Freedom Index, einer durch „Reporter ohne Grenzen" aufgestellten Rangliste zur weltweiten Situation der Pressefreiheit, ist Usbekistan inzwischen von Platz 166 auf 160 geklettert – angesichts von 180 gelisteten Staaten ein kleiner, für das Land selbst jedoch ein großer Schritt.

Inzwischen sind einige der bis dato inhaftierten Journalisten aus dem Gefängnis entlassen worden, auch die Zulassung ausländischer Journalisten ist wesentlich einfacher geworden. Es scheint, als sei politisches Tauwetter angebrochen. Zu großem Optimismus gibt es dennoch wenig Grund. Zwar gibt es mittlerweile wieder politische Liveberichterstattung, aber gerade die öffentlich-rechtlichen Medien befinden sich noch immer im Propagandamodus und verbreiten ein sorgfältig konstruiertes Bild eines idealen Usbekistan. Jahrelang gesperrte Onlinemedien sind wieder zugänglich, gleichzeitig aber werden auch immer wieder Websites gesperrt. Der Druck auf die unabhängige Presse ist weiterhin sehr hoch, was zu einer ausgeprägten Form von Selbstzensur führt. Ebenso berichten usbekische Journalisten, dass sie von staatlichen Organen nicht ausreichend oder falsch informiert würden.

Alles in allem sind es eher widersprüchliche Signale, die derzeit aus Usbekistan gesendet werden. Womöglich ist dies Folge der noch nicht gänzlich entschiedenen Machtkämpfe zwischen *Karimows* Altkadern innerhalb der Regierung und progressiveren Kräften.

Internet

Das Internet ist auf dem Vormarsch. Inzwischen nutzen laut Weltbank bereits etwa 52 % der usbekischen Bevölkerung das Internet (zum Vergleich: in Deutschland 90 %). Wie viele private Internetanschlüsse es gibt, ist nicht bekannt. Die meisten surfen über das **Smartphone,** in den Großstädten sowie an touristischen Hotspots und in Hotels gibt es (meist kostenfrei) WLAN-Zugänge.

Die privaten Internet-Provider werden von **Telekommunikationsministerium** und **Sicherheitsdienst** streng überwacht und zensiert. In der Vergangenheit wurden (regierungs-)kritische Seiten vielfach geblockt. Im Mai 2019 jedoch wurden mehrere Sites, die z. T. seit beinahe einem Jahrzehnt gesperrt waren, wieder zugänglich gemacht, darunter Eurasianet, Ferghana News, Human Rights Watch und der usbekische BBC-Dienst, ebenso die Websites einiger weiterer Menschenrechtsorganisationen. Dennoch steht es um die Netzfreiheit in Usbekistan laut dem neuesten Freedom-of-the-Net-Report der NGO Freedom House nicht gut. Wer sich über die Lage in Usbekistan ein einigermaßen differenziertes Bild machen will, kann dies über die Internetseiten von Radio Free Europe, Eurasianet, Ferghana oder Quantara tun (s. a. „Informatives aus dem Internet", Seite 254).

☒ Zeitungsleser in Namangan

Sprechen Sie Russisch? – Bildung

Sprache

Was den ausländischen Besucher in Usbekistan früher oder später verwundern muss, ist, dass er nur selten auf eine Buchhandlung trifft. Ob in Taschkent, Buchara, Samarkand oder Fergana – nach einem Buchladen muss man sehr gezielt suchen. Hat man, meist mithilfe Einheimischer, endlich einen gefunden, überrascht die in der Regel sehr eingeschränkte Auswahl. Lediglich in Taschkent ist die Lage etwas anders. Hier gibt es Buchhandlungen, die dieser Bezeichnung auch gerecht werden.

Zudem gibt es einige Basare mit neuer und antiquarischer Literatur. Auffällig ist, dass viele der Bücher auf Russisch geschrieben sind. Hier zeigt sich ein Phänomen, das sich nur durch einen Blick zurück erschließt: Vor der Sowjetzeit wurden auf dem Gebiet des heutigen Usbekistan verschiedene **Turksprachen** gesprochen. Alle Schriftsprachen dazu basierten auf dem Arabischen. Mit der zaristischen Kolonialisierung kam die russische Sprache in die Region und mit ihr das kyrillische Alphabet. Beides fand zu dieser Zeit aber nur in einer kleinen, höher gebildeten Schicht Verbreitung. Mit der Neuschaffung des Landes durch die Sowjetunion wurde für jede der mittelasiatischen Republiken eine **nationale Literatursprache** geschaffen, so auch für Usbekistan. Allerdings fehlte dieser Sprache eine einheitliche Schriftform. Arabische Schrift kam dafür nicht in Frage, weil die islamische Vergangenheit der Region der Sowjetmacht suspekt war. So wurde 1928 zunächst das lateinische Alphabet für die usbekische Sprache eingeführt, aber schon etwa zehn Jahre später wurde es in das in der Sowjetunion einheitliche kyrillische Zeichensystem überführt. Kurze Zeit später führte man dann **Russisch** als Amtssprache und als Pflichtfach in der Schule ein – die russische Sprache dominierte fortan das öffentliche Leben.

Auch das sowjetische Bildungssystem hielt Einzug in Mittelasien. Für die neuen Unionsrepubliken war dies eine wesentliche Verbesserung des vorherigen Zustandes. Bereits 1957 betrug die Alphabetisierungsquote der Bevölkerung beinahe 100 %.

Nach der Unabhängigkeit begannen alle mittelasiatischen Länder relativ schnell, ihre Bildungssysteme umzustrukturieren. Allen gemeinsam ist, dass sie in einem ersten Schritt Russisch als Amtssprache ablösten. Usbekistan führte 1993 das lateinische Alphabet (mit einigen Sonderzeichen) wieder ein, **Amtssprache** ist nun Usbekisch mit lateinischem Alphabet.

Die Übertragung der kyrillischen Schriftsprache in lateinische Buchstaben ist für die schon erwachsene Bevölkerung eine große Herausforderung. Die Folge sind uneinheitliche Schriftstandards und Probleme im Lesen. Nachdem die Sowjetzeit eine vollständige Alphabetisierung der Bevölkerung erreicht hatte, handelt es sich hier sozusagen um eine Re-Alphabetisierung. Gerade die ältere Bevölkerungsschicht kämpft bis heute mit deren gravierenden Folgen.

Momentan existieren beide Alphabete noch parallel nebeneinander, noch immer sieht man z. B. Hinweis- und Straßenschilder in kyrillischen Buchstaben. Doch ihr Verschwinden ist garantiert, denn die Schulkinder lernen bereits nur noch das lateinische Alphabet. Indem sie die russische Sprache nicht mehr obligatorisch erlernen, fällt die gemeinsame Sprachbasis mit insgesamt rund 287 Millionen russischsprachigen Menschen weg und damit die Möglichkeit, sich innerhalb der mittelasiatischen Nachbarländer zu verständigen. Die schlimmste Folge aber besteht darin, dass die riesigen **Bestände der in Russisch verfassten Fachliteratur** den postsowjetischen Generationen verschlossen bleiben. Von vergleichbaren Beständen auf Usbekisch dürfte man jedoch noch weit entfernt sein. Auch wer heute Weltliteratur in usbekischer Sprache sucht, tut dies häufig noch vergeblich. Kein *Tolstoi,* kein *Dostojewski* oder *Thomas Mann.* Der „neue" Buchbestand setzt sich zusammen aus dem, was sich gut verkauft, und dem, was politisch gewollt das Nationalbewusstsein stärken soll. Man sieht usbekische Menschen in der Öffentlichkeit so gut wie nie lesen. Weder an Bushaltestellen noch in U-Bahnen oder auf Parkbänken hat jemand ein Buch in der Hand – lediglich Zeitungen tauchen hin und wieder im Stadtbild auf.

Die **Bildungselite Usbekistans** ist bis heute noch deutlich russisch geprägt. Schon während der Sowjetzeit hatten die russischen Schulen den besseren Ruf. Gut gebildete Elternhäuser schickten ihre Kinder auf solche Schulen. Viele dieser Kinder haben später in Russland studiert – sie bilden noch heute die intellektuelle Schicht des Landes. Ihr weniger regional und national orientierter Denkhorizont unterscheidet sie deutlich von den rein usbekisch sozialisierten Menschen. Selbst zu Hause wurde in solchen Elternhäusern häufig Russisch gesprochen, sodass die Kinder Usbekisch eigentlich nur umgangssprachlich beherrschten. Gerade auch deshalb ist die **Umstellung der Landessprache** für das intellektuelle Niveau Usbekistans von großer Tragweite – die intellektuelle Elite Usbekistans hat ihre Sprache verloren.

Die Anzahl der russischen Schulen ist heute zwar erheblich kleiner geworden, aber noch immer besitzen sie gegenüber den usbekischen Schulen einen besseren Ruf. Wer kann, schickt seine Kinder ohnehin auf nichtusbekische Schulen, wobei amerikanische in der Beliebtheit den russischen Schulen inzwischen den Rang abgelaufen haben dürften.

Bildungssystem

Das Bildungssystem Usbekistans befindet sich seit der Unabhängigkeit in der Phase der Neustrukturierung. 1997 machte man ernst und startete landesweit ein Programm zur Modernisierung des Bildungswesens. In deutlicher Abgrenzung zur Sowjetzeit wurde Bildung nun zu einem **Teil der nationalen Identitätsstiftung.**

Diese Funktion zeigt sich in der Einführung von Fächern wie „Heimatverbundenheit" oder „Verfassungsrecht", in denen die Vermittlung nationaler kultureller Werte eine wesentliche Rolle einnimmt. Vorrangig aber waren die Erneuerung der Infrastruktur der Bildungseinrichtungen und die Sicherstellung der Finanzierung ihres Unterhalts. Die schulische **Grundbildung** setzt sich aus vier Jahren Grundschule und fünf Jahren Sekundarstufe zusammen. Nach dieser neunjährigen sogenannten Mittelschule stehen zwei weiterführende Bildungsmöglichkeiten zur Verfügung: Etwa 90 % der Schüler verbleiben an der Schule oder besuchen ein dreijähriges Berufskolleg, die anderen 10 % gehen für drei Jahre an ein akademisches Lyzeum. Der Abschluss eines Lyzeums ist Voraussetzung für ein anschließendes Universitätsstudium, das von etwa 10 % aller usbekischen Schulabsolventen aufgenommen wird. An den Universitäten wurden nach und nach gestufte Studiengänge nach amerikanischem Modell durchgesetzt. In der Regel erwirbt man nach vier Jahren einen Bachelor-, nach zwei weiteren Studienjahren einen Master-Abschluss.

Studierwillige Schulabgänger müssen nach dem Abitur eine Aufnahmeprüfung an einer Hochschule absolvieren. Die besten Bewerber haben Zugang zu einem **staatlich finanzierten Studienplatz,** die anderen können einen **gebührenpflichtigen Studienplatz** erhalten. Das Studienplatzangebot ist somit strikt zweigeteilt: einerseits staatlich finanzierte und andererseits gebührenpflichtige Studienplätze, die die überwiegende Mehrheit darstellen (etwa 60–90 %). Die Studiengebühren sind, in Relation zu den landesüblichen Gehältern, mit etwa 1800 bis 3000 US-Dollar pro Studienjahr sehr hoch.

Die **Probleme des Bildungswesens** liegen im Allgemeinen weniger in seiner äußeren Gestaltung als vielmehr in seiner Qualität. Insbesondere die schlechte Qualifikation der Lehrkräfte spielt hier eine große Rolle. Ihr Kenntnisstand bezüglich der Vielfalt von Methoden oder auch in Lernpsychologie ist sehr dürftig und der Unterricht ist so gestaltet, dass kein deutscher Lehramtsanwärter sich damit in eine Prüfung wagen dürfte. Dass

[>] Buchladen in Fergana

RUSSIAN-ENGLISH
ENGLISH-RUSSIAN
OLAM HAQIDA BIR OLAM MA'LUMOT

046un-ag

Yoshlar Ittifoqi – die neue Jugendorganisation Usbekistans

Inmitten einer weiten Ebene Choresmiens erhebt sich majestätisch ein riesiges Bauwerk: heller Stein, Fliesendekor mit folkloristischen Motiven, Betonimitate einst hölzerner Säulen und sehr viel blauschimmerndes Glas. Was wie ein Prachtstück neo-usbekischen Prunkbaus wirkt, ist das gerade frisch eingeweihte Jugendzentrum Urganchs. Der frischangelegte Park, in dessen Mitte in schwindelerregender Höhe die usbekische Flagge weht, erinnert mit Rondell und Mittelachse an die Anlagen europäischer Schlossgärten. Alle Wege, gesäumt von Tafeln mit Zitaten bedeutender Persönlichkeiten - allen voran des aktuellen Präsidenten Mirsijojew - führen direkt ins Innere eines Palastes. Dieses steht dem äußeren Eindruck in nichts nach: Von einem prächtigen Foyer aus gelangt man in eine Vielzahl gut ausgestatteter Räume, in denen verschiedenste Freizeitaktivitäten - von Sport über Basteln bis hin zu Musik - ausgeübt werden können. Mehrere Säle mit modernster Technik stehen für größere Veranstaltungen bereit. Alles blitzt und glänzt - der Bauherr hat sich ganz offenbar nicht lumpen lassen.

Die Graffitiwände europäischer Jugendzentren vor Augen, wirkt das ganze Ensemble zwar wenig jugendgemäß, aber die augenscheinliche Pracht soll eines zeigen: Hier wird in die Zukunft eines Landes, mithin in seine Jugend, investiert - und zwar demonstrativ.

Nicht nur das Gebäude ist funkelnagelneu, neu ist auch die Jugendorganisation, für die es gebaut wurde. „Yoshlar Ittifoqi", auf der eigenen Website als „Union of Youth of Uzbekistan" übersetzt, lässt sich ins Deutsche wohl am ehesten mit „Jugendunion" übertragen.

Diese 2017 gegründete Jugendunion ist nichts anderes als eine Reorganisation der bereits seit 1996 bestehenden Jugendbewegung „Kamolot", die sich ihrerseits stark am sowjetischen Komsomol orientierte. Ziele und Organisation haben sich auch durch die Umbenennung kaum verändert. Wie bei Kamolot geht es auch bei der Jugendunion darum, eine körperlich gesunde, geistig reife, intellektuell entwickelte und unabhängige junge Generation zu fördern. Sinnvolle Freizeitangebote sollen die negativen Auswirkungen der Massenkultur fernhalten und einen Beitrag zur Verhinderung von Kriminalität und Delinquenz leisten. Erziehung zu Patriotismus und Nationalstolz sollen vor Anfälligkeit für religiös-extremistische Organisationen schützen. Auch die grundlegende Idee von Kamolot, dass nicht zählt, was man von der Heimat erhält, sondern das, was für Heimat und Volk geleistet wird, dürfte sich kaum verändert haben.

110un-kk

Über die Gründe für die Reorganisation von Kamolot informierte Präsident Mirsijojew 2017 auf einem Kongress vor Vertretern der Organisation. Obwohl Kamolot 4 Millionen Mitglieder gehabt hätte, hätte es ihr an Lebendigkeit gemangelt. Die inhaltliche Arbeit sei ungenügend und wenig an den Bedürfnissen der Jugend orientiert gewesen: zu wenig modern, zu wenig interaktiv. Stattdessen habe man Jugendliche zu Arbeitseinsätzen herangezogen, sie in den Provinzen wegen mangelnder Infrastruktur vernachlässigt oder sie verwahrlosen lassen und die Probleme der Jugend schlicht ignoriert. Mirsijojew geht in seiner Analyse hart mit der bisherigen Organisation ins Gericht: Kamolot sei ineffektiv und oberflächlich gewesen und müsse dringend revitalisiert werden. Das Jugendzentrum in Urganch, nur einer von vielen Neubauten im Land, ist steinernes Zeugnis dafür, welche Bedeutung die neue usbekische Regierung der Jugend beimisst. Usbekistans Jugend jedoch zeigt sich glücklicherweise weit lebendiger als ihre Paläste.

⌃ Der Park um das neue Zentrum der staatlichen Jugendorganisation in Urganch zeugt nicht gerade von Bescheidenheit

Extrainfo 10 (s. S. 7): Imagevideo der staatlichen Jugendorganisation Yoshlar Ittifoqi

die Kinder dennoch gern in die Schule gehen, hat ganz sicher etwas mit tradierter Unterrichtskultur zu tun – schon ihre Eltern kennen aus der Sowjetzeit nichts anderes und sie regen sich demzufolge auch nicht darüber auf. Ein „Einmischen" in Schulangelegenheiten in Form von Elterninitiativen oder Ähnlichem ist in Usbekistan undenkbar. Schule ist Schule und die ist, wie sie ist – und sie war schon immer so. Zwar ist das Ansehen von Lehrern im Allgemeinen sehr niedrig, das aber liegt in erster Linie an deren geringem Einkommen. Bildung an sich ist für die usbekischen Menschen ein hoher Wert. Ungeachtet der großen finanziellen Probleme geben viele Eltern sprichwörtlich „ihr letztes Hemd", um ihren Kindern einen möglichst hohen Bildungsabschluss zu ermöglichen.

Für **Kinder mit Behinderungen** wurde im Wesentlichen das Beschulungssystem der Sowjetunion übernommen. Gleichwohl sich hier jetzt einige Veränderungen zeigen, überwiegt weiterhin die tradierte, stark medizinisch geprägte Herangehensweise. Vor dem Hintergrund der UN-Konvention über die Rechte von Menschen mit Behinderungen, die von Usbekistan ratifiziert wurde, wurde im letzten Jahrzehnt die Inklusion behinderter Kinder in das Bildungssystem verstärkt ein Thema. Unterstützt durch einige internationale Projekte lassen sich sichtbare Bemühungen um adäquate Förderung von Kindern und Jugendlichen mit kognitiven oder körperlichen Beeinträchtigungen verzeichnen. Allerdings „kämpfen"

111un-kk

diese Initiativen gegen eine bei den Menschen tief verwurzelte Scham, sodass vielfach die erste Aufgabe darin besteht, die Eltern davon zu überzeugen, ihre behinderten Kinder nicht zu Hause zu verstecken.

Ein spezielles Problem in ganz Mittelasien ist die **Korruption** – auch der usbekische Bildungssektor ist davon stark betroffen. Schon zu Sowjetzeiten war bekannt, dass Professoren und Aufsichtspersonal bei der Hochschulreifeprüfung bestochen wurden.

Inzwischen sind für die Universitäten **zentrale Eingangsprüfungen** eingeführt worden, die computerbasiert ausgewertet werden. Man hoffte, damit die Möglichkeiten zum Betrug minimieren zu können. Die Realität allerdings zeigt, dass dieses Testsystem im Gegenteil neue Chancen für Korruption geschaffen hat. Nicht selten gelang es den Prüflingen sogar, durch den Austausch von Nachrichten per Smartphone zu betrügen. Deshalb schalteten die Mobilfunkbetreiber am 1. August, dem Tag des nationalen Tests, die Netze zeitweise ab und damit diese Möglichkeit aus.

Auch die **Studienplätze** werden sehr hoch gehandelt, denn auf einen Platz kommen etwa sieben Bewerber. In den prestigeträchtigen Fächern wie Medizin, Jura und Wirtschaftswissenschaft ist die Konkurrenz sogar noch größer. Es ist ein offenes Geheimnis, dass das Bestechungsgeld für die Zulassung in Taschkent mit etwa 20.000 US-Dollar gehandelt wird, an der Universität in Nukus ist man schon mit 10.000 US-Dollar dabei. Niemand weiß, wie viele Schulabgänger an die Universität gelangen, obwohl sie nicht in der Lage sind, einfache Rechenaufgaben zu lösen oder Texte fehlerfrei zu lesen.

Die neue Regierung unter *Mirsijojew* versucht, dieses Problem in den Griff zu bekommen. Doch die geringen Gehälter der Angestellten im Bildungssektor bilden einen fruchtbaren Boden für Korruption. In diesen niedrigen Gehältern liegt auch das Geheimnis des hohen **Frauenanteils** an den Universitäten. Während der Anteil in Deutschland unter 20 % bleibt, ist in Usbekistan beinahe die Hälfte des Hochschulpersonals weiblich.

Ungeachtet aller genannten Probleme wächst aber auch in Usbekistan eine **neue Generation** heran. Die russische Prägung verschwindet zusehends und weicht einer starken westlichen Orientierung. Das 21. Jahrhundert zeigt sich hier kaum anders als anderswo.

⟨ Hinweise zur Kleiderordnung an der Pädagogischen Universität in Taschkent

Wissenschaft und Forschung

Momentan gibt es in Usbekistan, verteilt über alle Landesteile, 84 Hochschulen. Die **Hochschullandschaft** des Landes ist erst im 20. Jahrhundert entstanden und über Jahrzehnte hinweg durch das Sowjetsystem geprägt worden. Dies betrifft sowohl Struktur als auch Lehrprogramme und Selbstverständnis. Starke Verschulung, starre Lehrpläne und gering entwickelte Forschung wirken als Erbe bis heute fort.

Ebenso in sowjetischer Tradition ist das usbekische Wissenschafts- und Forschungssystem zweigeteilt. Es existiert, vertreten durch die **Usbekische Akademie der Wissenschaften,** ein forschungsorientierter Sektor, wohingegen die Aufgabe der **Hochschulen und Universitäten** hauptsächlich in der Vermittlung akademischen Wissens und berufsbefähigender Kompetenzen liegt. Forschungsaktivitäten finden hier nur in geringem Ausmaß statt, was auch nicht wundert, denn die universitären Lehrkräfte haben eine hohe Lehr- und Betreuungsbelastung. Zudem sind die Universitäten nur unzureichend mit Ressourcen ausgestattet. Es fehlt an stabilen und schnellen Internetzugängen und, gerade in den Geisteswissenschaften, an aktueller Fachliteratur.

Das System **akademischer Graduierungen** folgte lange Zeit der sowjetischen Tradition zweier akademischer Stufen: Promotion (Kandidat Nauk) und Habilitation (Doktor Nauk). 2013 wurde, angelehnt an das angelsächsische System des Ph. D., eine einstufige Promotion eingeführt.

Das **Fächerspektrum** aller Studiengänge umfasst einen relativ großen Anteil allgemeinbildender Pflichtveranstaltungen wie Hochschulsport und Landesgeschichte. Auf den ersten Blick ist dies gewissermaßen vergleichbar mit einem Studium Generale, allerdings hier stark dominiert von Aspekten „patriotischer Erziehung". Die Reflexions- und Diskussionskultur europäischer Hochschulen gibt es in Usbekistan so gut wie nicht.

Das **universitäre Leben** unterscheidet sich deutlich von dem, wie wir es kennen. Das fängt bei einer offiziellen Kleiderordnung an und hört bei einer starken Verschulung nicht auf. Interessenvertretungen der Studentenschaft wie Studierendenräte oder ASTA in Deutschland gibt es in Usbekistan nicht. Dafür sind nahezu alle Studierenden Mitglied der Jugendunion *(yoshlar ittifoqi),* der offiziellen Jugendorganisation Usbekistans. (s. Exkurs „Jugendunion" Seite 162)

Nach Jahren verhältnismäßig großer Isolation soll unter der Mirsijojew-Regierung nun ein größerer Schritt in Richtung **Modernisierung** und **Internationalisierung** erfolgen. Eine erste Konsequenz sind umfangreiche personelle Veränderungen auf den Ebenen der Rektorate und Fakultätsleitungen. Vor allem in den internationalen Abteilungen findet sich nun vielfach jüngeres Personal mit Auslandserfahrung und Fremdsprachenkenntnissen. An einigen Universitäten gibt es inzwischen bereits größere internationale Forschungsprojekte und zunehmend entstehen Kooperationen vor allem mit russischen, aber auch mit europäischen und asiatischen Universitäten, insbesondere im ökonomischen und im ökologischen Sektor. Aktiv an Mobilität und Wissenschaftstransfer beteiligt ist der Deutsche Akademische Austauschdienst (DAAD), der eine Außenstelle in Taschkent unterhält, ebenso wie die Programme TEMPUS und ERASMUS Plus. Sehr aktiv ist auch das Goethe-Institut in der Hauptstadt. Ein Auslandsstudium besitzt großes Renommee in Usbekistan – wer immer es sich leisten kann, schickt seine Kinder zum Studieren nach Europa oder Amerika.

Gesundheitssystem

Gesundheitliche Versorgung – Was bedeutet Poliklinik?

Während der Sowjetzeit wurde in allen Unionsrepubliken flächendeckend eine kostenlose medizinische Versorgung aufgebaut, so auch in Mittelasien. Dieses System der **staatlichen Gesundheitsversorgung** existiert in Usbekistan noch heute. Zu weiten Teilen basiert es auf dem ebenso noch aus der Sowjetzeit stammenden Prinzip der staatlichen Polikliniken. **Polikliniken** sind an zentralen Orten eingerichtete Großpraxen, in denen angestellte Ärzte verschiedener Fachrichtungen die ambulante Versorgung von Patienten sicherstellen. Dieses Prinzip hat unbestritten Vorteile: Geräte, Personal und Räumlichkeiten können gemeinsam genutzt werden, lange Wege zu Weiterbehandlungen entfallen und die Ärzte erhalten ein festes Gehalt.

Die Infrastruktur der medizinischen Versorgung besteht heute, neben Polikliniken, im Wesentlichen aus staatlichen und nur wenigen privaten Einrichtungen.

Standard und Versorgung in den staatlichen Krankenhäusern sind, insbesondere außerhalb der urbanen Zentren, unzureichend. Die Zimmer sind häufig mit mehr als zehn Patienten belegt. Getrennt wird lediglich nach Geschlecht, ansonsten liegen hier Todkranke neben Beinbrüchen, Frischoperierte neben Genesenden. Die **medizinische Ausstattung** ist mangelhaft, der hygienische Standard ebenso. Viele medizinische Standardartikel (wie Einwegspritzen, Verbandmaterial, Gummihandschuhe ...) sind Mangelware. Entweder die Patienten bringen diese selbst mit oder sie können eben nicht behandelt werden. Auch für Nahrung muss häufig selbst gesorgt werden. Kein Wunder, dass sich neben den Kranken noch unzählige Verwandte und Bekannte in den Krankenzimmern aufhalten. Dabei ist der Umgang mit Besuch bei weitem nicht so liberal wie in Deutschland. In usbekischen Krankenhäusern gibt es **strenge Besuchszeiten** und Zuwiderhandlungen werden durch das Personal rigide unterbunden.

Für werdende Mütter gibt es die sogenannten Entbindungsheime. Standard und Hygiene sind ebenso mäßig wie in anderen staatlichen medizinischen Einrichtungen. Die **Säuglingssterblichkeit** liegt mit 22,5 pro 1000 Lebendgeburten noch immer weit über der westlicher Länder (Deutschland im Vergleich (2019): 2,7 pro 1000).

Üblich ist die sofortige Trennung von Mutter und Kind nach der Geburt – die Mutter soll sich „erholen". Gefüttert wird nach Uhrzeit und als fortschrittlich gilt Muttermilchersatz. Seit einigen Jahren bemühen sich allerdings zahlreiche internationale Projekte sowie usbekische Ärzte darum, den jungen Müttern die Bedeutung des Stillens nahezubringen. Ebenso wird versucht, gegen die frühe Trennung von Mutter und Säugling anzugehen und das Prinzip des Rooming-in zu etablieren.

048un-kk

Traditionell werden **Neugeborene** nach etwa einer Woche in eine Wiege gelegt und dort angebunden. Diese Wiege ist an der Unterseite mit einem Loch versehen, welches einen Abfluss dessen ermöglicht, was sonst in Windeln geht. Auch an dieser Tradition versuchen fortschrittliche Mediziner inzwischen zu „rütteln". Gerade im ländlichen Bereich wird diese Praxis jedoch hartnäckig beibehalten, denn was für europäische Augen eher qualvoll aussieht, erweist sich im harten bäuerlichen Alltag usbekischer Frauen als überaus „praktisch".

Was die **Zahnbehandlungen** angeht, so sind zahnerhaltende Maßnahmen die Ausnahme und müssen zudem teuer bezahlt werden. Die Regel der medizinischen Grundversorgung lautet eher: Ein Zahn, der gezogen ist, macht keinen Ärger mehr. Erstaunlich zahlreich sieht man die bei uns eher unüblichen Goldkronen – sie gelten eher als Statussymbol denn als Makel.

Anders ist auch der Umgang mit **psychischen Erkrankungen.** Sie werden in der Regel entweder bagatellisiert, d. h. nicht als Krankheiten anerkannt, oder aber stark tabuisiert. **Behinderte Menschen** sind bisher relativ wenig in die Gesellschaft integriert. Gerade Erwachsene werden noch vielfach in medizinischen oder psychiatrischen Einrichtungen „verwahrt". Für die jüngere Generation der Menschen mit Behinderung zeichnen sich jedoch bereits einige Fortschritte ab, die hoffnungsvoll stimmen können. So haben sich in den letzten Jahren einige internationale Projekte intensiv um die Inklusion behinderter Kinder in die Gesellschaft bemüht. Inzwischen gibt es eindrucksvolle Beispiele usbekischer Einrichtungen, die behinderte Kinder bereits im Vorschulalter fördern und sowohl Eltern als auch Mahallas und Schulen in der Umgebung gut miteinander vernetzen. Nichtsdestotrotz ist auf diesem Sektor ganz sicher noch vieles zu tun.

Missstände und Gefahren für die Gesundheit

Während in der Sowjetzeit das Gesundheitssystem zentral gelenkt und finanziert wurde, liegt die Verantwortung nach der Unabhängigkeit nun beim Land selbst. Das ist eine immense Herausforderung, denn die wirtschaftliche Lage ist schlecht und der Weggang vieler Ärzte erschwert die Situation zusätzlich. Nach der Unabhängigkeit sank die **durchschnittliche Lebenserwartung** der Bevölkerung nochmals merklich, denn die staatlichen Ausgaben im Gesundheitssektor verringerten sich aufgrund der wirtschaftlichen Probleme deutlich. Zukunftsängste, Armut, ein wenig

[<] Traditionell usbekische Babywiege

ausgeprägtes Gesundheitsbewusstsein sowie die gravierenden Umweltprobleme taten ihr Übriges. Dennoch blieb Usbekistan, anders als andere mittelasiatische Länder, bei einem steuerfinanzierten Gesundheitssystem.

Zwar hat sich die wirtschaftliche Lage im Vergleich zu den ersten Jahren nach der Unabhängigkeit nun verbessert, aber der Zustand der Gesundheitseinrichtungen ist nach wie vor relativ schlecht. Gerade **in den ländlichen Regionen** wurden viele Ambulanzen geschlossen. Distanzen zum nächsten Arzt sind für große Teile der Bevölkerung unüberwindbar. Zudem wird in den Polikliniken lediglich eine Grundversorgung gewährleistet. Für jegliche Zusatzleistungen muss aus eigener Tasche gezahlt werden. Unter „Zusatzleistungen" darf man sich allerdings keinesfalls „Luxus" vorstellen, denn darunter fallen beispielsweise auch Narkosen bei Zahnbehandlungen. Die **Gehälter der Ärzte** sind so miserabel, dass ihre Motivation nicht selten durch ein kleines (oder auch großes) „Schmiergeld" gehoben werden muss. Wer sich das nicht leisten kann, bleibt auf den geringen staatlichen Standard angewiesen.

Inzwischen sind in Usbekistan einige internationale Hilfsorganisationen aktiv und auch die usbekische Regierung hat wichtige Reformen angeschoben. Schon eine kostenlose medizinische Grundversorgung ist eine immense Leistung für ein Land, aber eine ausreichende Grundversorgung ist nicht gegeben. Realität ist für den Großteil der Bevölkerung vielmehr eine **mangelhafte Versorgung,** die weit unter dem europäischen Standard liegt und zudem vielerorts durch Korruption geprägt ist.

Der Rückgang der Lebenserwartung, wie er in den 1990er-Jahren beobachtet wurde, konnte trotz aller Probleme inzwischen gestoppt werden. Trotzdem liegt die durchschnittliche Lebenserwartung mit 74 Jahren noch weit unter dem Mittelwert europäischer Länder (Deutschland 2020: 81 Jahre). Auch die **Mortalitätsrate** der Bevölkerung ist nach wie vor hoch. Dazu tragen insbesondere Infektionskrankheiten wie Syphilis, Hepatitis und HIV bei.

Die größten Probleme zeigen sich in der **Region um den Aralsee.** Hier leiden die Menschen insbesondere an den Pestiziden, die jahrzehntelang im Baumwollanbau verwendet wurden. Durch die Entwässerung des Sees haben sich riesige Salzwüsten gebildet, die zudem hoch mit Schadstoffen belastet sind. Die Verseuchung der Nahrungsmittel durch vergiftete Bö-

⟩ Wo einmal Wasser war – stillgelegte Fischkonservenfabrik in Moynak

den, die starke Versalzung und Verschmutzung des Trinkwassers sowie das Einatmen von Salz aus der Luft führen zu **dramatischen Gesundheitsschäden** bei der Bevölkerung in dieser Region. Besonders betroffen sind Säuglinge und Kinder. Die Kindersterblichkeit liegt hier bei 10 % und ist damit vergleichbar mit der in afrikanischen Entwicklungsländern. Die Folge der Umweltbelastungen bei der erwachsenen Bevölkerung sind Atemwegserkrankungen, Tuberkulose, Anämie und Darmkrankheiten in dramatischen Ausmaßen. Internationale Hilfsorganisationen arbeiten aktiv daran, den tragischen gesundheitlichen Folgen durch die Austrocknung des Aralsees entgegenzuwirken. Auch das Land selbst bekämpft die Gesundheitsgefahren durch gezielte Frischwasserversorgung und den Aufbau einer sanitären Infrastruktur. Aber letztlich bleibt dies so lange halbherzig, wie nicht eine grundsätzliche Abwendung vom Einsatz von Pestiziden sowie von der Baumwollmonokultur stattfindet. Nicht unerwähnt bleiben darf an dieser Stelle, dass die westliche Welt leider noch immer viel zu wenig Notiz von der Tragödie um den Aralsee nimmt!

049un-ag

adidas

Frauen, Männer und Familie

☐ Generationen (007un-kk)

Zwischen Tür und Angel – Frauen in der usbekischen Gesellschaft

Frauen in Mittelasien stellt man sich wahrscheinlich am ehesten mit Kopftuch vor, am wenigsten im Minirock. Man wähnt sie als unterdrückte Ehefrauen und vielfache Mütter, wenig vorstellbar sind sie als emanzipierte Karrierefrauen ...

Eine Viertelstunde auf einem beliebigen belebten Platz in einer usbekischen Stadt aber reicht aus, um sowohl leicht bekleidete Beautys in einem Hauch von Bluse als auch verschleierte Schönheiten in langen, farbenfrohen Gewändern zu beobachten. Graziös über kaputtes Pflaster stöckelnde Mädchen neben vollständig verschleierten Frauen, dazwischen ein Mütterchen, das erst vor wenigen Minuten einem alten russischen Märchenfilm entsprungen zu sein scheint – lauter usbekische Frauen.

Welche in diesem bunten Nebeneinander aber ist nun die typisch usbekische Frau? Wie verhält sich die typisch usbekische Frau? Wie ist ihre Stellung in der Gesellschaft, ihre Rolle in der Familie, wie ist ihr Alltag und wie sieht sie sich selbst?

Ob Mini, Mütterchen oder Schleier – all diese Frauen sind **typisch usbekisch:** Frauen zwischen westlich geprägter Modernität, sowjetischer Tradition und Islam. Und in dieser Gratwanderung **zwischen Tradition und Moderne,** zwischen geforderter Anpassung und Emanzipation spiegelt sich gleichsam das gesamte gegenwärtige Usbekistan.

Dieses Usbekistan der Gegenwart ist ein noch sehr junges Land. Erst seit 1991 existiert es als „unabhängige“ Republik. Will man seine Frauen verstehen, sollte man zunächst ein wenig zurückblicken.

Rückblick

Eine neue Zeit sollte beginnen, als am 8. März 1927 tausende Frauen auf Beschluss der sowjetischen Regierung auf dem Registan in Samarkand ihre Gesichtsschleier verbrannten. Die Rolle der Frau sollte sich gravierend verändern – so der Plan der Sowjetmacht. Während der Sowjetzeit wurde die **Emanzipation der Frau** auch tatsächlich stark vorangetrieben. Gemäß den ideologischen Vorgaben wurde ihre Teilhabe an Politik, Gesellschaft und Arbeitsleben stark gefördert. Besonders durch höhere Bildung und ökonomische Unabhängigkeit sollten die patriarchalischen Herrschaftsverhältnisse, wie sie in den islamisch geprägten Regionen gelebt wurden, aufgebrochen werden. Zumindest im öffentlichen Raum entstand dadurch eine Art von Gleichberechtigung, wie man sie aus westlichen Ge-

050un-ag

sellschaften kennt. Während noch zu Beginn der 1920er-Jahre kaum eine Frau lesen und schreiben konnte, betrug die **Alphabetisierungsrate** bei Auflösung der Sowjetunion 100 %. Der Anteil von Frauen an Universitäten lag bei 41 %, Frauen waren in allen Bereichen des öffentlichen Lebens selbstverständlich präsent.

Im Hintergrund jedoch, **im nichtöffentlichen Bereich,** lebten auch während der Sowjetzeit die alten Strukturen munter weiter. Die untergeordnete Stellung der Frau im Privaten hielt sich hartnäckig, von einem gleichbe-

Zwischen Zwang und Schutz: der Schleier

Verschleierung – zwischen Zwang und Schutz

Wie ambivalent und vielschichtig die Zusammenhänge von Tradition, nationaler Identität und Emanzipation der Frau sind, zeigt sich gut an der ***„parandscha"****. Die „parandscha" ist eine Art Übermantel, der, über den Kopf gezogen, vor fremden Blicken schützt. Verließen Frauen das Haus, wurde dieser Mantel übergezogen. Die Aufhebung der Parandschapflicht erfolgte im Zuge der zielgerichteten Politik der Sowjetunion zur Befreiung der Frau. Als islamisches Attribut war die „parandscha" zur Sowjetzeit zudem ungern gesehen. Nun könnte man glauben, dass alle Frauen dies als große Befreiung erlebt haben müssen. Umfragen in den 1960er-Jahren ergaben jedoch überraschenderweise, dass der Wegfall der „parandscha" von den Frauen durchaus sehr unterschiedlich bewertet wurde. Viele empfanden eine Verschlechterung der Familiensituation durch eifersüchtige Ehemänner. So verwundert es kaum, dass die „parandscha" noch weit bis in die 1970er-Jahre von sehr vielen Frauen freiwillig übergezogen wurde. Obwohl die Schleier heute vermehrt wieder anzutreffen sind, tragen doch die meisten usbekischen Frauen Kopftücher, die je nach Alter farblich variieren. Junge Frauen in der Stadt sind meist mit unbedecktem Kopf anzutreffen.*

rechtigten Nebeneinander der Geschlechter in den Familien konnte kaum die Rede sein. Selbstverständlich waren die Frauen weiterhin verantwortlich für Kindererziehung und Haushalt – nunmehr allerdings neben ihrer Berufstätigkeit. Alte Traditionen wurden in Usbekistan auch während dieser Zeit intensiv weitergepflegt. Die Sowjetmacht litt das ungern, konnte es im privaten Raum aber auch nur schwer verhindern. Obgleich offiziell selbstverständlich verboten, wurden (besonders im ländlichen Raum) Hochzeiten weiterhin häufig durch die Familien vorher abgesprochen. Frühe Heirat, großfamiliäres Zusammenleben, vier bis fünf Kinder sowie deutlich getrennte Männer- und Frauenwelten in vielen Bereichen blieben Normalität. Die **traditionellen patriarchalischen Strukturen** der vorsowjetischen Zeit wurden zwar sichtbar aufgebrochen, verschwunden sind sie jedoch nie.

> Frauen tragen häufig durch Handel zum Familienverdienst bei

Gegenwart

051un-ag

Die **Rolle der Frau heute** ist insbesondere durch zwei Merkmale gekennzeichnet. Auf der einen Seite ist sie stark durch **ökonomische Zwänge** geprägt. Obwohl nach der Unabhängigkeit in der Verfassung Usbekistans die Gleichberechtigung der Geschlechter verankert wurde und viele sozialrechtliche Bestimmungen für Frauen und Mütter erhalten blieben, hat sich die Stellung von Frauen seitdem stark verändert. Die offiziellen Leitbilder propagieren wirtschaftliche Unabhängigkeit und Berufstätigkeit, gleichzeitig aber betonen sie die wichtige Rolle der Frauen für die Familie und deren Reproduktion. Indem Leistungen im Sozialbereich stark gekürzt wurden, verlagern sich die Zuständigkeiten der Fürsorge für Alte, Kranke und Kinder automatisch auf die Frauen, was diese in den familiären Bereich zurückdrängt. Da der soziale Umbruch viele Frauenarbeitsplätze vernichtet hat, geraten Frauen zunehmend in ökonomische Abhängigkeit und Armut.

Die andere Seite kann man am besten als die **Suche nach einer nationalen Identität** beschreiben. Vor der Gründung der Sowjetunion existierte keine Nation Usbekistan. Innerhalb der Sowjetunion wurde das Land als Unionsrepublik verstanden, die in erster Linie eine sowjetische war. Nur im Hintergrund wurden, durch die Sowjetmacht eher gelitten als gefördert, einige wenige nationale Eigenheiten gepflegt. Nach der Unabhängigkeit konnte man so zwar auf einige erhaltene Traditionen und Bräuche zurückgreifen, aber bei weitem nicht auf eine ausgeprägte nationale Identität. Wo soll die auch herkommen in einem Land, das durch willkürliche politische Grenzziehung eine Fülle von Nationalitäten beheimatet?! Um eine solche nationale Identität zu entwickeln, wurden die traditionellen Elemente von der neuen Regierung nach der Unabhängigkeit offiziell stark betont und gefördert. Dies betrifft z. B. die Aufgaben von Frauen in der Familie. Doch diese Eingrenzung auf die traditionelle Rolle ist vielen in der Sowjetzeit sozialisierten Frauen schwer zu vermitteln. Dies betrifft auch die islamischen Verhaltensnormen wie z. B. die Kleiderordnung, die demzufolge bei den usbekischen Frauen bisher nicht sonderlich stark ausgeprägt zu finden ist. Dennoch kann man in allen Bereichen des Lebens, auch bei der Rolle der Frau, eine deutliche **Retraditionalisierung** beobachten. Es scheint, als ginge mit der beschriebenen Identitätssuche einher, dass die Konzepte von Weiblichkeit und Männlichkeit neu definiert werden müssten.

In diesem Zusammenhang ist auch die Wiederbesinnung auf den Islam zu betrachten. Offiziell Staatsreligion, wird er in Usbekistan eher als Volksislam, als Brauchtum mit wenig restriktiven Elementen gelebt. Dennoch resultiert daraus, insbesondere im ländlichen Raum, eine deutliche Tendenz zum Wiederaufleben stark patriarchalischer Strukturen.

Dementgegen wirken die Frauen im öffentlichen Bereich der Städte sehr europäisch. Kleidung und Habitus sind, gerade in der jüngeren Generation, eher westlich. Es gibt inzwischen nicht wenige hochqualifizierte Frauen, die im Ausland studiert und sich von ihren traditionellen Wurzeln emanzipiert haben. Aber sie bilden eher eine Minderheit.

Was eine Usbekin ausmacht, welche Rolle sie innerhalb der Gesellschaft hat, wie sie lebt, welches Bild sie von sich selbst und ihrer Rolle hat, ist also alles andere als klar und ebenso wenig einheitlich. Geradeso wie Usbekistan selbst, scheinen dessen Frauen noch auf der **Suche nach ihrer Identität** und nach ihrer eigenen Rolle zu sein. Dass ihnen die ökonomischen Zwänge den Raum für diese Suche lassen, ist zu hoffen. Ansonsten muss man befürchten, dass einige der emanzipatorischen Errungenschaften der Sowjetzeit über kurz oder lang verschwinden werden.

Frauen und Männer und beide zusammen

Männerwelten – Frauenwelten

In der Öffentlichkeit sind Frauen- und Männerwelten sichtbar voneinander getrennt. Nur äußerst selten trifft man auf gemischte Gruppen, meist stehen oder sitzen nur Männer oder eben nur Frauen beieinander. Männer treffen sich in der *choyxona* (auch *choychona*), der Teestube, in der traditionell keine Frauen zugelassen sind. Frauen treffen sich häufig auf der Straße oder vor ihren Häusern.

> Frauenwelten – zwischen Tür und Angel

Ältere Paare sieht man kaum zusammen, es scheint, als würde man sich lediglich in der Phase der ersten Verliebtheit und des „Werbens" auch öffentlich umeinander bemühen. Gerade auf dem Land sind viele Tätigkeiten immer **„Männersache"** geblieben.

So wird man außerhalb der Großstädte nur wenige Frauen hinter dem Steuer eines Autos erleben. Ein derartig wichtiges Statussymbol überlässt man(n) nicht gern den Frauen. Männliche Hilfe im Haushalt ist eher selektiv und freiwillig – und vor allem selten öffentlich. Es scheint, als würde das Dabei-Gesehenwerden einem Gesichtsverlust gleichkommen. In den größeren Wohnsiedlungen der Städte sieht man hin und wieder Männer beim Ausklopfen von Teppichen oder ähnlichen (meist kraftaufwendigen) Tätigkeiten. Dies allerdings scheint eher als Gemeinschaftsaktivität „unter Männern" zu fungieren als eine Hilfe im Haushalt zu sein.

052un-kk

Der **Alltag der usbekischen Frau** ist vor allem durch ihre Familie und durch ihre Kinder bestimmt. Keine Familie zu haben, ist undenkbar und wird als ein besonderes Unglück empfunden. Grundsätzlich ist es erstrebenswert, sehr früh zu heiraten – bei Frauen heißt das etwa im Alter zwischen 17 und 20 Jahren.

Von einer Frau wird selbstverständlich erwartet, dass sie „unberührt“ in die Ehe geht, für Männer gilt das nicht in gleicher Form. Auch während der Ehe erwartet man das moralisch korrektere Verhalten von der Frau, während Treue für den Mann nicht selbstverständlich ist. Für sittlich korrektes Verhalten steht im Usbekischen der Begriff **„nomus“.** Verwandt mit dem altgriechischen *nomos* (gesellschaftliche Norm), kann man *nomus* hier am ehesten mit „dem Gebräuchlichen, Herkömmlichen, der Regel“, im weiteren Sinne mit „Ehrhaftigkeit“ übersetzen. „Nomus“ wird im usbekischen Bewusstsein hauptsächlich mit weiblichem Verhalten assoziiert und bedeutet in erster Linie **sexuelle Integrität.** Vertrauenswürdigkeit wird zwar eigentlich auch dem Mann abverlangt, bedeutet für ihn aber eher Treue gegenüber der Familie als gegenüber seiner Frau. Handlungen entgegen dem *nomus* haben bei Männern wenig Konsequenzen – Frauen müssen sich mit männlichem „Fehlverhalten“ abfinden. Entspricht hingegen das weibliche Verhalten dem *nomus* nicht, wirkt sich dies stark stigmatisierend auf die Frauen aus. Die Folgen können von „verlorener Ehre“ im Bewusstsein der Mitwissenden bis hin zum Ausschluss aus den Familienbanden gehen.

Kinder

Recht bald nach der Hochzeit sollten Kinder folgen. Durchschnittlich hat die usbekische Frau heute drei Kinder. **Kindererziehung** ist eindeutig „Frauensache“.

Die Väter, im Alltag meist abwesend, haben eher die Rolle einer Kontrollinstanz – läuft etwas nicht rund, wird mit dem Vater gedroht, der sich dann, seiner Rolle bewusst, einmischt. Die Erziehung ist selbst in eher modernen Familien eindeutig geschlechterspezifisch ausgerichtet.

Durch die schwierige Situation auf dem Arbeitsmarkt arbeiten inzwischen viele junge Männer, oft als Saisonkräfte, in der Hauptstadt oder in Russland. So trifft man durchaus auch auf de facto alleinerziehende Frauen. In den Städten gibt es **staatliche Kindergärten** und inzwischen auch eine Reihe privater Einrichtungen, letztere sind allerdings sehr teuer.

› Kinder helfen beim Verkauf auf dem Basar

Über die Anzahl von Scheidungen gibt es ebenso wenig eine offizielle Statistik wie über die Anzahl unehelicher Kinder. Beides dürfte sich aber in Grenzen halten, denn familiäre Umstände dieser Art wirken sich in Bezug auf Frauen stark stigmatisierend aus.

103un-kk

Im ländlichen Bereich, in dem der größte Teil der Bevölkerung Usbekistans lebt, werden die Kinder in der Regel durch die Mütter und den Großfamilienverbund betreut. Zum einen erlaubt die finanzielle Lage der Familien häufig keine außerfamiliäre Kinderbetreuung, zum anderen gibt es außerhalb der Städte kaum noch Einrichtungen dafür. Meist sind Hausarbeit und Kinderbetreuung jedoch nicht die einzigen Aufgaben der Frauen. Sie verrichten harte körperliche Arbeit auf den Feldern und sind für den Verkauf der familiär produzierten Nahrungsmittel zuständig. Durch diesen **Handel auf den Märkten oder am Straßenrand** tragen sie zum Familienverdienst bei.

Polygamie

Ein besonders in den ländlichen Regionen Usbekistans **weit verbreitetes Phänomen** ist die Polygamie (genau genommen handelt es sich um Polygynie: die Ehe eines Mannes mit mehreren Frauen, nicht umgekehrt). Da sie gesetzlich verboten ist, führt „Mann" offiziell nur eine Ehe, hat zusätzlich aber nicht selten eine oder mehrere eheähnliche Beziehungen. Hat ein Mann eine Zweitfrau, ist dies kaum nachzuweisen. Als Ehe gilt, wenn Mann und Frau in einem gemeinsamen Haushalt zusammenleben – das wiederum tun Männer in der Regel mit ihrer Angetrauten. Was bewegt aber eine Frau, die „ewige Zweite" zu sein? Meist sind das rein wirtschaftliche Gründe – die Frauen kommen allein nur schwer zurecht. Im Bewusstsein mancher Frauen ist es immer noch besser, die Zweitfrau als eine allein lebende Frau zu sein. Hinzu kommt eine gesellschaftliche Erwartungshaltung: Unverheiratete Frauen haben gerade in den vielerorts sehr traditionellen Kontexten einen vergleichsweise geringen sozialen Status.

In der Sowjetzeit war Polygamie selbstredend verboten und auch in früheren Zeiten war sie nie so verbreitet wie in anderen mittelasiatischen Regionen. Es gibt zwar keine offiziellen Statistiken, aber es wird davon ausgegangen, dass Polygamie heute beliebter ist denn je. Zyklisch wird sie in Parlamentsdebatten erörtert und es fehlen nur wenige Stimmen, um sie zu legalisieren. Bisher wird sie mit Geldstrafen oder einem Freiheitsentzug mit bis zu drei Jahren bestraft.

„Qarindosh" und „Mahalla" – Familie und Gemeinschaftsstrukturen

Die Familie stellt in der usbekischen Gesellschaft einen großen Wert dar, auf dem das soziale Ansehen jedes Einzelnen beruht. Lernt man einen Usbeken kennen, schließt das schnell das Kennenlernen seiner gesamten Familie mit ein. Sofort wird wild gestikuliert und gerufen und eilig kommen aus allen Richtungen Kinder, Frauen und Männer herbeigelaufen. Mit großem Stolz wird jeder Einzelne vorgestellt und detailliert werden die verwandtschaftlichen Verhältnisse erklärt. Ebenso gründlich wird man selbst nach Familienstand und Kinderzahl gefragt. Sowohl usbekische Männer als auch usbekische Frauen zeigen größte Verwunderung, wenn eine Frau mit Anfang 20 noch nicht verheiratet ist, Kinderlosigkeit wird mit unverhohlenem Mitleid betrachtet. Männer sollten ab 25 unter der Haube sein und mindestens drei Kinder vorweisen können. Andere Varianten sind eigentlich unvorstellbar und werden als seltsam wahrgenommen. Keine Familie zu haben, scheint entweder undenkbar oder ein besonderes Unglück zu sein.

Die Großfamilie

Eine Großfamilie umfasst Eltern, Großeltern, Kinder und Enkel. Verheiratete Söhne gehören zu den Eltern, während verheiratete Frauen zur Familie des Mannes gehören. Die Großfamilie bietet Schutz und Rückhalt. Im Alltag gestaltet sich dies als eine Mischung aus Sorge, Hilfe und Bevormundung, letztere bisweilen durchaus auch als lästig und einengend empfunden. Dennoch ist die Familie als Institution fest im Leben der Usbeken verwurzelt. Das **Familienoberhaupt** ist nach außen hin in der Regel ein

⊡ Mitglieder einer Großfamilie

053un-ag

Mann. Nach innen aber ist es dessen Frau, die die Geschicke bestimmt. Was sie anordnet, wird befolgt! Nicht selten streiten sich die Schwiegertöchter um eine möglichst gute Position innerhalb dieses Gefüges.

Überhaupt ist Verwandtschaft ein magisches Wort. Treffen Usbeken das erste Mal aufeinander, versuchen sie grundsätzlich zunächst herauszufinden, ob es irgendeine Art verwandtschaftlicher Beziehung zwischen ihnen gibt. Dabei wird so ziemlich auf alles an Vorfahren zurückgegriffen, was man sich vorstellen kann. Es ist immer wieder erstaunlich, wie weit zurück die Kenntnisse über die Ahnenschaft reichen. Kein Wunder, denn es geht um einiges: Verwandtschaft stellt eine Art bedingungsloses Vertrauensverhältnis her. Die Welt der Usbeken ist klar unterschieden in **Verwandtschaft** *(qarindosh)* und **Fremde** *(chetelik)*. Verwandtschaft gehört „zur eigenen Gruppe“ und genießt sofortiges und uneingeschränktes Vertrauen – alle anderen müssen sich erst darum bemühen.

Der **Ausschluss aus den familiären Banden** ist mithin das Schlimmste, was einem Usbeken passieren kann. Zum einen schmerzt es ihn selbst, zum anderen ist es sein sozialer Tod. Gerade Frauen auf dem Land sind von solchen Ausschlüssen betroffen, wenn sie keine „guten Ehefrauen" sind. Im Klartext heißt das, wenn sie sich beispielsweise scheiden lassen wollen, wenn sie keine Kinder bekommen, wenn sie fremdgehen (oder es vermutet wird), wenn sie ihren Mann nicht gut versorgen ... Obgleich es keine offizielle Statistik darüber gibt, wird vermutet, dass viele Selbstmorde von Frauen im ländlichen Milieu Reaktionen auf den Ausschluss aus ihrer Familie sind.

Die zentrale Rolle verwandtschaftlicher Beziehungen zeigt sich auch bei der Besetzung von wichtigen öffentlichen Ämtern. In beinahe allen Regierungen mittelasiatischer Länder lässt sich ein Geflecht von verwandtschaftlichen Strukturen beobachten – wichtige Posten sind regelmäßig von Verwandten der Regierungsoberhäupter bzw. Angehörigen ihrer Klans besetzt.

„Kein Problem" – Problembehandlung im usbekischen Netzwerk

„... und wenn es irgendein Problem gibt, ruft mich einfach an!", verabschiedet uns Sascha. Wie programmatisch dieser Satz für unseren nächsten Tag sein wird, ahnen wir zu diesem Zeitpunkt nicht.

Kaum unterwegs, da ist es schon: ein Problem. Wir nutzen das Angebot und rufen Sascha an. „Ah ... ja ... klar ... Aber das ist doch gar kein Problem!", beruhigt uns Sascha. „Ich rufe gleich Salai an, er wird sich darum kümmern. Ich melde mich dann gleich wieder." Hoffnungsvoll warten wir auf den Rückruf. Der kommt auch prompt, allerdings gleich von Salai. Der lässt sich zunächst das Problem erneut erläutern, ist dann zuversichtlich und verspricht: „Ich rufe Guljara an, sie wird zu euch kommen."

Eine Zigarettenlänge wiegen wir uns in Sicherheit, dann klingelt das Telefon. Sascha sagt uns, dass Salai sich gerade kümmert. „Danke, Salai hat uns schon angerufen, er will nun Guljara verständigen." „Guljara? Das ist gut, ich rufe sie auch gleich mal an und erkläre ihr das Problem." Gerade aufgelegt, klingelt es wieder: Salai. „Ich habe Guljara erreicht, sie weiß Bescheid. Sie sagt, das ist kein Problem. Ihr sollt ins Zentrum fahren, sie wartet dort auf euch." Gut, rein ins Taxi Richtung Zentrum. Gerade losgefahren, Anruf von Guljara: „Wo seid ihr?" „Im Taxi, auf dem Weg ins Zen-

Gemeinschaften und Netzwerke

Das usbekische Leben ist ein kollektives Leben. Gemeinschaften geben Schutz, bieten Hilfe, bieten Identität. So gibt es neben der Familie weitere Gemeinschaftsstrukturen, die das Leben der Usbeken prägen. Insbesondere sind dies die lokalen Gemeinschaften. Eine wichtige lokale Gemeinschaft ist die **Mahalla.** Seit dem Mittelalter existiert sie als Nachbarschaftsgemeinde in Wohnvierteln und Dörfern. Die *Mahalla* regelt alle lokalen Angelegenheiten, wobei sie feste Strukturen und Verantwortlichkeiten besitzt. Auch schon bevor sie im unabhängigen Usbekistan als staatliche Selbstverwaltungseinheit institutionalisiert wurde, war sie eine lokale Solidargemeinschaft. Sie ist fester Bestandteil des gesellschaftlichen Lebens und wird traditionell der Familie sogar noch übergeordnet.

Man fühlt sich hier sozusagen wie eine „große Familie". Man kennt sich, hilft sich gegenseitig und feiert miteinander. Zentrale Aufgabe ist zudem traditionell die **Weitergabe von kulturellen und sozialen Werten.** Unab-

trum, zu dir." „Ja, gut, Sascha hat mich gerade angerufen. Es ist besser, Tamara kümmert sich um das Problem. Sie kennt den Verantwortlichen. Fahrt zum Hotel, Tamara kommt auch gleich dort hin." Gut, Taxifahrer neu instruiert, Weiterfahrt in die entgegengesetzte Richtung. Anruf: Assan. „Na, wie geht's euch, gibt's Probleme?" Erneute Erklärung. „Ah, hmmm ... aber nein, das ist doch kein Problem! Meine Schwester arbeitet doch dort. Ich rufe gleich Sascha an, er kennt sie." „Gut, danke, nett, dass du dich kümmerst."

Ankunft Hotel. Anruf: Salai. „Seid ihr da? Habt ihr Guljara schon getroffen?" „Nein, Guljara hat gesagt, sie verständigt Tamara, die kann da besser helfen." „Gut, ruft an, wenn es noch ein Problem gibt." „Klar, machen wir, kein Problem." Anruf: Sascha. „Seid ihr noch im Taxi?" „Nein, gerade am Hotel angekommen." „Gut, ich habe gerade Guljara angerufen, sie informiert Tamara, dass Assans Schwester helfen kann." „Prima, danke, das ist wirklich toll von dir." „Ruft mich dann an, ja?" „Klar, machen wir, wir rufen dich dann an." Gerade aufgelegt, Anruf Tamara: „Wo seid ihr?" „Gerade angekommen, aus dem Taxi gestiegen." „Ah, gut. Ich habe gerade mit Assans Schwester gesprochen. Es gibt ein Problem! Salai weiß schon Bescheid und ruft Sascha an. Ich verständige jetzt Guljara." „Was für ein Problem???" „Ach, nur eine Kleinigkeit, alles kein Problem, morgen ist die Sache erledigt!" „Morgen???" „Ja, morgen. Assans Schwester wird sich kümmern. Ich rufe euch dann an."

hängig von ihrer staatlichen Institutionalisierung ist die Rolle der *Mahalla* in gewissem Sinne auch ambivalent. Einerseits bietet sie Schutz, Beistand, Hilfe, kulturelle und gemeinschaftliche Orientierung. Auf der anderen Seite ist sie immer auch Ort der sozialen Kontrolle. Hier wird Verhalten beobachtet und das Einhalten sozialer Normen streng überwacht. Dies gilt für die Erziehung von Kindern, für das Erwachsenwerden, für die Ehe. Bevor sich ein Paar **scheiden lassen** kann, wird dies in den informellen Strukturen der *Mahalla* verhandelt. Man spricht mit den Eheleuten, befragt sie zur Situation und versucht zu schlichten und zu versöhnen. Die *Mahalla* wird mindestens befragt, meistens aber direkt einbezogen, wenn es Konflikte gibt. Viele Frauen berichten, dass sie, obwohl sie sich (z.B. wegen häuslicher Gewalt) an die Polizei gewendet hatten, von dieser zunächst an ihre *Mahalla* zurückverwiesen wurden. Nicht selten finden über lange Zeit Gespräche statt, in denen die *Mahalla* versucht, sie an einer Scheidung zu hindern. Ohne die Zustimmung der *Mahalla* sind rechtliche Schritte fast unmöglich. Dies ist oft gar nicht gesetzlich fundiert, funktioniert aber über das **Netz sozialer Kontrolle** sowie über die **Strukturen sozialer Ein- und Ausschlussmechanismen.** Eine besonders große Rolle spielt die *Mahalla* in ländlichen Gebieten.

Auch unabhängig von Familie oder lokalen Gemeinschaften ist längeres Alleinsein in Usbekistan schwer vorstellbar. Vereinzelung, Isolation und Vereinsamung scheinen undenkbar. Soziale Beziehungen weisen eine hohe Verbindlichkeit auf, oft ist man bereits nach einem Treffen ein „guter Freund". Freunde und Bekannte sind ein wichtiges Kapital. Zum einen beruht dies auf der starken kulturellen Prägung durch den Gedanken der Gemeinschaft. Zum anderen rührt dies aber vielleicht auch daraus, dass im Alltag nicht sonderlich weit kommt, wer keine „Beziehungen" hat. Die alle Bereiche durchsetzende Korruption ist nicht allein durch Geld zu bewältigen – mindestens ebenso wichtig ist eine gehörige Portion „Vitamin B".

Soziale Beziehungen erhöhen das eigene Sozialprestige. Bei Festen zum Beispiel ist es von größter Wichtigkeit, dass möglichst viele und möglichst wichtige Menschen kommen. Je größer die Besucherschar und je wichtiger deren Positionen, mit umso mehr Bewunderung wird später vom Gastgeber gesprochen.

Ein besonders ausgeprägtes Phänomen ist das der Freundesfreunde: Die Freunde eines Freundes sind immer auch die eigenen – man könnte es auch mit „Übertragbarkeit von Freunden" beschreiben. Diese Einstellung wird mit größter Selbstverständlichkeit gelebt und führt zu einem weit verzweigten Netzwerk von Beziehungen und Loyalitäten. Manchmal kann das, weil ungewohnt, beinahe etwas anstrengend sein. Aber es führt zu dem schönen Effekt, dass man sich tatsächlich niemals einsam fühlt.

Bist du verheiratet? – Homosexuell in Usbekistan

Bei der Beobachtung usbekischer Männer kann man sich leicht in einem Eldorado für Schwule wähnen. Berührungen sind üblich, mit größter Selbstverständlichkeit wird einander umarmt und geküsst. Dies jedoch hat nichts mit Homosexualität zu tun – der gegenüber ist man in Usbekistan alles andere als aufgeschlossen. Regelmäßig werden Homosexuelle als „psychisch krank" und „vulgäre Erscheinung der westlichen Kultur" bezeichnet. Homosexuelle Handlungen von Männern in der Öffentlichkeit können laut usbekischem Strafgesetzbuch mit **Freiheitsstrafen** von bis zu drei Jahren geahndet werden (Artikel 120 Strafgesetzbuch von 1994). Für Homosexualität von Frauen gibt es dagegen keine gesetzlichen Regelungen. Nicht, weil man in dieser Hinsicht liberaler wäre, sondern weil diese Form der Homosexualität im öffentlichen Bewusstsein kaum vorhanden ist. Der Austausch von Zärtlichkeiten zwischen Frauen wird vielmehr wahrgenommen als ein besonders inniges Verhältnis zwischen Freundinnen.

Eine Schwulen- oder Lesbenszene in Form von Clubs, Veranstaltungen oder einer sozialen Bewegung ist in Usbekistan faktisch nicht existent. Auch auf internationalen Internetportalen sind homosexuelle Männer und Frauen aus Usbekistan kaum anzutreffen. Und wenn, dann nur unter falschem Namen und ohne Bild. Gleichwohl gibt es eine **einheimische „Szene"**, die sich allerdings fast ausschließlich in „dunklen Parks" und in privaten Räumen unter Ausschluss jeglicher Öffentlichkeit trifft. Die Orte werden immer wieder gewechselt und nur Eingeweihte wissen um sie. Die Angst vor „Spitzeln" ist groß und nicht unberechtigt, denn immer wieder kommt es zu gewalttätigen **Übergriffen durch die Polizei** und nur durch Schmiergeldzahlungen entgehen die „Ertappten" einer Bestrafung.

Ausländern gegenüber ist man beim Thema Homosexualität toleranter. Dies hat allerdings nichts mit Offenheit zu tun, sondern vielmehr mit der allgegenwärtigen Sorge um das Ansehen des Landes in der internationalen Öffentlichkeit. Um alle eventuellen Risiken zu vermeiden, ist es aber auch für Ausländer ratsam, sich in der Öffentlichkeit in puncto Homosexualität eher bedeckt zu halten, um Schwierigkeiten zu vermeiden.

Usbekischer Alltag

◁ Stillleben im usbekischen Alltag (008un-kk)

Platte, Provinz und plattes Land – Wohnen

Etwa ein Drittel der usbekischen Bevölkerung (37 %) wohnt im urbanen Raum. Dabei ist **Taschkent** mit 2,2 Mio. Einwohnern die einzige Stadt, die die Bezeichnung Metropole verdient. Die Einwohnerzahlen weiterer Städte wie **Namangan, Samarkand** und **Andijon** bewegen sich im Bereich von 300.000 bis 430.000.

Von jeher unterschied sich das Leben im ländlichen Bereich deutlich vom Leben in den Oasenstädten und auch während der Sowjetzeit gab es eine eher unausgewogene Entwicklung zwischen Großstädten und Provinz. Durch die **zentralisierte Politik Moskaus** wurde die Hauptstadt so deutlich bevorzugt, dass ein Leben in Taschkent in keiner Weise mit dem Leben in anderen Städten vergleichbar war. Daran hat sich bis heute prinzipiell wenig geändert. Während die Hauptstadt in den letzten Jahren zu einer modernen Metropole geworden ist, sind die anderen Städte immer provinziell geblieben. Der Abstand zu Taschkent zeigt sich in vielen Bereichen, besonders in der Warenversorgung, bei den kulturellen Angeboten und nicht zuletzt bei den Arbeitsmöglichkeiten. Noch eklatanter in kultureller und zivilisatorischer Hinsicht aber als zwischen Hauptstadt und Provinzstädten ist der Abstand zwischen Stadtleben und Landleben.

Wohnen in Städten

Vor der Sowjetzeit galten die alten Oasenstädte (Samarkand und Buchara) als die zivilisatorischen und kulturellen Zentren im Gebiet des heutigen Usbekistan. Dies änderte sich jedoch, als die Industrialisierung der Sowjetzeit Millionen Landbewohner in die Städte spülte. Die Wohnungsnot in den neu entstehenden (industriellen) Zentren ließ riesige Wohnsiedlungen *(mikrorayon)* entstehen. Gerade die ab den 1960er-Jahren entstandenen Mietshäuser in Plattenbauweise, die auf Geheiß *Chruschtschows* massenweise errichtet wurden, prägen das Gesicht dieser Städte bis heute.

So sind usbekische Städte, selbst wenn es einen Altstadtkern gibt, **typisch sowjetische Städte.**

Gerade in der Gestaltung des öffentlichen Raums sind sie unmittelbar geprägt durch die sowjetische Ideologie. Weite Plätze, riesige grüne Parks, üppige Fontänen und Wasserspiele – gerade der städtische Raum sollte den werktätigen Sowjetbürgern Raum für ein modernes und komfortables Leben geben. Die Stadtstruktur ist immer ähnlich: Schnurgerade und endlos lange Straßen münden auf einem überdimensionierten Platz, auf dem sich ein Monument befindet. Dabei handelt es sich wahl-

Extrainfo 11 (s. S. 7):
Uzbek TV – ein Tag in Taschkent in drei Minuten

055un-kk

weise um die Statue einer großen nationalen Persönlichkeit oder um ein Denkmal, was die Größe der Nation als solcher zum Ausdruck bringt. Fragt man nach dem Zentrum, landet man auf rizaeben diesem Platz.

Beinahe unwirklich erscheinen die **gigantischen Straßen.** Sechs Autospuren machen jede Überquerung zu einer gefährlichen Exkursion. Alles scheint riesig, jeder Weg ist weit, kaum irgendwo findet sich eine Nische, nichts ist behaglich oder heimelig. Angesichts der Tatsache, dass man sich in einer Wüstenregion befindet, erstaunen die üppigen grünen Baumreihen, die die Straßen und ihre Mittelstreifen säumen. Nicht nur die städtebaulichen Dimensionen an sich, sondern auch die Bewässerungssysteme erwecken den Eindruck, jegliches menschliche Maß zu übersteigen. Alles scheint darauf angelegt, durch Großzügigkeit den Reichtum eines Volkes zur Schau zu stellen.

Das obligatorische Riesenrad

Die **baulichen Strukturen urbanen Kollektivismus'** prägen auch heute die Lebens- und Wohnkultur. Auf den langen Straßen sieht man nur wenige Menschen. Die Wege sind viel zu weit, als dass man sie zu Fuß bestreiten würde.

Zentraler Treffpunkt in der Woche ist der Basar. An den Wochenenden trifft man sich in den Parks und Grünanlagen. Hier spazieren die Familien und flanieren jene, die zukünftig Familien gründen werden. Während der Sowjetzeit waren diese Anlagen oft als **Vergnügungsparks** gestaltet. Die unzähligen Springbrunnen, Blumenrabatten und Kinderspielgeräte künden von den Zeiten, in denen kleine Mädchen mit Kniestrümpfen und großen weißen Schleifen im Haar ihren Eltern Moskauer Eis abtrotzten. Die Anlagen verströmen heute einen eher morbiden Charme und das in Städten mit mehr als 100.000 Einwohnern obligatorische Riesenrad erhebt sich wie ein weiteres Denkmal aus dieser Tristesse.

Die Wohnviertel in Usbekistans Städten sind, bis auf die orientalischen Altstädte, dominiert von mehrstöckigen Betonhäusern. Da die Nutzungsdauer dieser Plattenbauten ursprünglich nur etwa 20 Jahre betragen sollte, wirken sie heute heruntergekommen und die Wohnqualität ist entsprechend gering. Auch die später errichteten Plattenbauten unterscheiden sich im Zustand nur geringfügig. Der Zustand der Häuser ist insgesamt sehr baufällig. Nur schwerlich ist in den verwahrlost wirkenden Bauten schön gestalteter Wohnraum zu erahnen. In der Tat aber sind die Wohnungen in der Regel auf eine eigene Weise liebevoll eingerichtet. In der „guten Stube", dem **Wohnzimmer,** finden sich oft hochglanzpolierte Schrankwände oder Buffets. Beinahe obligatorisch sind dicke Teppiche auf den Fußböden und an den Wänden, wo sie mit großflächig ornamentierter Tapete korrespondieren. Beliebt ist es, gerahmte **Fotos der Familienmitglieder** aufzustellen – auf Schrankwand oder Buffet findet sich meist eine ganze Batterie davon. Kristall, Reisesouvenirs, Plastikblumen und Geschirr sind beliebte Dekorationsstücke, die sorgfältig arrangiert in den Schrankwänden ausgestellt werden. Mit Hinblick auf den äußeren Zustand der Wohnhäuser überrascht der oft **aufwendig gestaltete Holzfußboden** in den Wohnungen, meist Dielen oder Parkett, letzteres nicht selten sogar mit Intarsien.

Die Plattenbauwohnungen sind relativ großzügig angelegt, dennoch ist alles beengt. Häufig wohnt nicht nur die Kleinfamilie inklusive mehrerer Kinder darin, sondern auch noch ein oder zwei Elternteile der Eheleute bzw. deren Enkel. Selten sitzen Familienmitglieder bei geschlossener Tür in „ihrem" Zimmer – meist sind, wenn vorhanden, alle Türen geöffnet und es herrscht ein **lebhaftes Miteinander.** Die Mahlzeiten werden gemeinsam eingenommen. Häufig wird, traditionell auf dem Boden sitzend, an flachen Tischen gegessen. Meist ist ganztägig mindestens ein Fernsehgerät in Betrieb. Aufgrund der Enge werden die beinahe obligatorisch vorhandenen Balkone häufig als Stauräume genutzt. Von Lebensmitteln über Kinderspielzeug bis hin zu Sportausrüstungen sammelt sich hier alles, was nicht mehr in die Wohnung passt. Zum Schutz vor Diebstahl werden viele Balkone mit Gittern versehen oder zu Holzverschlägen umgebaut.

In krassem Gegensatz zu den sorgfältig eingerichteten Wohnungen stehen die eher ungepflegt und verwahrlost wirkenden Treppenhäuser. Das verwundert besonders, weil es sich in der Regel um Eigentumswohnungen handelt. Die **Privatisierung des Wohnraums** nach der Unabhängigkeit war aber oft so chaotisch, dass es bis heute wenige Regelungen über die Unterhaltung von Gemeinschaftsanlagen wie etwa Treppenhaus und Dach gibt. Treppenhausbeleuchtungen funktionieren in der Regel nicht, Briefkästen wirken seit Jahren ungenutzt und halten nur notdürftig an den Wänden. Fahrstühle machen den Eindruck technischer Denkmäler und funktionieren selten. Auch in den Wohnungen sind die Elektroinstallationen oft abenteuerlich. Aus den Wänden hängende, offene Steckdosen, Kabel, deren Ursprung man nur erahnen kann, Lichtschalter ohne Abdeckungen – ängstliche Gemüter sollten besser versuchen, ihre Wege im Dunkeln zu finden.

Ein „landestypisches Phänomen" scheint das Verhältnis zum **Sanitärbereich** zu sein. Neben fehlenden Klobrillen und tropfenden Wasserhähnen wirken die Bäder für das deutsche Sauberkeitsempfinden oft ungepflegt. Die Spülungen sind häufig kunstvolle Installationen, die von großem Improvisationsvermögen zeugen. Des zyklischen Wassermangels wegen stehen Kannen zur Spülung bereit. Ungewohnt ist auch, dass man aufgrund der Verstopfungsgefahr durch enge Abwasserrohre gebrauchtes Klopapier in nebenstehende Behälter wirft, die nur selten zu verschließen sind. Einen darüber hinaus befremdlichen Anblick bieten auch die oberirdisch verlegten Gas- und Wasserleitungen, die, notdürftig isoliert, die Wohnviertel auf manchmal kaum 2 m Höhe wie ein kunstvolles Geflecht von Adern durchziehen.

In den alten **Lehmhäusern der Altstadt** wohnt man noch beengter, da die Räume sehr viel kleiner sind. In der warmen Jahreszeit werden die Innenhöfe und verandenartige Vorbauten mit als Wohnraum genutzt. Die Häuser wirken liebevoll und individuell gestaltet. Unzählige An- und Umbauten zeigen, wie sie den Lebensumständen der Familien angepasst werden. Gebaut wird in Eigeninitiative der Bewohner mithilfe ihrer Nachbarschaft. Alle „landestypischen Phänomene" finden sich auch hier.

Ein großer Anteil des Lebens findet **im Freien** statt. In der Altstadt trifft man sich auf der Straße. Frauen stehen in Grüppchen vor den Häusern,

056un-kk

Kinder toben durch die Gassen und Männer liegen auf sog. *topchanlar,* den traditionellen, plattformartigen Sitzmöbeln.

Hin und wieder treiben ältere Männer Vieh an den Kanälen entlang. Aber auch in den **Innenhöfen** der Plattenbausiedlungen ist lebendiges Treiben. Sie sind bis spät in den Abend voller Menschen: Umhertollende Kinder, Männerrunden, miteinander schwatzende Frauen. Auf vielen Höfen befinden sich Lehmöfen, in denen Frauen gemeinsam Brote backen. Die kleinen Läden, die sich in Hauseingängen der Altstadt oder auch in den Plattenbausiedlungen befinden, schließen nie vor 23 Uhr. Fröhlichkeit und Lebensfreude liegen an den Abenden über Straßen und Innenhöfen – die triste Anonymität deutscher Plattenbausiedlungen scheint hier fremd. Selbst Großstädte wie Namangan oder Andijon haben trotz ihrer Einwohnerzahl, ihrer Infrastruktur und ihrer Industrialisierung einen eher **provinziellen Charakter** behalten.

In den letzten Jahren wurde in den größeren urbanen Zentren wie Taschkent, Samarkand und Buchara damit begonnen, **großangelegte neue Wohnviertel** zu errichten. Ganze Straßenzüge lang erheben sich historisierende Bauten, hoch und mit viel blauem Glas. Über Geschmack lässt sich bekanntlich streiten, aber eine vorsichtige Anpassung an die vorhandenen Stadt- und Baustrukturen sieht definitiv anders aus. Nicht selten mussten für die neuen Wohnkomplexe ganze Altstadtquartiere weichen.

Leben im Freien

057un-kk

Wohnen auf dem Land

Eine Reise ins usbekische Hinterland ist wie eine Reise mit der Zeitmaschine. Kaum etwas erinnert hier noch an die Metropole Taschkent, selbst die Fortschritte der Provinzstädte scheinen in den abgelegenen Dörfern *(qishloq)* Lichtjahre entfernt. Auch dieser **Kontrast** hat bereits eine sowjetische Tradition. Nicht umsonst war eine der ersten Maßnahmen der Sowjetmacht die Versorgung mit Strom. Nachdem Lenin 1921 die **Elektrifizierung des ganzen Landes** als „Schlüssel zum Sozialismus" proklamiert hatte *(„Kommunismus ist Sowjetmacht plus Elektrifizierung des ganzen Landes")*, wurden weder Kosten noch Mühen gespart, auch die abgelegensten Ansiedlungen an ein Stromnetz anzuschließen. Dass dies ein gigantomanisches Projekt war, belegt die Tatsache, dass es bis weit in die 1980er-Jahre nicht vollständig umgesetzt werden konnte und es bis dahin noch jede Menge Dörfer gab, die nicht über Elektrizität verfügten. Bisweilen erwecken die Anlagen selbst heute den Eindruck, als entstammten sie noch jener Pilotphase. Entsprechend fragil ist ihre Funktionalität.

Mindestens ebenso groß war der Aufwand, den man in der Sowjetzeit (zumindest phasenweise) betrieb, die Unterschiede in Sozialökonomie, Alltagsleben und Kultur zwischen Stadt und Land zu überwinden. Maßnahmen wie Kollektivierung, Neulandgewinnung, Sesshaftmachung und

⌃ „Kommunismus ist Sowjetmacht plus Elektrifizierung des ganzen Landes"

Umsiedelungen führten ab den 1930er-Jahren zu einer **radikalen Umgestaltung** des gesellschaftlichen und kulturellen Lebens im ländlichen Raum Zentralasiens. Erklärtes Ziel dieser Maßnahmen war die Anpassung der rückständigen ländlichen Bevölkerung an die urbane Lebensweise, die als soziokulturell überlegen galt. Dazu musste der Lebensstil der einst nicht sesshaften Bevölkerung radikal an die neuen gesellschaftlichen und ökonomischen Bedingungen angepasst werden. Mit Beginn der 1950er-Jahre entstanden **Verwaltungs- und Kultureinrichtungen,** die das Zentrum der Wohnsiedlungen landwirtschaftlicher Großbetriebe, sogenannter Sowchosen, bildeten. Dies brachte vollkommen neue Formen des gesellschaftlichen und kulturellen Lebens im ländlichen Raum mit sich. Doch nicht selten erwiesen sich Gewohnheiten und Lebensweise der Dorfbewohner als ziemlich resistent gegen derlei **Anpassungsmaßnahmen.** Zwar wurde versucht, den Dörflern mittels durch die Lande reisender Kulturschaffender die Errungenschaften der sowjetischen Kultur nahezubringen, aber von großartigem Erfolg waren diese Aktionen nicht geprägt. Weder die ernsten Theaterinszenierungen, die durch städtische Theaterensembles in den dörflichen Kulturhäusern improvisiert wurden, noch die „produktiven Begegnungen" diverser Schriftsteller mit der Landbevölkerung führten zu einem breiten kulturinteressierten Publikum. Im Schatten der Betätigungsfelder dieser professionellen Kulturaktivisten lebte die traditionelle nationale Kultur munter weiter. Im nichtoffiziellen Raum erfreuten sich Hahnenkämpfe, Reiterwettbewerbe und Heilungszeremonien eines großen Publikums und traditionelle Feste wie Übergangsriten wurden weiter aktiv praktiziert. Weder die umfassende und radikale Kollektivierung noch die sowjetische Erziehung vom Kleinkind- bis ins Erwachsenenalter hatten es vermocht, die nationale Kultur und die traditionellen Strukturen vollständig sozialistisch umzuwandeln.

Bis heute unterscheidet sich das Leben auf dem Land gravierend von dem in den Städten. Dies betrifft zum einen die realen Lebensbedingungen, zum anderen aber auch die Lebensweise.

Die **Lebensbedingungen** sind, kurz gesagt, hart. Zwar sind die Dörfer heute elektrifiziert, aber insbesondere die **Wasserversorgung** ist schwierig geblieben. Wasser wird, meist an bestimmten Tagen der Woche, in großen Tanks geliefert. Von dort wird es in Behältnissen in die Häuser getragen und dort aufbewahrt. Wasserleitungen und Kanalisation sind nicht selbstverständlich und wenn vorhanden häufig in desolatem Zustand. Meist führt eine mehr oder weniger befestigte Straße bis zum Rand des

> Der Alltag auf dem Land ist in Teilen noch vorindustriell geprägt

Dorfes, die Straßen innerhalb der Dörfer sind unbefestigt. Ihr Zustand verändert sich je nach Jahreszeit von einem staubigen in einen schlammigen Weg – in einigen Zeiten des Jahres werden sie praktisch unpassierbar. Ein öffentlicher Nahverkehr ist nur spärlich vorhanden, ein Eisenbahnnetz ist abseits der großen Städte nicht existent.

Der Alltag ist durch harte **landwirtschaftliche Arbeit** geprägt. Obligatorisch ist die Arbeit auf den Baumwollfeldern, zudem bewirtschaftet man Äcker, auf denen Obst und Gemüse zur **Selbstversorgung** oder zum **Handeln** angebaut wird. Vor den Häusern befinden sich die landestypischen Lehmöfen, in denen die Frauen Brot backen. Auch die Essenszubereitung erfolgt nicht selten vor den Häusern. Auf den ersten Blick wirkt dieses Szenario, als wäre der Fortschritt an den Dörfern Usbekistans einfach unbemerkt vorbeigezogen. Auf den zweiten Blick jedoch entdeckt man deutliche Spuren der modernen Welt. Auch an einem noch so desolaten Haus ist eine Satellitenschüssel befestigt und massenweise weggeworfene Plastikflaschen an den Wegesrändern künden davon, dass die Globalisierung auch in diesen Dörfer bereits angekommen ist.

So ist die Lebensweise zwar deutlich traditioneller als in den Städten, aber davon, dass die „Moderne" gänzlich unbekannt ist, kann nicht die Rede sein. So verwundert es wenig, dass auch Usbekistan mit dem Phänomen Landflucht zu kämpfen hat. Gerade die jüngeren Menschen drängen, so sie es sich irgendwie leisten können, in die Städte. Da der Zustrom in die Hauptstadt durch eine Aufenthaltsgenehmigung, die sogenannte *propiska*, geregelt und damit ein „grundloser" Umzug unmöglich gemacht wird, wendet sich der Strom in Richtung Provinzstädte.

113un-kk

Feiertage, Feste, Bräuche und Traditionen

Feiertage

Der usbekische Alltag ist im Jahresverlauf unterbrochen durch eine Reihe von Feiertagen, die, je nach Ursprung, nach dem gregorianischen Kalender oder nach dem Mondjahr datiert werden.

„Navruz"

Jedes neue Jahr beginnt in Usbekistan gleich zweimal: Einmal, ganz im europäischen Stil, am 1. Januar, den zweiten Beginn jedoch markiert *Navruz,* das **traditionelle altiranische Neujahrsfest.** *Navruz* (der neue Tag) symbolisiert das Erwachen der Natur nach einem harten Winter und ist zeitgleich mit dem Frühlingsbeginn.

Geschnitzte Kürbisse zu Navruz

Seit 1999 ist *Navruz* wieder ein offizieller Feiertag und wird als riesiges Volksfest begangen. Schon viele Tage vorher werden die Straßen geschmückt und am 21. März selbst versammeln sich bereits am Morgen des Feiertags viele Menschen auf den Straßen. An schön geschmückten Ständen werden Brot und *palov*, das usbekische Nationalgericht, verkauft. Bunte Blumen und fein geschnitzte Kürbisse verzieren die üppig gefüllten Tafeln.

Festlich gekleidet verbringt man den Tag mit Essen, Flanieren und Beisammensein. Zudem gibt es einige Rituale, die an diesem Tag gepflegt werden. Eines davon ist das Spiel *kupkari*, bei dem versucht wird, reitend den ausgestopften Balg einer Ziege über eine Ziellinie zu bringen. Der vielleicht wichtigste Brauch ist das Zubereiten und Verzehren von *sumalyak*. Es handelt sich dabei um eine sehr süße Speise von cremiger Konsistenz, die aus Weizensprossen gekocht wird. Die Vorbereitungen dazu beginnen bereits viele Tage zuvor, indem der Weizen zum Keimen gebracht wird. Traditionell wird die Speise öffentlich und in großen Kupferkesseln gekocht. Heute wird *sumalyak*, zumindest in den großen Städten, am Festtag in Plastikbechern verkauft. *Sumalyak* zu essen, verspricht Glück für das nächste Jahr.

Unabhängigkeitstag

Am **1. September 1991** wurde die staatliche Unabhängigkeit der Republik Usbekistan bestätigt. Seitdem wird dieser Tag als Unabhängigkeitstag gefeiert und versetzt zumindest die Hauptstadt in einen absoluten Ausnahmezustand. Mit äußerst glamourösen und pompösen Aufführungen werden Glanz und Stärke der jungen Republik demonstriert. Bereits am Tag zuvor finden die Generalproben der Veranstaltungen statt, wozu in Taschkent der gesamte Verkehr lahmgelegt wird. Die Straßen werden mit Lastkraftwagen abgeriegelt und die Polizeipräsenz ist enorm.

Weitere Feiertage

Weitere wichtige Feiertage sind der **Tag des Lehrers** (1. Oktober) sowie der **Tag der Verfassung** (8. Dezember). Am Tag des Lehrers ist es üblich, dass Kinder Blumen und kleine Geschenke für die Lehrer mit in die Schule bringen. Der Tag der Verfassung ist weniger ein Festtag für alle, vielmehr finden offizielle Feierlichkeiten statt.

Neben diesen „neuen" gibt es einige Feiertage, die aus der Sowjetzeit übernommen wurden. Am 8. März wird der **Internationale Frauentag** begangen: An diesem Tag schenken viele Männer ihren Frauen Blumen und geben ihnen die Aufmerksamkeit, die sie das ganze Jahr bekommen sollten.

Der Opfer des Zweiten Weltkrieges wird noch immer am 9. Mai gedacht. Dieser ehemalige Tag des Sieges wird heute als der **Tag der Erinnerung und Ehre** gefeiert.

Islamische Feiertage

Die islamischen Feiertage orientieren sich am islamischen Mondkalender. Hier dauert ein Monat im Durchschnitt nur etwa 29 Tage, sodass sich bei der Umrechung auf den gregorianischen Kalender eine jährliche **Verschiebung der Festtage** ergibt.

Als offizielle Feiertage werden das Opferfest und das Fest des Fastenbrechens begangen. Weitere wichtige Feste sind der Beginn des Fastenmonats Ramadan und der Geburtstag des Propheten. Der Freitag gilt als Feiertag. Er wird mit einem gemeinsamen Gebet in der Moschee begangen.

Feste in der Familie

Zur Entstehung des usbekischen Brauchtums haben viele Jahrhunderte viele Stämme und Volksgruppen beigetragen. Das Ergebnis ist ein bunter und vielfältiger Mix kultureller Traditionen, die das alltägliche Leben begleiten.

Eine Vielzahl von Traditionen in Usbekistan ist eng mit dem Familienleben verbunden. Ob die Geburt eines Kindes, die Beschneidung eines Jungen, das Wiegenfest, die Hochzeit oder das Erreichen des 63. Lebensjahres – jedes dieser Ereignisse wird gefeiert.

Häufig gehen diese Feste auf sehr alte, mit magischen Praktiken verbundene Riten zurück, die nach dem Einzug des Islam zu einer Verflechtung familienalltäglicher mit religiösen Bräuchen führte.

Hochzeit

Hochzeiten *(nikoch toj)* spielen im Lebenszyklus usbekischer Menschen eine besondere Rolle. Diese Tatsache drückt sich in einem Sprichwort aus: „Usbeken leben wegen, von und bis zur Hochzeit“. Hochzeiten bestehen aus einer Vielzahl traditioneller Bräuche und Riten, die sich inzwischen mit modernen Elementen vermischt haben. Das Spektrum der heutigen Varianten ist groß, es unterscheidet sich regional und variiert mit dem vorhandenen Traditionsbewusstsein. Mädchen werden heute zwar nicht mehr zu einer Heirat gezwungen, arrangierte Ehen sind trotzdem noch gang und gäbe. „Arrangieren“ heißt, die Eltern unterbreiten den Mädchen Vorschläge und die Elternpaare sprechen sich miteinander ab. Auch im Falle eines

> Usbekische Braut

Arrangements muss die Frau heute einer Hochzeit zustimmen. Durch den starken sozialen Druck, den die Großfamilie ausübt, darf allerdings bezweifelt werden, dass diese Zustimmung tatsächlich immer absolut freien Willens geschieht.

059un-kk

Ähnlich unserem Junggesellen- oder Jungfernabschied verbringen Braut und Bräutigam den Tag vor der Hochzeit mit ihren Freundinnen oder Freunden. Die traditionelle Hochzeit findet **im Haus des Bräutigams** statt. Der Bräutigam und seine Freunde holen die Braut bei ihrer Familie ab, in einem sogenannten Hochzeitszug (heute ein laut hupender Autokorso) geht es dann zum Elternhaus des Mannes. Die Ankunft der Braut dort ist ein Höhepunkt des Festes, sie wird mit Milch oder süßem Tee empfangen – das ist auch heute noch ein absolutes Muss. In der traditionellen Variante liest nun ein Imam das Gebet für die Eheschließung *(nikoch)* und klärt die Brautleute über ihre Rechte und Pflichten auf. Erst danach geht das Brautpaar, wie in der modernen Variante, zum Standesamt. In den Städten ist es üblich, dass die Brautleute gemeinsam ein Ehrenmal besuchen. Jede Stadt hat für diesen Zweck ihr eigenes Denkmal – in Taschkent ist es das **Denkmal der Mutter** am Hauptplatz Mustaqillik.

Die Braut trägt zur Hochzeit meist ein weißes Kleid, der Bräutigam einen (dunklen) Anzug. Das Hochzeitsfestmahl *(basm)* ist ausgesprochen prächtig und reichlich. Traditionell wird es im Haus des Bräutigams ausgerichtet, heute findet es oft in Gaststätten statt.

Die Feier selbst ist laut und fröhlich, es wird musiziert, viel getrunken und getanzt. Häufig werden lange Verse aus traditionellen Epen rezitiert. Die Übergabe der Hochzeitsgeschenke wird zelebriert, oft werden Gegenstände für den Hausstand der Brautleute geschenkt. Die **Anzahl der Gäste** gibt Auskunft über den Wohlstand einer Familie und ist daher ein wichtiges Kriterium für ein gelungenes Fest. Viele Familien nehmen, um hierbei mithalten zu können, hohe Kredite auf. Damit soll nun Schluss ein. 2019 hat das usbekische Parlament beschlossen, dass die Höchstzahl der Gäste auf 250 begrenzt werden soll und ein Autokorso künftig nur noch aus wenigen Fahrzeugen bestehen darf.

112un-kk

Noch immer weit verbreitet ist der **„qalim“**, eine Art Auslöse, die an die Eltern der Braut gegeben wird. Dieser Brauch hat sich selbst über die Sowjetzeit erhalten, bei 70 % aller Hochzeiten wurde auch zu Sowjetzeiten *qalim* gezahlt. Der Anteil dürfte aber heute wieder weit höher liegen. Die Frauen gehören ab dem Zeitpunkt ihrer Hochzeit fest zur (Groß-)Familie ihres Mannes und nicht mehr zu ihrer Herkunftsfamilie.

Wiegenfest

Das Wiegenfest *(beshik-toy)* ist eine rituelle Feier, bei der ein Kind zum ersten Mal in seine Wiege gelegt wird. Hierzu laden die Eltern des Babys einige Tage nach der Geburt ihre Verwandten und Bekannten zu sich nach Hause ein. Die Verwandten mütterlicherseits liefern die Holzwiege *(beshik)*, zudem werden Geschenke wie Bekleidung, Spielzeuge und Süßigkeiten mitgebracht. Gemeinsam und unter dem Beifall aller wird das Kind dann, begleitet von vielen Ritualen, in die Wiege gelegt. Früher wurden die Gesichter der Gäste während der Feier mit weißem Mehl bestäubt, auf dass alle Gedanken rein und gut seien. Heute werden Gebete und Wünsche gesprochen, auf dass das Kind stark und klug werden möge.

Je nach finanziellen Verhältnissen und Traditionsbewusstsein gibt es große und kleine Feiern, aber feierlich begangen wird dieses Ereignis in beinahe jeder usbekischen Familie. Es ist eines der ältesten und weitverbreitetsten Feste in Usbekistan.

Denkmal der Mutter in Taschkent

Die Avantgarde im Hinterland – Kunst und Kultur

Musik

Popmusik

Musik ist in Usbekistan, gerade in den warmen Monaten, allgegenwärtig. Aus mobilen Boxen, aus Cafés, aus Autos – von überall her dröhnen Popsongs moderner mittelasiatischer und amerikanischer Machart. Die Hörkultur moderner Popmusik ist durchaus westlich geprägt. Junge Leute kennen sich in der amerikanischen und westeuropäischen Chartmusik bestens aus. Aber in weit größerem Maße als beispielsweise in Deutschland üblich, wird auch nationale Popmusik gehört.

Im Zuge der Entwicklung einer eigenständigen usbekischen Kultur stand seit den 1990er-Jahren auch die **Entwicklung der nationalen Popmusik** auf der Agenda der usbekischen Regierung. Dieser Begriff umfasst zwar keinen fest umrissenen Stil, obligatorisch ist jedoch der Gesang in usbekischer Sprache. Häufig und von den „Oberen" der Kulturszene gern gesehen sind ebenso Rückgriffe auf die Traditionen der Volksmusik. Nicht selten sind Elemente aus türkischer oder arabischer Musik zu hören – aber diese feinen Unterschiede erschließen sich den meisten europäischen Hörern in der Regel nicht. Für deutsche Besucher erinnert die usbekische Musik eher an Dönerläden und Teestuben in Berlin-Kreuzberg – sie klingt, ob „rein usbekisch" oder mit Anleihen, eben „irgendwie arabisch". Gerade bei längeren Taxifahrten kann dies zu einer echten Geduldsprobe werden, zumal Musik gern in lärmender Lautstärke gehört wird.

In Taschkent hat sich eine **Popmusikszene** entwickelt, die der in anderen Großstädten der Welt in nichts nachsteht. Es gibt große und kleine Konzerte mit mehr oder weniger bekannten Größen des Showgeschäfts. Regelmäßig ausverkauft sind die Konzerte im Palast der Völkerfreundschaft, dem größten Konzertsaal Taschkents. Spektakuläre Aufführungen mit allem, was in der aktuellen Szene Rang und Namen hat, finden insbesondere bei der jährlichen Feier zum Tag der Unabhängigkeit statt. Bunt und überaus glamourös wird so auch in diesem Bereich **Nationalbewusstsein** geformt.

Am usbekischen Staatskonservatorium gibt es eine Fakultät für Popmusik, wo die zukünftigen Musikerinnen und Musiker ausgebildet werden. Die Fäden des Showbusiness jedoch werden an anderer Stelle gezogen – es gibt Castingshows, die im Fernsehen landesweit mit großem Interesse verfolgt werden. Da CDs ausgesprochen teuer sind, spielen die **Radiosender und Musikkanäle des Fernsehens** in diesem Geschäft eine wichtige Rolle. Hier wird im Wesentlichen entschieden, wer ein Star wird und wer nicht. Immer mehr greifen besonders Jugendliche auch auf Internetplattformen wie YouTube zu, um Musik zu konsumieren und zu entdecken.

Traditionelle Musik

Auch die folkloristische Musik Usbekistans klingt sehr arabisch. Dennoch handelt es sich um eine eigenständige musikalische Form, die bedeutende Unterschiede zur Musik des Mittleren Ostens aufweist. Ihre Bezeichnung **„shashmaqam"** („sechs Tonleitern") verweist auf die Struktur der Werke: Sie sind in sechs Abschnitte gegliedert, wobei jedem Teil eine unterschiedliche Tonart zugeordnet ist. Im Unterschied zur arabischen Musik werden die dort üblichen Vierteltöne lediglich zur Ausschmückung des Themas verwendet. Nichtsdestotrotz erhält sich das für europäische Hörer sehr fremde Klangbild.

Instrumente sind vor allem Trommeln mit Schellen *(doira)* und die Langhalslaute, ein zweiseitiges Zupfinstrument *(dutar).*

Der *shashmaqam* ist besonders verknüpft mit den fahrenden Geschichtenerzählern, die früher umherreisten und Gedichte sowie die großen Volksepen rezitierten. Verbreitet war der *shashmaqam* vor allem in der städtischen Kultur Zentralasiens, so auch in den kulturellen Zentren Buchara und Samarkand, wo er sich seit etwa dem 16. Jahrhundert entwickelt hatte.

Diese Tradition des *shashmaqam* erfuhr während der Sowjetzeit einige Umformungen. In den frühen Jahren, noch unter *Stalin,* wurde der *shashmaqam* zunächst gänzlich unterdrückt. Er galt als kultureller Ausdruck einer herrschenden feudalen Klasse. In den 1950er-Jahren begann man, ihn als kulturelles Erbe der Unionsrepublik zu propagieren, und er durfte wieder öffentlich aufgeführt werden. Seit der Unabhängigkeit erlebt der *shashmaqam* eine Renaissance, auch wenn nunmehr weniger die ursprünglich aus der Lyrik der Sufis stammenden religiösen Motive im Vordergrund stehen, sondern vielmehr die musikalische Tradition. So gibt es heute auch wieder **Epensänger,** wobei es sich dabei um einen angesehenen Beruf handelt. Diese Volkssänger, die besonders auf Hochzeiten, Volksfesten und bei anderen Feierlichkeiten auftreten, heißen *akyn.* 2003 wurde der *shashmaqam* von der UNESCO zum immatriellen Weltkulturerbe erklärt.

▷ Dutarspielerin in Karakalpakistan

Extrainfo 12 (s. S. 7):
Shashmaqam-Musik – eine Hörprobe

061un-kk

Klassische Musik

Das Repertoire klassischer Musik ist in Usbekistan kein anderes als in Europa. Einen Schwerpunkt bilden nach wie vor **russische Komponisten** wie *Tschaikowski* oder *Prokofjew*.

Die Aufführungsweise ist in der Regel „handwerklich" hochwertig und bodenständig – moderne Experimente sind eher unbeliebt. Die aktivste Musikszene befindet sich in der Hauptstadt. Die Ausbildung von Musikern erfolgt am Staatlichen Konservatorium Taschkent, bereits einige Absolventen können auf internationale Solisten-Karrieren verweisen (z. B. *Daniel Khalikow, Elina Kalendarewa*), viele nehmen wichtige Plätze in bedeutenden deutschen Orchestern ein. Usbekistan verfügt über viele große und kleine **Symphonieorchester,** bekannt sind insbesondere das Staatliche Philharmonieorchester Usbekistan sowie das Philharmonieorchester des Navoiy-Theaters Taschkent.

Ins Auge fällt, dass die Besucher von Konzerten mehrheitlich in sehr gepflegter Kleidung erscheinen. Die lässige Kleiderordnung bei deutschen Kulturveranstaltungen gilt hier als stillos. Auffällig ist weiterhin, dass die Besucherschaft klassischer Programme sich mehrheitlich aus Russen zusammensetzt.

Literatur

Epen

In ganz Mittelasien spielen Volksepen eine wichtige Rolle. Man ist stolz darauf und man kennt sie. Was den Kirgisen ihr Manas-Epos ist, ist in Usbekistan der **Dastan Alpamysh.** Die Zuordnung der Epen zu den sowjetischen Unionsrepubliken ist allerdings ein Relikt der sowjetischen Politik. Aufgrund der ehemals vollkommen anderen Gebietsaufteilung sind sie eher Kulturräumen zuzuordnen als den heutigen mittelasiatischen Staaten. Die Handlung der Epen ähnelt sich: Es geht um Heldentum, Leiden, Kampf, Ehre und um Liebe. Die großen Epen sind sehr lang, das Manas-Epos beispielsweise umfasst 500.000 Verse und übertrifft damit alle bekannten europäischen Epen (z. B. die Odyssee mit 12.110 Versen) um ein Vielfaches. Die Heldengeschichten wurden über viele Jahrhunderte mündlich überliefert und existieren in unzähligen Variationen.

Als der bekannteste usbekische Dichter gilt **Alisher Navoiy** (1441–1501). Er wird als Nationaldichter verehrt, wobei auch hier festzuhalten ist, dass er viel eher einem Kulturraum als dem Staat Usbekistan zuzuordnen ist. Auch in Tadschikistan und Afghanistan ist er ein Volksheld. Für Usbekistan spielt er eine besonders wichtige Rolle, da er viele seiner Werke in **Tschagataisch,** dem Vorläufer der modernen usbekischen Sprache, schrieb statt in Persisch, der eigentlich dominanten Kultur- und Literatursprache. In einem seiner Hauptwerke, dem „Vergleich zweier Sprachen", versucht er, die Überlegenheit des Tschagataischen gegenüber der persischen Sprache darzulegen. Er forderte die turksprachigen mittelasiatischen Dichter auf, nicht nur in Persisch und Arabisch zu schreiben, sondern auch in Tschagataisch:

„Der Reichtum der usbekischen Sprache ist durch vielerlei Wahrheiten bereits bewiesen, somit der Dichter, dessen Talente aus diesem Volk hervorgegangen, nicht des Persischen zum Ausdruck seiner Fähigkeiten bedarf, ja selbst wenn ihm Werke in beiderlei Sprachen gelängen, so wünschte er sich, dass die Zahl der in seiner Muttersprache niedergeschriebenen jene bei weitem überrage."
(Alisher Navoiy)

Sein Verdienst ist vor allem, dass er die tschagataische Sprache, die zuvor sowohl personell als auch regional stark variierte, standardisiert hat. Aus diesem Grund verehren ihn die Usbeken als „Vater der usbekischen Literatur" und „okkupieren" ihn gleichsam als „ihren" Nationaldichter. In Tadschikistan wiederum wird er gerade für seine persischen Gedichte geliebt. Nirgends in Usbekistan kommt man an *Alisher Navoiy* vorbei, die Hochachtung vor ihm trägt beinahe sakrosankte Züge. Nur von *Amir Timur* dürfte es noch mehr Monumente geben, auch unzählige Straßen, Plätze, Theater etc. sind nach dem Dichter benannt. Im Südwesten Usbekistans gibt es sogar eine Stadt mit seinem Namen, passend zu seinen Wirkungsstätten liegt sie zwischen Samarkand und Buchara.

International spielt die mittelasiatische Literatur kaum eine Rolle. Beliebt sind zwar die Geschichten aus Tausendundeiner Nacht, damit sind die Kenntnisse aber in der Regel auch schon erschöpft. Die Usbeken ihrerseits kennen beispielsweise *Goethe* sehr wohl und sogar ziemlich gut. Lyrik ist in Usbekistan ausgesprochen populär. Bei Festen werden **Gedichte** vorgetragen und Lesungen erfreuen sich größter Beliebtheit. Das Verhältnis der Usbeken zur Dichtung ist anders als bei uns. Während wir über Sprache und Gehalt diskutieren, ist für sie Dichtung gewissermaßen erhaben. Sie gilt als Ort großer Gefühle und höchster Werte. Dichtung wird nicht hinterfragt, sie wird verehrt.

Gegenwartsliteratur

Auch in der Entwicklung der usbekischen Literatur wirkt die Einführung der kyrillischen Schrift bis heute nach. Mehreren Generationen von Schriftstellern und Dichtern waren die alten Werke der Region aufgrund von Sprachbarrieren nicht mehr zugänglich. Den sowjetischen Oberen war dies nur Recht, denn auch in Mittelasien galt, wie in der gesamten Sowjetunion, der sozialistische Realismus als literarische Gattung der modernen Zeit. Während Usbekistan vor den 1930er-Jahren eine vielfältige Literatur hervorgebracht hatte, stagnierte deren Entwicklung nach der beinahe kompletten Ausrottung der damaligen Generation Intellektueller durch das stalinistische Regime.

„Nationalpoetin" der Usbekischen SSR war die usbekische Schriftstellerin **Zulfiya Israilowa** (1915–1996). Unter dem Namen *Zulfiya* verfasste sie zwar teilweise sehr propagandistische Werke, beschäftigte sich aber ebenso mit Themen wie Natur, Pazifismus oder auch Frauen. 1976 bekam sie den Staatspreis der Sowjetunion für Literatur und Kunst, sie galt als „Vorzeigeschriftstellerin" Usbekistans. Dennoch ist das Land noch heute stolz auf sie: Seit 1999 gibt es einen usbekischen Staatspreis für Frauen, der nach ihr benannt ist. Bekannte Autoren während der Sowjetzeit waren unter anderen **Abdulla Kadyri** (1894–1938), *Chamid Alimjan* (1909–1944) und *Abdulla Kachchar* (1907–1968).

Ähnlich wie in anderen totalitären Systemen entwickelte sich eine **Kultur des „Zwischen-den-Zeilen-Lesens".** Sowohl russische als auch usbekische Literaten verklausulierten ihre gesellschaftskritischen Anmerkungen so stark, dass nur noch Eingeweihte den „Hintersinn" dekodieren konnten.

Nur so gelang es vielen Werken, durch die harte Zensur zu kommen. Erst in den Jahren der Perestroika wagten es einige Schriftsteller, die Zustände der Gesellschaft offen anzuklagen und gründeten die demokratische Bürgerrechtsbewegung „Birlik" („Einheit"), die allerdings bereits 1993 auch vom „neuen" usbekischen Regime verboten wurde.

Mittelasiatische Gegenwartsliteratur ist bisher kaum in europäische Sprachen übersetzt worden. Einen großen Bekanntheitsgrad kann lediglich *Tschingis Aitmatow* (1928–2008) aufweisen, er allerdings ist kein Usbeke, sondern Kirgise. Die Zahl der ins Deutsche übersetzten usbekischen Werke dürfte ein Dutzend kaum überschreiten. Viele usbekische Schriftsteller leben inzwischen im Exil, nachdem sie aufgrund regimekritischer Äußerungen in Usbekistan selbst inhaftiert oder ihre Werke verboten wurden. Ein in Usbekistan sehr populärer Autor ist *Jodgor Obid.* Er floh 1992 aus dem Land und lebt seitdem in Österreich. *Obids* Gedichte sind, trotz seiner Abwesenheit, in Usbekistan sehr bekannt. Häufig werden seine Verse auf Kundgebungen rezitiert und auf Flugblätter gedruckt:

„Die Stimme – meine Stimme – sperren sie nicht ein.
Nie werden sie sie mit dem Schwert zerschlagen.
So sehr sich tolle Hunde auf mich stürzen,
Niemals wird mich ihr Biss zum Schweigen bringen."
(Jodgor Obid)

Eine deutsche Übersetzung gibt es von *Uchqun Nazarovs* „Das Jahr des Skorpions".

Theater und Film

Theater

Während der Sowjetzeit wurde kaum Mühe gescheut, ein umfangreiches Kulturangebot bis in die tiefste Provinz zu schaffen. Aus dieser Zeit sind landesweit Kultursäle und Theater erhalten, in denen – zumindest in den größeren Städten – noch immer aktiv gespielt wird. Das Repertoire der großen Theater ist klassisch und europäisch, die Inszenierungen sind eher traditionell. Seit der Unabhängigkeit werden verstärkt auch nationale Stoffe erschlossen, woraus meist **volkstümliche Stücke in usbekischer Sprache** resultieren.

Etwas fremdartig wirkt das Pathos, mit dem die Stücke, meist pompös ausgestattet, aufgeführt werden.

Neben den großen Theatern hat sich, besonders in Taschkent, eine **freie Theaterszene** entwickelt. Zu Recht auch international als Theateravant-

garde bekannt geworden ist das Ilkhom-Theater. Traurige Berühmtheit erlangte es indes dadurch, dass sein Gründer und Regisseur *Mark Weil* 2007 in Taschkent ermordet wurde. Bis heute wurde dieser Mord nicht aufgeklärt und es schwebt noch immer der Verdacht in der Luft, dass *Weil* und sein Theater den staatlichen Behörden zu laut geworden waren.

Film

Kinobesuche gehören zu den beliebten Freizeitbeschäftigungen vor allem junger Usbeken. Gespielt und gesehen werden, wie überall auf der Welt, besonders gern die neuesten amerikanischen Blockbuster. Ein offenes Geheimnis ist, dass nur sehr ausgewählte ausländische Filme in die usbekischen Kinos gelangen. Aber auch einheimische Produktionen erfreuen sich größter Beliebtheit. Jährlich werden etwa zwanzig Filme im **staatlichen Filmstudio Uzbekkino** produziert, daneben gibt es eine Vielzahl privater Produzenten, die meist billige und eher einfach strukturierte Filme drehen. Usbekische Filme halten an den Abendkassen einen großen Marktanteil.

⌃ Ilkhom-Theater in Taschkent

Palast der Künste – Besuch im Panoramakino Taschkent

Taschkent hat viele Kinos, eines davon ist das Panoramakino. Der ehemalige Palast der Künste ist auf den ersten Blick ein massiger, definitiv erdbebensicherer, grauer und insgesamt wenig einladender Betonzylinder aus der Blütezeit der sowjetischen Großraumphantasien. Auf den zweiten Blick ist er, zwischen den alten Plattenbauten und den Hochhäusern der Unabhängigkeit, ein Prachtexemplar von Einfallsreichtum und Originalität. Zentral auf einem weiten Platz stehend trotzt er, gleichsam ein ästhetischer Außenseiter, nicht nur potenziellen Erdbeben, sondern auch der ihn umgebenden architektonischen Eintönigkeit.

In seinem Innern bekommt man eine Ahnung davon, warum man den fensterlosen Betonklotz einst „Palast" benannt hat. Die großzügige Empfangshalle sowie die breiten Treppen aus Natursteinen zeugen davon, wie wichtig es den sowjetischen Architekten war, Kunst und Kultur in prachtvoller Atmosphäre darzubieten.

Von Atmosphäre ist heute allerdings nicht viel übrig geblieben. Selbst für den durch deutsche Großraumkinos abgestumpften Cineasten wird das Kinoerlebnis hier zur kulturellen Herausforderung. Die Wände sind großflächig mit bunten Filmplakaten verhängt und im Foyer drängen sich Plastiktische, auf denen sich die Reste von Fastfood-Verpackungen türmen.

Quasi direkt nach dem Eingang beginnt das Vorprogramm. Schon in der Vorhalle dröhnt ohrenbetäubend usbekische Popmusik. Unzählige bunte Spielautomaten ergänzen diese Kulisse um undefinierbare Geräusche. An den Automaten können kleinere Jungen mit elektronischen Maschinengewehren noch schnell vor dem Film ein paar animierte Figuren erschießen und größere Jungen ein paar Rennwagen in den Sieg steuern. Kleine und große Mädchen feuern sie an und essen Eis oder massenweise Popcorn.

Kurz vor Beginn der Vorführung bewegt sich das Getümmel dann ziemlich eilig in den Kinosaal. Um alle Schaulustigen unterzubringen, sorgen Angestellte dafür, dass in den Reihen aufgerutscht wird und Einzelplätze noch besetzt werden können. Dieses Prozedere zieht sich hin, müssen doch bei jedem Platzwechsel auch die vielfältigsten Utensilien - von Popcorntüten bis zu Babytaschen - mitgenommen werden. Geräuschvoll bleibt es auch während des Filmes. Es wird lebhaft kommentiert, eifrig mitgefühlt, laut gelacht, geraschelt und geknabbert sowie hin- und hergelaufen. Bisweilen ist dieses Geschehen sogar unterhaltsamer als der eigentliche Film. Fast immer ist es jedenfalls komplexer als die Handlung auf der Leinwand.

Auf den internationalen Leinwänden sind usbekische Filme äußerst selten vertreten. Hin und wieder taucht eine Produktion auf einem russischen Festival auf, in Deutschland sind usbekische Filme so gut wie nie zu sehen. Mit „Voiz.Orator" *(Yusup Razykov)* lief im Jahr 2000 der erste usbekische Film auf der Berlinale. International preisgekrönt wurde 2008 *Nazym Abbasovs* „Oydinoy". Als Dokumentarfilmerin ist bisher insbesondere *Saodat Ismailova* hervorgetreten. Ihr Film „Aral. Fishing on an Invisible Sea" lief auf mehreren internationalen Festivals. 2019 wurde erstmals ein Film in das internationale Oscar-Rennen geschickt. Es handelt sich um Umid Khamdamovs Spielfilm **„Heißes Brot"** *(„Issiq Non")*. Das von Uzbekfilm produzierte Werk gewann zuvor beim nationalen Filmfest Usbekistans mehrere Preise. Die Handlung dreht sich um Zulfiya, eine Teenagerin, die mit ihrer Großmutter in einem kleinen usbekischen Dorf lebt. Ihre Mutter hingegen arbeitet in der Stadt, in die es auch das Mädchen zieht.

Eine in mehrererlei Hinsicht traurige Berühmtheit erlangte **Umida Akhmedovas** Dokumentarfilm „The Burden of Virginity" (2007). Er beschreibt usbekische Hochzeitsrituale und thematisiert die Problematik der Jungfräulichkeit in diesem Zusammenhang. Wegen Verleumdung und Beleidigung des usbekischen Volkes wurde *Akhmedova* 2010 zu drei Jahren Gefängnis verurteilt. Das Urteil bezog sich sowohl auf den Film als auch auf eine Fotoreportage, die relativ ungeschminkt Leben und Alltag in Usbekistan zeigte. Zwar sprach das usbekische Gericht noch vor Antritt der Strafe eine Amnestie aus, dennoch hat dieser klassische Fall von **Zensur** bei vielen internationalen Organisationen für mannigfaltige Proteste gesorgt.

Inzwischen richtet Usbekistan selbst einige Festivals aus. So gibt es das jährliche Filmfest **Oltin Khumo** im April, bei dem nationale Produktionen ausgezeichnet werden. Jedes Jahr im November findet das **European Film Festival** statt, bei dem nicht nur in der Hauptstadt, sondern auch in weiteren Städten Filme aufgeführt werden. Mit **PROlogue** etabliert sich in den letzten Jahren ein weiteres Internationales Filmfestival, das insbesondere auf Filme fokussiert ist, deren Themen die junge Generation ansprechen.

Museen und Kunstausstellungen

Dass bis heute auch in den kleinsten Provinzstädten Museen und Ausstellungen betrieben werden, ist ein **Relikt der Sowjetzeit und ihrer Kulturpolitik.** Bisweilen finden sich überaus interessante und liebevoll gestaltete Ausstellungen, nicht selten aber auch wirken sie eher wie verstaubte Traditionskabinette. Überall achtet meist weibliches Personal penibel darauf, dass man den Exponaten und Vitrinen nicht zu nahe kommt – die Ausstellungsstücke sind nahezu heilig und moderne Museumspädagogik mindestens ebenso fern. Keinem Museum, das sich unmittelbar oder mittelbar mit der Geschichte des Landes beschäftigt, fehlt eine größere Abteilung zum Staatschef *Karimow*. Wenn der Zeitraum von Urgeschichte bis zur Unabhängigkeit eine Etage einnimmt, gehört die zweite Etage der Amtszeit *Karimows*, seinen Verdiensten, dem großartigen usbekischen Volk und dem wundervollen Aufschwung des usbekischen Staates.

Das Sawitzky-Museum – von der Bedeutung der Provinz

Karakalpakistan, der Landstrich zwischen Wüste und Aralsee, ist nicht nur aus europäischer Sicht gleichsam ein „Ende der Welt“. Es gilt auch in Usbekistan als tiefste Provinz. So fern und bedeutungslos es heute ist, so unbedeutend war es schon in der Sowjetzeit. Aber manchmal hat es auch Vorteile, so weit weg und so bedeutungslos zu sein. Denn genau diese Bedeutungslosigkeit ist es, der Nukus, die Hauptstadt dieser Provinz, eine der wichtigsten Sammlungen der modernen Kunst Russlands verdankt.

Ganz sicher hatte der Kunststudent Igor Sawitzky, als sein Institut 1942 aus Moskau nach Zentralasien evakuiert wurde, nicht vor, dort lange zu bleiben. Doch die Region, ihre Ästhetik und die Kunst, die diese Steppe hervorbrachte, beeindruckten ihn sehr. Nach einer Expedition nach Xorazm, die er acht Jahre später als Maler begleitete, ging er nicht mehr zurück nach Moskau. Er blieb, um die Kunst der Region zu studieren, um zu malen, um Alltags- und Kunstgegenstände zu sammeln. Irgendwie gelang es ihm, die Oberen davon zu überzeugen, dass auch Karakalpakistan ein Kunstmuseum bräuchte. Bei dessen Gründung 1966 wurde Sawitzky Direktor. Weil er im provinziellen Karakalpakistan zeigen wollte, wie sich die Malerei in den Metropolen Moskau und Taschkent entwickelte, sammelte er Zeichnungen und Gemälde von vielen bekannten Künstlern. Die Enge der Kulturpolitik Stalins und seiner Nachfolger hatte indes dazu geführt, dass vielen der wichtigen Maler das Arbeiten verboten wurde. Unter dem Generalverdacht des Formalismus wurden ihre Bilder aus der Öffentlich-

> Das Sawitzky-Museum in Nukus

In Taschkent gibt es einige interessante Kunstgalerien, deren Spektrum von Ikonen über italienische Renaissancemalerei aus den Sammlungen der Zarendynastie bis hin zu usbekischer Gegenwartsmalerei reicht. Besonders interessant und unbedingt sehenswert ist das **Sawitzky-Museum** in Nukus. Absolut unerwartet befindet sich hier in der postsowjetischen Einöde am Rande des sterbenden Aralsees eine einzigartige Sammlung russischer Avantgardekunst, die den weiten Weg unbedingt lohnt.

keit verbannt. Sawitzky kaufte sie und holte sie aus ihrer Verbannung in die Freiheit der karakalpakischen Provinz. So waren sie aus dem Blickfeld der Mächtigen und sammelten sich in aller Ruhe und Abgeschiedenheit zur weltweit zweitgrößten Sammlung der russischen Avantgarde zusammen. Wahrscheinlich kann man an keinem anderen Ort der Welt ungestörter (und preiswerter) so viele bedeutende Werke von Kandinsky, Wolkov, Malevitsch, Popova und anderen Künstlern sehen wie in dieser dieser nur scheinbar bedeutungslosen Provinz.

102un-kk

Weltmeister im Plov – usbekische Küche und Gastronomie

Typische Gerichte

Aufgrund der gemeinsamen historischen Wurzeln ist sich die traditionelle Küche in den Ländern Zentralasiens relativ ähnlich. Unterschiede sind weniger national als vielmehr durch die unterschiedliche Ernährung der nomadisch und der sesshaft lebenden Bevölkerung bedingt. Auch sehr viele russische Einflüsse prägen noch heute die Essgewohnheiten im Land.

Grundnahrungsmittel in Usbekistan sind Reis und Brot. Letzteres wird in verschiedenen Formen gebacken und zu jeder Mahlzeit gereicht, ist sehr knusprig, duftet und schmeckt hervorragend. Die dickeren oder dünneren Fladen-Varianten (*lepyoshka* oder *non*) werden noch heute auf traditionelle Weise an den Innenwänden von Lehmöfen gebacken.

Das **Nationalgericht** des Landes ist **plov.** Jede Region (und viele andere Länder des Kaukasus oder die Türkei) hat spezielle Zubereitungsarten für „ihren" *plov* (oder *palov*), sodass es unzählige Variationen gibt. Gemeinsam ist ihnen allen, dass es sich um ein Reisgericht mit Fleisch handelt. In Usbekistan wird zunächst in heißem Öl Hammel angebraten. Danach folgen Zwiebeln und Möhren. Ist all dies geschmort, werden Reis und Wasser zugegeben. Die gesamte Mischung wird im geschlossenen Topf langsam gegart. Es scheint, als werde auf jeder freien Fläche Usbekistans in riesigen Kesseln und auf offenem Feuer *plov* vorbereitet und gegessen. Traditionell wird *plov* **von Männern zubereitet.** Auch wenn dies heute nicht mehr durchgängig so praktiziert wird, ist es doch üblich, dass gerade an Festtagen Männer für die Zubereitung verantwortlich sind – denn dann, so sagen zumindest die Usbeken, schmeckt er am besten. Seit 2017 hält Usbekistan einen neuen **Weltrekord.** Am 10.9. haben 50 Köche im Zentrum von Taschkent aus 1,5 t Rind- und mehr als 1,5 t Hammelfleisch, fast 2 t Reis und 2,7 t Möhren den größten *plov* der Welt gekocht und sich damit einen Eintrag ins Guinness-Buch der Rekorde verdient.

Was in Deutschland die allgegenwärtige Bockwurst ist, ist in Usbekistan das **Schaschlik** *(kebab)*. Auch hier wird meist Hammelfleisch (oder Lamm) verwendet, das an Spießen über offenem Feuer gegrillt wird. Beliebt sind ebenso verschiedene Formen von **Teigtaschen,** die – mit Gemüse, Zwiebeln und Lammfleisch gefüllt –gedämpft *(manty)* oder gebacken *(samsa)*

[>] Brot im Lehmofen

Extrainfo 13 (s. S. 7):
Videoanleitung zur Zubereitung usbekischer *plov*

064un-kk

werden. Außerdem beliebt sind Eintöpfe, deren Grundlagen oft Nudeln, Gemüse und Lammfleisch sind (z. B. *laghman, sho'rva*). Als **Süßspeisen** liebt man vor allem getrocknete Früchte, Leckereien aus Nüssen *(halwa)* und jede Menge Backwerk.

Die Sowjetunion lebt allerdings auch in der Küche weiter, ergänzt werden die traditionellen und typischen Speisen nämlich durch eine Vielzahl von **russischen Gerichten** wie z. B. *borshch* (Krautsuppe mit roter Beete), *pelmeni* (gefüllte Teigtaschen), *grechka* (Buchweizen) oder *shchi* (Krautsuppe). Ebenso findet man eine Fülle von Salatkreationen, die über das gesamte Territorium der ehemaligen Sowjetrepubliken verbreitet sind (*olivje, vinaigrette* u. a.).

Getränke

Das wichtigste Getränk in Usbekistan ist **Tee** *(choy),* wobei der meist in seiner grünen Variante, im Winter aber auch als Schwarztee getrunken wird. Gerade im Sommer nimmt man grünen Tee anstelle von Wasser zu sich, auch der Verdauung nach reichen Mahlzeiten soll er zuträglich sein.

Zu einem echten Leidensweg kann eine Usbekistanreise für passionierte Kaffeetrinker werden. Bohnenkaffee ist außerhalb touristischer Hotspots und der Hauptstadt praktisch nirgends zu bekommen. Stattdessen werden diverse Sorten der Gattung Instant angeboten. Die Alternative, seinen eigenen Kaffee mitzubringen, um sich dann nur noch kochendes Wasser bringen zu lassen, scheitert in der Praxis häufig an der unterschiedlichen

Extrainfo 14 (s. S. 7): Videoanleitung zur Zubereitung usbekischer *manty* (Teigtaschen)

065un-kk

Auffassung des Begriffes „heiß" – man bekommt auch das Wasser meist in Instantkaffee-Temperatur.

Der Sektor **Softdrinks** ist eindeutig durch Coca-Cola beherrscht. Getränke dieser Marke sind selbst am abgelegensten Wüstenkiosk zu haben. Ebenso wird (besonders natürlich in den heißen Monaten) relativ viel **Wasser** getrunken. Das Inhaltsspektrum der verkauften Plastikflaschen reicht vom häuslichen Wasserhahn bis zu Mineralwasser, was sich u. a. deutlich im Preis niederschlägt. Als Tourist sollte man unbedingt auf verschlossene Flaschen mit Banderole achten. Empfehlenswert ist die Vielzahl an Säften *(sok)* exotischer Sorten, wobei man aufgrund des eklatanten Preisunterschieds einheimische Produkte wählen sollte. (Zudem kann man sich mit der Palette ungeliebter Zusatzstoffe in Importwaren ohnehin gut in der Heimat versorgen.)

Beliebte alkoholische Getränke sind **Bier und Wein.** Wein wird im Land selbst produziert, ausländische Weine sind eher schwer erhältlich. Auch Bier wird selbst gebraut (Sarbast, Pulsar), gleichzeitig erobert das russische Baltika immer mehr den Markt. Auch im alkoholischen Sektor hat die Sowjetunion ihre Spuren hinterlassen: Bis heute wird Wodka und davon viel getrunken. Das „Wässerchen" ist allerdings oft gepanscht und man sollte auch hier geflissentlich nur Flaschen mit Banderole kaufen, um die ärgsten gesundheitlichen Schäden abzuwenden.

Nationalgetränk Tee: Grüner Tee wird überall serviert

Gastronomie

Das Kulturgut Usbekistans schlechthin ist die *choyxona,* die traditionelle **Teestube** der orientalischen Welt.

Hier sitzt bzw. liegt man auf sogenannten *topchanlar.* Das sind bettenartige Plattformen, die mit Teppichen oder Kissen gepolstert werden. Auf diesen *topchanlar* befindet sich je ein flacher Tisch *(dasturxon),* an dem Tee getrunken und auch gespeist wird.

Ein Relikt der Sowjetunion ist die **Stolowaja,** eine Variante der Gattung Kantine. Das Essen holt man sich selbst an einer Theke, wobei es sich bei der „Theke" auch um eine einfache Öffnung in der Wand handeln kann. Stolowajas können vor allem in hygienischer und qualitativer Hinsicht sehr unterschiedlich ausfallen, allen gemeinsam ist, dass das Essen sehr preiswert ist.

Restaurants gibt es in größerer Zahl nur in Taschkent und dort, wo sich viele Touristen aufhalten. Aber selbst in den touristischen Zentren ist es bisweilen nicht so einfach, essen zu gehen, denn die Restaurants sind auf größere Gruppen Pauschalreisender eingestellt, die in der Regel eine bestimmte Anzahl an Mahlzeiten vorgebucht haben. Für ein oder zwei Personen oder gar außerhalb der üblichen Essenszeiten ein einfaches Gedeck zu organisieren, scheint für viele Restaurants eine unüberwindbare Herausforderung darzustellen – man wird schlichtweg abgewiesen.

In der Hauptstadt geht der Trend heute eindeutig zur internationalen Küche. Auf der Suche nach nationalen Gerichten kann es passieren, dass man irgendwann spätabends erschöpft bei einer Pizza aufgibt. Von den internationalen Fastfood-Ketten bleibt man zwar bisher verschont, dafür finden sich allerdings immer mehr lokale Kopien der bekannten Burger- und Pizza-Restaurantketten.

Viele Restaurants sind nach westeuropäischem Stilempfinden wenig „gemütlich". Es handelt sich vielmehr um große Räume mit dem Charakter von Bahnhofshallen, in denen zudem häufig gleich von mehreren großen Flachbildschirmen Bilder spärlich bekleideter Frauen samt eindeutigen Blicken mitserviert werden – begleitet von Musik in ohrenbetäubender Lautstärke. Neben diesen gastronomischen Reinformen gibt es eine Schar von Hybriden aus Stolowaja, *choyxona* und Restaurant, deren kulinarisches Angebot aus wenigen Gerichten rund um *plov* und Grill begrenzt ist. Lokale, die man nach europäischem Verständnis als „Café" bezeichnen würde, gibt es innerhalb des Landes so gut wie gar nicht. Lediglich in den touristischen Zentren finden sich erste Hinweise auf eine aufkeimende Kaffeehauskultur, wobei diese bereits schon wieder von Kopien internationaler Ketten verschluckt werden.

Zu Gast in Usbekistan

◁ Für Gäste stehen die Türen immer offen (009un-ag)

„Otkuda?" – als Ausländer in Usbekistan

Folgt man der Berichterstattung der deutschen Presse, kann leicht der Eindruck entstehen, ganz Mittelasien sei als Reiseziel besser zu meiden. Zweifellos ist es angeraten, die aktuellen Meldungen über eventuelle Krisenregionen nicht kategorisch zu ignorieren, wenn man eine Reise nach Usbekistan plant. Auf den Internetseiten des Auswärtigen Amts erscheinen tagesaktuell Hinweise zur **Sicherheitslage** in den einzelnen Staaten, die ausdrücklich auf Gefahren für Ausländer hinweisen.

Grundsätzlich jedoch handelt es sich um eine relativ sichere Reiseregion, die sich bezüglich kleinkrimineller Delikte (wie Diebstahl) auch in den größeren Städten eher wohltuend von vielen westeuropäischen Metropolen unterscheidet.

Der Umgang mit Touristen und das Bild vom Deutschen

Egal wohin man als Ausländer in Usbekistan kommt, man wird in erster Linie als Gast gesehen. Für viele Usbeken sind solcherart weite Reisen, wie die von irgendwo in Europa (z.B. Deutschland) nach Usbekistan, außerhalb ihres Horizonts (und auch außerhalb ihrer Möglichkeiten). Häufig drücken sie lautstark ihre **Bewunderung** und auch ihre **Freude** darüber aus, dass jemand von so weit her gerade an ihren Ort gekommen ist – und sie berichten diese Tatsache auch umgehend jedem, der gerade so des Weges kommt. Oft ist man dann in kürzester Zeit von einer Traube Menschen umgeben, deren kollektive Freude sich einem Ausländer nicht immer in Gänze erschließen mag.

Der „typische Tourist" kommt aus Frankreich, Italien oder Deutschland und ist in einer Reisegruppe unterwegs. **Alleinreisende** oder gar **Rucksacktouristen** sind eher ungewöhnlich und werden umso mehr bestaunt. Gerade in den Regionen abseits der Seidenstraße, in die kaum eine Reisegruppe gelangt, sind Touristen noch immer eine sehr seltene Spezies. In den Touristenzentren bemühen sich viele Usbeken inzwischen um einige Worte Englisch. Wesentlich mehr als Anpreisungen der allerbesten Teppiche Usbekistans kann in der fremden Sprache aber meist noch nicht kommuniziert werden.

Große Begeisterung erweckt man als Deutsche(r) oft bei Männern, die irgendwann einmal als Soldaten in (Ost-)Deutschland stationiert waren. Orte wie Eberswalde, Anklam oder Plauen sollten dem Touristen, wenigstens für diesen Fall, bekannt (und sympathisch) sein, sonst ist die Enttäuschung groß. Deutsche, vor allem natürlich Männer, werden in regelmäßigen Abständen von ihren Geschlechtsgenossen zu Gesprächen über das

Thema Nr. 1 genötigt: das Auto. Erwartet wird dabei lediglich ein wenig oberflächliche Fachsimpelei, die nur einen Zweck hat, nämlich am Ende darin zu münden, dass deutsche Autos einfach die besten seien. Man benötigt in diesem Falle also kein Fachwissen, sondern muss lediglich eine Einstellung kundtun.

Ob Frau oder Mann, man muss sich daran gewöhnen, angestarrt zu werden. Jedem europäisch aussehenden Menschen wird quasi unaufhörlich die Frage *„Otkuda?"* („Woher?") gestellt. Diese für den westeuropäischen Geschmack oft ziemlich **unverhohlen wirkende Neugierde** kann man getrost als Interesse am Fremden interpretieren, ohne sofort mehr oder minder verstohlen seine Geldbörse festzuhalten.

Allgegenwärtig sind die **Fragen:** „Bist du verheiratet?" direkt gefolgt von „Wie viele Kinder?" Jeder Usbeke ist höchst verwundert, wenn Frauen über 20 und Männer über 25 noch nicht verheiratet sind. Je nach Alter sollte man mindestens drei Kinder vorweisen können – freiwillige Kinderlosigkeit ist undenkbar. Auch andere Varianten des Zusammenlebens werden als seltsam wahrgenommen: Die Menschen in Europa sind irgendwie komisch, ohne Familie müssen sie doch sehr unglücklich sein. Wer es als belastend empfindet, „seltsam" zu sein, sollte es in Erwägung ziehen, sich für die Zeit der Reise eine fiktive Familie „zuzulegen".

Für sehr viele Usbeken, gerade außerhalb der wenigen touristischen Zentren, sind Ausländer noch immer ein eher seltener Anblick. So ruft man als Tourist sowohl Erstaunen als auch vielseitiges Interesse hervor. Vor allem Kinder mustern jeden Europäer aufgrund seines Seltenheitswertes ganz unverblümt und ohne jegliche Scheu von oben bis unten. Ist man zwar als Europäer nicht mehr unbedingt „außerirdisch", so doch noch exotisch genug, dass immer wieder eine größere Menge Kinder ohne erkennbaren Grund um einen herum und hinter einem herrennt. Angesichts des ausgesprochen reichhaltigen Süßwarenangebots im Land scheint der dem umherschlendernden Touristen angetragene Wunsch „Bonbons, Bonbons" zwar nicht einleuchtend, aber die Kinder freuen sich ganz offenbar sehr darüber, wenn man diesem nachkommt.

Mindestens ebenso gern werden sie fotografiert. Freudig werden dazu auch noch alle verfügbaren Geschwister herbeigerufen. Danach will jeder einzelne die Aufnahme sehen – das Ganze kann sich also etwas hinziehen.

Die ständige und **große Kontaktfreude** allerseits kann mitunter etwas anstrengend werden, basiert aber in der Regel auf einer freundlichen Neugierde und beinahe nie auf kriminellen Absichten. Und: Wer wundert sich da über Neugier? Ist nicht auch der nach Usbekistan Reisende von einer Riesenportion Neugierde getrieben?

Gesprächsverhalten

Während es in Deutschland selbst in großen Menschenmengen mühelos möglich ist, langfristig jedwedem Gespräch auszuweichen, wird man in Usbekistan in der Regel innerhalb kürzester Zeit in eine Unterhaltung verwickelt. Ob man dazu thematisch (oder auch sprachlich) sonderlich viel beizutragen hat, spielt nahezu keine Rolle. Wichtig ist vielmehr die Kommunikation als solche. Eine einfache Frage nach dem Weg kann dazu führen, dass man nach längerer Zeit noch immer im angeregten Gespräch beisammensteht, ohne auch nur eine brauchbare Information über die Route erhalten zu haben.

Schwerpunkte der Kommunikation mit Fremden sind ganz klar die Frage, wie es einem in Usbekistan (oder konkret dem jeweiligen Ort des Gesprächs) gefällt, wo man sonst schon überall gewesen ist, wie es einem dort gefallen hat und vor allem, wo man auch noch unbedingt hinmüsse. In der Regel legen die Gesprächspartner dann die nationalen Sehenswürdigkeiten sowie die jeweiligen Heimatregionen wärmstens ans Herz. Dicht gefolgt werden diese Themen von Familienverhältnissen und Autos, wobei letztere Thematik insbesondere den deutschen Fremden heimsucht. Auffällig ist auch, dass die in Westeuropa übliche, eher rationale Gesprächsweise selten anzutreffen ist. So wird jede Frage zwar mit vielen Worten beantwortet, aber nicht immer lassen sich diese Worte zu einer Antwort auf die gestellte Frage zusammensetzen.

Hilfreich bei solchen immer freundlich gemeinten Gesprächen sind **Geduld** und eine Portion **Humor.** Apropos Humor: Der Humor der Usbeken selbst ist vielfältig wie überall. Witze und Anekdoten werden gern und oft erzählt, ebenso gern und häufig wird gelacht. Das Spektrum reicht dabei von Albernheiten über platte Witze bis zu feinsinnigen, subtilen Scherzen. Nicht jeder usbekische Scherz trifft auch den deutschen Geschmack, es gibt durchaus kulturelle Unterschiede. Ob diese sich jedoch stärker auswirken als der jeweilige Geschmack und Anspruch, ist fraglich.

Verhaltenskodex

So genau bei Landsleuten jede Verfehlung des Verhaltenskodex registriert wird, so großzügig zeigen sich die Usbeken gegenüber Ausländern. Wie auch immer man sich verhält, man tut es als Ausländer und man tut es als Gast. Es wird so ziemlich alles verziehen, was man „falsch" macht. Mehr noch: Es wird gar nicht erwartet, dass der Ausländer sich „usbekisch" benimmt oder „einheimisch" aussieht. Natürlich ist es von Vorteil, über ein bestimmtes Grundwissen darüber zu verfügen, was sozial und religiös verträgliches Verhalten im Reiseland betrifft. Aus einer *choyxona,* der usbekischen Teestube, in der traditionell nur Männer zugelassen sind, wird heute keine ausländische Frau mehr hinausgeworfen. Aber als Frau fühlt man sich in dieser Lokalität in etwa so, als hätte man sich auf die Herrentoilette verirrt – die ganze Angelegenheit ist also (zumindest in ländlichen Gebieten) oft nur mäßig angenehm.

Religiöse Orte (wie z. B. Moscheen) betritt Mann nicht in kurzer Kleidung und Frau überhaupt nicht – auch das sollte klar sein. Ansonsten werden Kleidung und Aussehen bei Ausländern meist kommentarlos toleriert, seien es die landesunüblichen kurzen Hosen bei Männern oder auch die ebenso unüblichen kurzen Haare bei Frauen (oder lange bei Männern). Auch über nach islamischen Grundsätzen **korrekte Kleidung** muss sich eine Ausländerin keine Gedanken machen, zumal diese Grundsätze von vielen usbekischen Frauen selbst nicht in strenger Weise befolgt werden. Fremde dürfen sich fremd verhalten – sie werden trotzdem (und gerade deshalb) liebenswürdig und großzügig behandelt. Die Höflichkeit gebietet es, dass man sich nicht allzu nachlässig kleidet. Der Versuch, sich kulturell vollkommen zu assimilieren, ruft aber eher Befremden hervor. Erwartet wird lediglich eine gewisse **Zurückhaltung.**

Zurücknehmen sollte ein Gast sich in jedem Falle mit kritischen Äußerungen zum Land. Dies hat zum einen ganz sicher mit der politischen Situation in Usbekistan zu tun. Nur äußerst feinfühlig und beinahe nie im öffentlichen Raum werden die politischen Verhältnisse im Land thematisiert. Und wenn sie doch zur Sprache kommen, dann immer nur im positiven Sinne. Zum anderen ist dieses Phänomen ganz sicher auch kulturspezifischen Charakters: Sein „Nest“ beschmutzt man nicht und das heißt: Gästen gegenüber stellt man seine Heimat voller Stolz als wunderbar und wunderschön dar. Dass die Gäste sie ihrerseits als wunderbar und wunderschön empfinden, ist eine unausgesprochene Selbstverständlichkeit.

Obgleich dabei deutliche **Unterschiede zwischen Stadt und Land** sowie zwischen arm und reich auftreten, achten Usbekinnen und Usbeken in der Öffentlichkeit durchgängig sehr auf gepflegte Kleidung. So muss man als Tourist damit rechnen, in seiner bequemen Allwetterkleidung inklusive Trekkingsandalen hin und wieder ein wenig belächelt zu werden. Derartiges Understatement verstehen usbekische Menschen nicht. Bevor man die Wohnung verlässt, putzt man sich heraus und zeigt, was man hat. Zumindest bei öffentlichen oder privaten Einladungen wird von Besuchern erwartet, dass sie ihre Wertschätzung für die Gastgeber auch durch ein gepflegtes Äußeres ausdrücken.

Der Umgang mit **Polizei und Behörden** war lange Zeit ein sehr unangenehmes Kapitel in Usbekistan – auch für Ausländer. Ständige Passkontrollen, unmotivierte Taschenkontrollen und ein eher rauer Umgangston waren an der Tagesordnung. Inzwischen sind Polizisten ganz offenbar ausdrücklich angehalten, Ausländer höflich und korrekt zu behandeln. Und das tun sie in der Regel auch.

Noch nicht so ausgesucht umgänglich sind sonstige staatliche Behörden. Glücklicherweise hat man als Ausländer wenig Berührungspunkte. Sollte es doch dazu kommen, tut man gut daran, die Macht der Mächtigen nicht in Frage zu stellen, wenn man längere Dispute vermeiden will.

Als Frau allein

Auch allein reisende Frauen werden in erster Linie als Ausländerinnen wahrgenommen. Sie haben nichts zu befürchten, selbst auf ausgeprägten Machismo treffen sie eigentlich kaum. Dennoch wird die selbstbewusste Westeuropäerin sich im Umgang mit muslimischen Männern unter Umständen etwas befremdlich fühlen. Nicht wundern sollte sie sich, wenn sie beim begrüßenden Händeschütteln ignoriert wird – ein wahrnehmendes Kopfnicken muss ihr in der Regel genügen. Für usbekische Männer scheint es auch noch immer gewöhnungsbedürftig zu sein, mit Frauen (z. B. über Taxipreise) verhandeln zu müssen. Sobald ein männlicher Begleiter vorhanden ist, müssen Frauen sich schon stark bemühen, am Gespräch oder an Verhandlungen teilnehmen zu können oder gar als Gesprächs- oder Verhandlungspartnerinnen ernst genommen zu werden. Hier sind die **patriarchalischen Strukturen** auch für Ausländerinnen deutlich spürbar. Nichtsdestotrotz können auch Frauen getrost ohne männliche Begleitung reisen.

Mit an Sicherheit grenzender Wahrscheinlichkeit wird es auf einer Reise jedoch Situationen geben, in denen eine Frau ihre (andere) Meinung (z. B. bezüglich eines Preises) etwas nachdrücklicher und resoluter äußern muss, als es bei einem Mann notwendig wäre. Aber diese Situationen kennt so ziemlich jede Frau auch aus ihrem Herkunftsland und wird folglich damit umgehen können.

Sowohl Mann als auch Frau kann sich **ohne Furcht (allein)** auf die in jedem Falle spannende Reise nach Usbekistan begeben.

▷ Rundum beschützt – Sicherheitskräfte sind überall

Was den Fremden befremdet ...

... ist die Menge an **Transparenten, Losungen, Parolen, Sprüchen,** die überall im Land Straßen, Häuser und Wände dekorieren. Auf grellbunten Plakatwänden posiert der Präsident als großer „Führer" des usbekischen Volkes, verkörpert der Präsident dessen Ruhm und Glanz. Besonders gern zeigt man sich mit Kindern und jungen Menschen. Fast formelhaft werden mit Losungen wie „Die Jugend ist unser Glaube an die Zukunft und die Stütze für unser Land" Elan, Kraft und Tatendrang beschworen. Überall finden sich Bilder und Devotionalien des letzten und des jetzigen Präsidenten, tausende Fahnen umflattern das junge Nationalbewusstsein allerorts. Es verwundert wenig, dass diese **Propaganda** sich besonders auf die Jugend stützt, denn fast ein Drittel aller Menschen in Usbekistan ist unter 14 Jahren alt. Gerade dem Reisenden aus Deutschland wird dieses Phänomen im Alltag des Landes schnell auffallen.

... ist die auffällige **Menge an Sicherheitskräften** in der Öffentlichkeit. Man sagt, jeder vierte Usbeke trage eine Uniform. Daher kommt sicherlich auch der Witz, dass die **grüne Uniform** die usbekische Nationaltracht sei, denn kein anderes Kleidungsstück träfe man so oft im usbekischen Alltag. Touristen gegenüber sind Uniformierte sehr zurückhaltend, man hat nichts zu befürchten.

... ist das allgegenwärtige **Fotografierverbot.** Offiziell dürfen keine militärischen Anlagen und keine Anlagen „von strategischer Bedeutung" fotografiert werden. Das wäre eigentlich nicht weiter erwähnenswert, denn wenige Touristen dürften für ihre Urlaubsfotos militärische Anlagen bevorzugen. Zum Problem wird die Angelegenheit dadurch, dass neben Anlagen, die ganz offensichtlich militärischer Ausprägung sind, eben auch noch viele andere öffentliche Gebäude als „strategisch bedeutsam" gelten. So kann es jederzeit passieren, dass man nach dem arglosen Fotografieren der Lieben im Zugrestaurant oder auf einer Brücke zum Löschen der Aufnahmen auf-

066un-kk

gefordert wird. Inzwischen darf man zumindest in der Metro problemlos fotografieren und auch andernorts hat sich das rigide System gelockert. Vorsicht ist dennoch geboten. Falls ein Polizist oder Wachpersonal in der Nähe ist, sollte man einfach fragen.

... ist das auffallend andere **Verhältnis zu Nähe und Distanz.** Während Deutsche durchschnittlich etwa einen Meter Abstand zum Gesprächspartner halten und versehentliche Berührungen eher vermeiden, sind Körperkontakte in Usbekistan Normalität. Bei Begrüßungen wird, auch unter Männern, umarmt und geküsst. Man geht eng umschlungen, untergehakt, Hand in Hand, ohne dass dies irgendeinen sexuellen Hintergrund hätte. Die sich daraus ergebende körperliche Nähe zu wildfremden Menschen ist für den Westeuropäer mitunter etwas gewöhnungsbedürftig. Der Austausch von Zärtlichkeiten erotischer Natur dagegen ist in der Öffentlichkeit ein absolutes Tabu.

... ist das unablässige **Spucken** auf die Straße. Selbst beim kurzen Stopp an der Ampel wird aus Fenstern und Autotüren auf die Straße gespien. Das scheint allerdings niemanden zu verwundern oder gar zu stören, sondern vollkommen normal zu sein.

Die Hitze fordert ihren Tribut

067un-kk

Haben Sie eine Registrierung? – Aufenthalt in Usbekistan

Die Registrierung

Seit dem 15. Januar 2019 können deutsche Staatsangehörige ohne Visum nach Usbekistan einreisen und bis zu 30 Tage in Usbekistan bleiben. Dies gilt ebenso für Bürger Österreichs und der Schweiz.

Bis dahin ist alles ganz leicht, schwieriger allerdings wird der Aufenthalt im Land. Hier pflegt Usbekistan ungebrochen die sowjetische Tradition der Registrierung. Das bedeutet, dass sich jeder Ausländer **innerhalb von 72 Stunden** nach seiner Ankunft im Land registrieren lassen muss. Bei jedem Ortswechsel innerhalb des Landes muss diese Prozedur wiederholt werden. Gruppenreisende dürften von der Registrierungspflicht in der Regel nichts merken, denn sie wird von den Reiseveranstaltern erfüllt. Für **Individualreisende** jedoch kann diese Vorschrift etwas anstrengend werden, obwohl in vielen Fällen die Hotels die Registrierung übernehmen. Zuletzt wurde die Registrierung vereinfacht, da sie nun auch über eine Website (https://emehmon.uz) oder über eine App vorgenommen werden kann. Im Zweifelsfall muss man aber weiterhin beim **UVViOG** (ehemals OVIR), dem **Meldeamt für ausländische Bürger,** vorstellig werden.

Die **„Registratzija"** ist eine Quittung, die die Übernachtungen im Land belegt und bei der Ausreise vorgelegt werden muss. Die Irritation beginnt allerdings schon bei der Bezeichnung „Quittung". Dieser Nachweis besteht nämlich in der Regel aus **kleinen Zettelchen** mit dem Stempel des Hotels, die man beim Auschecken lose in seinem Reisepass vorfindet. Im Vergleich zu den sonst üblichen überdimensionalen Formularen, die für jede Kleinigkeit ausgestellt werden, scheinen diese Zettel eher trivial und unwichtig, doch tatsächlich sind sie von einiger Tragweite. Glaubt man den offiziellen Behörden, so drohen bei Fehlen dieser Bescheinigungen bzw. Lücken in der Registrierung **Geldstrafen.** Es ist schon vorgekommen, dass Touristen bei der Ausreise bis zu 700 Euro Strafe zahlen mussten.

Genauso gut kann es einem aber passieren, dass die über viele Reisekilometer sorgfältig gehüteten Zettelchen am Flughafen kaum eines Blickes gewürdigt werden. Die Kontrolle besteht dann in einem oberflächlichen Blick auf das pure Vorhandensein kleiner Zettelchen, manchmal wird man auch einfach so „durchgewunken". Verlassen kann man sich darauf allerdings nicht, deswegen sei Individualreisenden unbedingt angeraten, diese Vorschriften ernst zu nehmen und die Belege sorgfältig aufzubewahren.

Taxi oder Marshrutka – Fortbewegungsmittel

In der Stadt

Gerade weil die Städte so weitläufig sind, sollten Besucher unbedingt das Taxisystem kennen. Das funktioniert nämlich in fast allen usbekischen Städten so: Man stellt sich an die Straße, hebt den Arm und nach nicht einmal einer Minute wird ein Auto halten. Beinahe jedes Auto führt ein **zweites Dasein als Taxi.** Die Fahrer verdienen sich auf diese Weise einiges dazu, wozu sie auch gern einen Umweg einlegen. Das Anhalten selbst ist kinderleicht, schwerer allerdings ist es dann zu entscheiden, wie vertrauenswürdig man das Gefährt und dessen Fahrer einschätzt. Mit einigen Wörtern Russisch und einem Erfahrungswert, was eine Fahrt zum jeweiligen Ziel ungefähr kosten darf, ist diese Variante der Fortbewegung meist ein sehr angenehmes Erlebnis. Zudem ergibt sich die Möglichkeit, mit dem Fahrer ins Gespräch zu kommen, sofern man eine gemeinsame Sprache findet. Neben Usbekisch ist dies, zumindest bei Menschen über 30, oft noch Russisch. Von den jüngeren Leuten sprechen inzwischen viele so viel Englisch, dass es für eine nette Unterhaltung auf einer Kurzstrecke reicht. Man muss allerdings etwas Gottvertrauen mitbringen, denn der Fahrstil vieler Hobby-Chauffeure ist abenteuerlich. Grundsätzlich gilt: 1. Autos haben immer Vorfahrt. 2. Um sein Kommen anzukündigen, wird ordentlich gehupt.

Seit Kurzem setzen sich **Taxi-Apps** wie Yandex oder Uber durch. Das macht das Taxifahren wesentlich einfacher, aber auch weniger spannend.

Eine weitere Art der Fortbewegung ist die **„marshrutka".** Das sind privat betriebene Sammeltaxis, die sowohl inner- als auch außerhalb der Städte verkehren. Die Bezeichnung rührt daher, dass sich das ursprüngliche *marshrutnoje taksi* (für Linientaxis) im Alltagsgebrauch als zu lang erwiesen hat. *Marshrutkalar* kennt man in vielen ehemaligen Sowjetrepubliken, in Usbekistan verkehren meist Damas-Modelle von Daewoo. Die Busse ergänzen den öffentlichen Nahverkehr, da sie besonders auf längeren Distanzen erheblich schneller sind.

Das Ganze funktioniert nach folgendem Prinzip: Einem kleinen Zettel hinter der Frontscheibe kann die Route der *marshrutka* (manchmal auch die Ziffer einer nummerierten Strecke) entnommen werden. Sobald ein Kleinbus mit der erwünschten Streckenführung gesichtet wird, winkt man

› Abenteuerliche Gefährte

068un-kk

Sport am Taxistand

Die Sonne brennt, Koffer und Rucksäcke sind groß und schwer. „Samarkand, Buchara, Chiwa - Wohin?“ schmettern die uns entdeckenden Taxifahrer sofort los. Gut vorbereitet und voller fester Vorsätze nennen wir unser Ziel. „Kein Problem, gehen wir, es geht los.“ Sogleich werden die Türen mehrerer Gefährte unterschiedlichster Vertrauensgrade aufgerissen. Auf unser Gepäck verweisend fragen wir nach Autos mit größerem Stauraum. Hinter dem laut einsetzenden Stimmengewirr steckt vermutlich Empörung. Wir können es, da auf Usbekisch, nur vermuten. Nunmehr werden, zum Beweis für ausreichenden Platz, auch die Kofferraumklappen aufgerissen, was unsere Zweifel, angesichts der riesigen Gasballons darin, allerdings eher verstärkt. Aber die Gepäckstücke werden uns aus den Händen genommen und ein wildes demonstratives Packen beginnt. Einige Autos scheiden bei diesen Versuchen nun aus, was die Fahrer allerdings keinesfalls dazu bewegt, das (Ver-)Handlungsfeld zu verlassen.

Währenddessen klopfen und stopfen andere gemeinschaftlich unser Gepäck in ein Auto. Nicht nur, dass wir nunmehr ernsthaft Sorge um die unbeschadete Ankunft unserer Keramiksouvenirs bekommen, auch das auserwählte Gefährt gibt Anlass zur Sorge um eine sichere Fahrt. Also das Gepäck wieder raus aus diesem Kofferraum und auf ähnlich vehemente Weise in den nächsten hinein. Nun geht es an die Preisverhandlungen. „Auf keinen Fall über 50 Dollar!“ war uns von Einheimischen mit auf den Weg gegeben worden. Diese Summe führt, kaum genannt, zu lautem Gelächter der Fahrer und sofortigem demonstrativen Aufreißen der gerade mühsam geschlossenen Kofferraumhaube. Etwas unsicher erhöhen wir auf

ihn per Handzeichen an den Straßenrand. Offizielle Haltestellen gibt es nicht und gehalten wird nur auf Zuruf zum Fahrer. Der **Fahrpreis** wird entweder beim Aussteigen entrichtet oder man gibt ihn passend abgezählt über die anderen Fahrgäste nach vorn. Während es für Strecken innerhalb von Städten Festpreise gibt, ist es bei längeren Distanzen außerhalb von Städten sinnvoll, sich vorher bei anderen Fahrgästen nach dem Preis zu erkundigen.

Eher selten übrigens sieht man **Fahrräder.** Sie gehören in Usbekistan kaum in die Sparte Verkehrsmittel, sondern dienen eher als Sport- oder Transportgeräte. Aber das wird sich vermutlich entwickeln. In Taschkent gibt es neuerdings bereits Radwege und an touristischen Hotspots kann man Fahrräder leihen.

60 Dollar, was allerdings nur zu erneutem Lamento führt: Dass wir keine Ahnung hätten, wie teuer das Gas geworden sei ... Dass diese Summe nicht mal die Kosten für das Gas trüge ... Dass ganze Familien zu ernähren seien ... und dergleichen mehr. Wir halten tapfer dagegen. Der selbsternannte Fahrer beginnt bereits wieder auszupacken, es wird immer heißer. Verschwörerisch raunt uns jemand von der Seite zu: „65 Dollar und sogar mit Klimaanlage". Kurz wundern wir uns, dass er bereits einen unserer Koffer trägt und zögern, bleiben dann aber hart und bringen das Gepäck wieder an uns. Angelockt durch die lebhafte Diskussion kommen andere Fahrer hinzu, die Diskussion beginnt von vorn. Längst baut sich in uns die Frage nach dem Sinn von Verhandlungen um fünf Dollar auf und verbündet sich mit unseren Nerven. Für diese Art von Sport ist es hier ganz eindeutig zu heiß. Auch dass sich einige Fahrer bereits mit betonter Gleichgültigkeit abwenden, trägt zu weiterem Ehrgeiz nicht gerade bei. Die Anspannung steigt.

Plötzlich und aus sich uns nicht erschließenden Gründen wendet sich das Blatt. Erneut wird uns das Gepäck aus den Händen genommen, im Kofferraum eines Autos verstaut und wir zum Einsteigen genötigt. Wie jetzt, waren wir nicht deutlich genug, wir bleiben dabei, „nicht mehr als 60 Dollar ..." „Ja, ja, in Ordnung, schnell, schnell, steigt ein, 55 Dollar sind okay." Ebenso verwirrt wie erschöpft sinken wir in die Polster und denken optimistisch an unsere Keramiksouvenirs. Als wir uns bei der Geldübergabe am Ende der Fahrt versehentlich zugunsten des Fahrers verzählen, reicht er uns den zu viel entrichteten Geldschein freundlich lächelnd wieder aus dem Seitenfenster heraus. Auch Fairness gehört ganz offensichtlich zu dieser Sportart.

Für den Fall, dass man als **Fußgänger** unterwegs ist, sollte man zum Überqueren einer Straße unbedingt nach einer Ampelkreuzung Ausschau halten, ansonsten sind die Chancen auf ein zügiges und vor allem ungefährdetes Erreichen der anderen Straßenseite eher gering. Hier gilt das **Prinzip des Stärkeren** und Autos haben eindeutig Vorrang vor Fußgängern. Und auch wenn man – womöglich durchaus zu Recht – der Annahme ist, man würde am Straßenrand, mitten auf der Straße oder auch auf dem Fußgängerüberweg von jedem Autofahrer gesehen werden, hat dies keineswegs zur Folge, dass man auch beachtet wird, ein Auto anhält und der Fahrer den Fußgänger mit einem freundlichen Wink über die Straße bittet. Im Gegenteil: Autos haben immer und grundsätzlich Vorfahrt!

Außerhalb der Stadt

Für Überlandfahrten gibt es in jeder Stadt spezielle Standorte, an denen **Sammeltaxis** oder **„marshrutkalar"** auf Fahrgäste warten. Spezielle Abfahrtszeiten gibt es nicht, losgefahren wird, wenn alle Plätze belegt sind. Ist man bereit, für weitere Plätze mitzuzahlen, wird man auch allein chauffiert. Das ist insbesondere dann erforderlich, wenn man viel Gepäck bei sich hat und Rucksack und Koffer nicht die ganze Zeit auf dem Schoß behalten will. Die **Unterbringung des Gepäcks** ist häufig abenteuerlich. Da die meisten Pkws im Kofferraum Gasballons haben, ist der Stauraum relativ begrenzt. Reicht der Platz nicht, wird das Gepäck aufs Autodach geschnallt oder eben mit offener Kofferhaube gefahren. Für Fahrten im Hinterland sind Zeit und Nerven unabdingbar. Die **Straßen** zwischen den Oasenstädten im Westen des Landes verdienen streckenweise ihren Namen nicht. Die Gefährte schaukeln in irrer Geschwindigkeit von Schlagloch zu Schlagloch und nicht selten versperren Sanddünen den Weg. Gebremst wird dennoch selten. Zum einen rührt das aus dem grundsätzlichen Fahrstil der Piloten, zum anderen aus der Tatsache, dass Zeit für sie

Ein eher seltenes Bild – Fahrradfahrer in Usbekistan

069un-kk

Geld ist. Die Straßen im Osten, die ins Ferganatal führen, sind wesentlich besser ausgebaut.

Auf Raststätten am Wegesrand sollte man sich nicht verlassen. Es gibt zwar auch auf den langen Strecken zwischen den Oasen einige Stände, aber die hygienischen Bedingungen, unter denen dort Essen zubereitet wird, machen nicht unbedingt Appetit.

Mit Begeisterung wird in Usbekistan **Zug** gefahren. Von Taschkent aus gibt es regelmäßige Verbindungen nach Buchara, Samarkand und Urganch. Auch in Richtung Ferganatal verkehren Züge in alle größeren Städte. Die Waggons sind klimatisiert und relativ komfortabel. Fahrkarten werden vor der Abfahrt am Schalter gekauft, wozu unbedingt Zeit eingeplant werden sollte, denn beim Ticketverkauf handelt es sich um einen undurchschaubar aufwendigen, bürokratischen Akt. Notwendig für Ausländer ist die Vorlage des Reisepasses.

Ein Erlebnis sind vor allem Reisen in **Nachtzügen.** In Zweier- oder Viererabteilen durchquert man beinahe wohnlich die endlosen Weiten der Wüste. Weniger wohnlich ist es in den *platzkartny*. Dabei handelt es sich

⌃ Weites Land – Zugfahren ist beliebt

um Großraumabteile mit Betten an jeder Seite eines sehr schmalen Ganges. Gerade in der warmen Jahreszeit braucht man dafür zwar starke Nerven, ein Erlebnis ist es aber allemal. In jedem Waggon befindet sich ein *Samowar* (russischer Teekessel), an dem jederzeit heißes Wasser für Tee entnommen werden kann. Auch an Essen mangelt es nicht: An jedem größeren Bahnhof steigen fliegende Händler mit frischen *manty* und allerlei anderen Leckereien zu. Ebenso wird ein Speisewagen samt Bedienung mitgeführt, man kann sich aber auch Essen ins Abteil ordern. Da gerade Nachtfahrten eine längere Angelegenheit sind, wird in der Regel von den Reisenden selbst viel Proviant mitgebracht. Die Abteile werden gemütlich eingerichtet, in bequemer Kleidung schlendert man von Abteil zu Abteil und sucht nach interessanten Gesprächen. Die Stimmung ist aufgeräumt und über kurz oder lang entstehen kleinere oder größere Reisegemeinschaften. Das unverbindliche Schweigen, welches die deutschen ICE-Großraumabteile selbst bei über zehnstündige Fahrten beherrscht, ist hier gänzlich unbekannt. Jeder Waggon verfügt über einen Schaffner, der sich um die Belange der Reisenden kümmert und für eine ruhige Nacht sorgt. Ab etwa 23 Uhr wird man angehalten, die Gänge zu verlassen und schlafen zu gehen. Wer – gerade bei Nachtfahrten – etwas mehr Komfort und etwas weniger Kontakt haben möchte, kann ein – finanziell erschwingliches – Zweierabteil buchen.

Eine schnelle Alternative für größere Entfernungen sind **Inlandsflüge.** Der Monopolist Uzbekistan Airways fliegt mehrmals in der Woche beinahe alle größeren Städte an. Die Preise für Ausländer sind zwar abweichend von den einheimischen Preisen, aber dennoch ausgesprochen

072un-kk

moderat und die Flugzeuge machen einen modernen Eindruck. Tickets werden in speziellen Reisebüros für Flugtickets, den überall im Land verteilten **Aviakassas,** gekauft und sofort dort ausgestellt.

Da gern und viel geflogen wird, sollte man besonders im Sommer einige Tage früher buchen. Während in Taschkent der alte internationale Flughafen heute als Inlandsflughafen genutzt wird, sind die **Landeplätze** in einigen anderen Städten recht klein. So kann es passieren, dass man sein Gepäck direkt am Flugzeug wieder ausgehändigt bekommt und sein Rollköfferchen quer über die Landebahn in den Zielort zieht.

Selbst fahren

In Usbekistan Auto zu fahren, ist für Deutsche mit Sicherheit eine echte **Herausforderung** – selbst als Großstädter. Allein an ein Gefährt zu kommen, ist schwierig, denn noch sind nur an extrem wenigen Stellen im Land nationale oder internationalen Autovermietungsagenturen zu finden. In Usbekistan ist es eher üblich, ein **Auto mit Fahrer** zu mieten. Sollten Ausländer doch Gelegenheit haben, selbst hinterm Steuer zu sitzen, braucht es einige Nerven. Die Straßen außerhalb der Städte sind zwar oft schlecht, versierte Autofahrer können sie dennoch bewältigen. Andere Probleme dürften schwerwiegender sein: Die Fahrweise ist rasant und gebremst

Abenteuerliche Straßenverhältnisse

Die schnellere Alternative – Inlandsflüge

wird nur in äußersten Notfällen, dafür wird umso häufiger gehupt. Verkehrsschilder oder gar Hinweisschilder haben außerhalb von Ortschaften Seltenheitswert. Ein Navigationsgerät ist unerlässlich. Die Verkehrsvorschriften interessieren beinahe niemanden, weshalb es auch ausgesprochen viele Verkehrskontrollen gibt.

Fehlende Fahrbahnmarkierungen, die selbst in Städten nur mangelhafte nächtliche Beleuchtung der Straßen und deren Zustand machen dem verwöhnten Mitteleuropäer ein entspanntes Fahrerlebnis zusätzlich schwer.

Andererseits ist die **Verkehrsdichte** insgesamt erstaunlich gering, Staus spielen nur in den Zentren der größeren Städte eine Rolle und auch Parkplatzprobleme sind in Usbekistan unbekannt. Allerdings sollte man sich auf ungewöhnliche Gefährte einstellen.

Von B&B bis Hilton – Unterkünfte

Das Spektrum von Unterkünften in Usbekistan reicht im Prinzip vom einfachen Bed&Breakfast bis zu Luxushotels à la Hilton. Letztere findet man allerdings lediglich in Taschkent und in den Städten der Seidenstraße. Im internationalen Vergleich sind sie sehr teuer.

Hotels mittlerer Klasse und mit europäischem Standard bewegen sich zwischen 30 und 60 US-Dollar pro Nacht für ein Doppelzimmer, wobei man außerhalb der Reisesaison den Preis deutlich herunterhandeln kann.

Auch die staatliche Gesellschaft **Uzbektourism** verfügt über einige Hotels. Es handelt sich dabei meist um die Häuser, die sich aus der Sowjetzeit in die Marktwirtschaft gerettet haben. Obgleich die meisten inzwischen renoviert wurden, umweht den Gast oft noch ein Hauch Sowjetunion.

Inzwischen haben sich in den touristischen Zentren jede Menge privater Pensionen oder B&Bs mit meist sehr engagiertem und freundlichem Personal etabliert. Zu beachten ist, dass Touristen nur in Häusern wohnen dürfen, die eine **staatliche Lizenz** besitzen. Man sollte sich also vor der Buchung immer vergewissern, ob man die notwendige Registrierung bekommen kann. Empfehlenswert ist auch, vor der Buchung einen Blick in die Zimmer zu werfen.

Außer den Häusern der internationalen Ketten sind nur wenige Hotels im Internet vertreten, was eine Vorabbuchung für Individualtouristen schwierig macht. Ohnehin ist es ratsam, erst vor Ort zu buchen, da sich die Preise dann verhandeln lassen und man die Bleibe besichtigen kann.

Die Hotelsituation in den touristischen Zentren ist insgesamt gut, in anderen Städten kann die Suche nach einer Bleibe bisweilen anstrengend werden. Zudem sind die Unterkünfte jenseits der touristischen Schneisen nicht selten von „wenig komfortabel“ bis „besser zu meiden“ einzustufen.

073un-kk

Nur noch eine Kleinigkeit, bitte! – Usbekische Gastfreundschaft

Ausländische Gäste zu haben, empfindet jeder Usbeke als eine **Ehre.** In Verbindung mit der kontaktfreudigen Offenheit kann es passieren, dass man von vollkommen fremden Menschen urplötzlich und ganz spontan eingeladen wird. Solcherart **Einladungen,** üblicherweise zum Essen, können zu einem der schönsten und nachhaltigsten Reiseerlebnisse werden, denn Gastfreundschaft und Warmherzigkeit der Usbeken sind geradezu sprichwörtlich. So lautet denn auch eine bekannte usbekische Redensart: „Der Gast ist wichtiger als der Vater."

Im Allgemeinen wird von Besuchern erwartet, dass sie ihre Wertschätzung für die Gastgeber durch gepflegtes äußeres Auftreten ausdrücken. Bevor man die Wohnung betritt, werden die Schuhe ausgezogen. In sehr traditionellen Familien werden nur die männlichen Gäste mit einem Handschlag, die Frauen hingegen lediglich verbal begrüßt. Frauen oder Personen, die weiter entfernt sitzen, werden von den Ankommenden begrüßt, indem man die rechte Hand aufs Herz legt, wobei diese Geste von ei-

⌃ Zu Gast bei einer usbekischen Familie

ner leichten Kopfbeugung begleitet wird. Während der **Begrüßung** fragt man einander nach Gesundheit und dem Stand der Dinge im Großen und Ganzen. **Mitbringsel** werden erwartet, die Gastgeber freuen sich über kleine Geschenke. Dabei kann es sich um eine Melone, eine Schachtel Pralinen für die Gastgeberin oder Süßigkeiten für die Kinder handeln, gern gesehen sind auch Präsente aus der Heimat des Gastes. Traditionell sitzen Männer bei Männern und Frauen bei Frauen, dem Gast wird üblicherweise ein Platz zugewiesen.

Das Essen beginnt und endet meist mit Tee, wobei das **Einschenken** das Vorrecht des Gastgebers ist. Tee wird aus kleinen Teeschalen (*piyola*) getrunken. Traditionell wird er zunächst in die Schale des Gastgebers gegossen und dann wieder zurück in die Teekanne. Dies wird dreimal wiederholt, bevor dem Gast eine halbvolle Schale gereicht wird. Im Anschluss daran wird aufgetragen, was die usbekische Küche hergibt. Die Mahle bestehen häufig aus mehreren Gängen. Bei dem, was anfänglich auf dem Tisch steht, handelt es sich, auch wenn man es kaum glauben kann, meist nur um die Vorspeisen. Üblicherweise folgen noch warme Fleischspeisen, obligatorisch hinzu kommen Brot, Salate und zum Nachtisch Obst oder getrocknete Früchte.

Ein ständiges *„oling, oling"* („Nehmt nur, nehmt!") bedeutet dem Gast, dass er kräftig zugreifen möge. Als höflich gilt, von allem zu probieren und Wertschätzung der gastgeberischen Kochkünste heißt, möglichst viel zu essen. Das bedeutet, man haushalte gut mit seinem Magenvolumen, ansonsten könnte es gegen Ende hin Probleme geben. Auch getrunken wird in der Regel nicht wenig. Falls man da nicht mithalten kann oder will, ist es gut, sein Glas nicht ganz leer zu trinken, ansonsten wird nämlich unwillkürlich und immer wieder nachgeschenkt. Während des Essens gibt es lebhafte Unterhaltungen, immer wieder werden Trinksprüche ausgesprochen. Auf jeden Fall sollte man seinerseits auch einen auf Lager haben. Angemessen ist, dass man Gastfreundschaft und Kochkünste der Gastgeber preist. Nicht wundern sollte man sich darüber, wenn während des Essens weitere Gäste hinzukommen. Oft wurden Verwandtschaft oder Nachbarschaft von dem ausländischen Besuch unterrichtet, die dann ihrerseits dabei sein wollen. Mit dem Essen ist die Einladung noch nicht zu Ende, gewöhnlich bleibt man noch eine Weile da und plaudert und trinkt weiter.

[>] Bunte Vielfalt auf dem Basar

„Bonjour Madame, have a look" – Einkaufen

Supermärkte und Einkaufszentren

Entgegen den landläufigen Vorstellungen gibt es in Usbekistan eigentlich fast alles, was man zu Hause auch kaufen kann. In Taschkent gibt es inzwischen **große Einkaufszentren,** die einen ähnlich tempelartigen Eindruck hinterlassen wie jene in Westeuropa. Ausgestattet mit Lizenzprodukten der weltweit bekannten Lebensmittel- und Drogeriekonzerne lässt die Produktpalette keinen Wunsch offen – allerhöchstens jenen nach einem Artikel, den man nicht auch im heimischen Supermarkt bekommen kann. Für einheimische Verhältnisse sind die meisten Produkte in Supermärkten allerdings sehr teuer.

Auch außerhalb der Hauptstadt entstehen immer mehr große Einkaufszentren. Die Waren des täglichen Bedarfs werden aber weiterhin in kleineren Läden und auf Basaren eingekauft.

Basare

Basare sind die **Dreh- und Angelpunkte** der Einkaufskultur in Zentralasien. Hier findet man alles, was man zum Leben braucht und alles, was man schon immer oder noch nie kaufen wollte. In den Erntemonaten befindet man sich hier in einem Schlaraffenland aus Früchten. Berge von Melonen, Kräutern und ganze Heere von anderen Landesfrüchten warten hier im

075un-kk

Getümmel Hunderter Händler auf ihre Käufer. Die Basare sind in Bereiche geordnet, jede Produktsparte hat dabei einen relativ festen Platz. Da in Usbekistan Bäckereien nicht üblich sind, wird auch Brot auf dem Basar verkauft. Oft kann man sogar beim Backen in den Lehmöfen (*tandir,* auch *tondir*) zusehen.

Basare gibt es in jeder Stadt, oft sind es gleich mehrere und vielfach erreichen sie beträchtliche Ausmaße. Um den Frischebasar herum sind meist kleinere Läden angeordnet. Dort bekommt man all das, was man außer Essbarem noch benötigt. Auch Bekleidung wird hier ver- und gekauft, gleichwohl es sich dabei beinahe ausschließlich um Billigimporte aus China handelt.

Ein Besuch auf dem Markt ist auf jeden Fall **ein Erlebnis.** Sei es, um sich durch die Düfte der exotischen Gewürze betören zu lassen, sei es, um angesichts des Feilbietens lebender Suppenhühner doch noch zum Vegetarier zu werden, sei es, um den Kauf eines Kamels zu erwägen oder sei es, um Geld umzutauschen. Apropos Geld: Obst und Gemüse sind in der Regel nicht ausgepreist, üblicherweise wird hier gefeilscht. Selbst wenn man kein begnadeter Geschäftsmann ist – spätestens, wenn man sich dem nächsten Stand zuwendet, fällt der Preis. Obgleich man dabei fast ein schlechtes Gewissen bekommt, denn die Preise für Brot, Obst, Gemüse und Fleisch sind ohnehin (selbst mit Ausländeraufschlag) sehr niedrig.

077un-kk

Souvenirs

Liebhaber von Reisemitbringseln können sich in Usbekistan voll entfalten. Weltbekannt sind die rotgemusterten **Buchara-Teppiche,** deren handgeknüpfte Originale man tatsächlich nur in Buchara kaufen kann. Auch in Chiwa gibt es Manufakturen, die sehr geschmackvolle Exemplare knüpfen. Auch **Seidenteppiche** sind sehr beliebt, man kauft sie am besten in Samarkand und im Ferganatal. Die sogenannten *susani,* handbestickte Seidenteppiche, gibt es in allen Variationen, Qualitäten und überall. Exklusiv sind die **Messer** der Schmiedemeister von Buchara, die man sogar ausführen darf. **Getöpfertes** kann man gut in den Städten der Seidenstraße kaufen. Die Muster der Schalen und Teller unterscheiden sich im Design ebenso wie die Fliesen an den Gebäuden der jeweiligen Städte („Buchara-Design", „Chiwa-Design").

Mit dem Einzug des Tourismus wurde das **traditionelle Kunsthandwerk** wiederbelebt. Häufig findet man Handwerker und Souvenirgeschäfte in den Zellen ungenutzter Medresen, in denen man sogar beim Weben, Schmieden und Töpfern zusehen kann.

Souvenirs kauft man üblicherweise in den touristischen Zentren – und das sind die Städte der Seidenstraße. Hier allerdings kommt man an ihnen auch kaum vorbei. Die Altstädte von Buchara und Chiwa sind im Grunde Freiluftshops, in denen man etwa alle fünf Meter mit einem schmetternden *„Bonjour Madame, please have a look!"* begrüßt wird.

Rund ums Geld

Durch die bisher nur wenig verbreitete Akzeptanz von Geldkarten ist man in Usbekistan gezwungen, **Bargeld** bei sich zu tragen. Bei einem Wechselkurs zwischen Euro und Sum von 1 zu ca. 10.000 kann es zu beträchtlichen Geldpaketen kommen, eine größere Geldbörse ist durchaus von Vorteil. Neben der Landeswährung kann man an touristischen Hotspots mitunter auch in US-Dollar bezahlen.

Zur Landeswährung kommt man in **Banken** sowie in den vielzählig vorhandenen **Wechselstuben.** Inzwischen kann man Noten auch an **Geldautomaten** abheben, wobei man sich auf diese lieber nicht verlassen sollte, da sie nicht selten leer sind oder aus unerfindlichen Gründen nicht funktionieren.

◁ Tjubetejka – die usbekische Kopfbedeckung ist ein beliebtes Souvenir

Extrainfo 15 (s. S. 7): Video zu regionalen Unterschieden der usbekischen Keramik. Mit rudimentären Russischkenntnissen, aber auch rein visuell erfassbar.

074un-kk

Gesundheitliche Gefahren für Ausländer

Für Ausländer gibt es in Usbekistan keine schwerwiegenden gesundheitlichen Risiken. Die Mitnahme einer **Reiseapotheke** sei dennoch dringend empfohlen, obwohl das Netz an **Apotheken** mit handelsüblichen Medikamenten im urbanen Raum beeindruckend dicht ist.

Das den Fremden wohl am häufigsten treffende Problem sind Magen-Darm-Erkrankungen. Gemeinhin empfehlen usbekische Ärzte und Apotheker das Trinken von in Wasser gelöstem Kaliumpermanganat. Es handelt sich dabei um eine zwar radikale, gleichwohl äußerst wirksame Magenspülung. In mehreren Durchgängen wird der gesamte Magen durch Erbrechen geleert, das Problem ist in der Regel einen Tag später vollständig verschwunden. Diese Prozedur ist eher qualvoll und zarten Gemütern, trotz der unbestritten schnellen Wirksamkeit, nicht unbedingt zu empfehlen.

Schwierigkeiten entstehen bisweilen auch aufgrund der Hitze. Eine ausreichende Flüssigkeitszufuhr ist unerlässlich.

Wasser sollte generell nur abgekocht getrunken bzw. abgepackt gekauft werden.

Neben der **Dehydrierung** besteht weiterhin die Gefahr, durch Schwitzen sehr viele Mineralien zu verlieren. Heftige Muskelkrämpfe sind die Folge. Wirksam dagegen ist Magnesium, welches man als Tabletten in Wasser aufgelöst trinkt. Sind keine zur Hand, tut es auch eine regelmäßige Prise Salz in Wasser oder Tee. Dies kann allerdings nur als kurzfristig wirksame Notvariante angesehen werden. Beim Kauf bitte darauf achten, dass die Originalverpackung (Banderole) unversehrt ist. **Hepatitis A und B** kommen landesweit vor, für Urlaubsaufenthalte ist eine Schutzimpfung gegen Hepatitis A empfehlenswert.

Neben der Mitnahme einiger Medikamente ist das Abschließen einer Versicherung, die den schnellen Rücktransport nach Deutschland übernimmt, ratsam. Die medizinische Infrastruktur im ländlichen Raum ist oft mangelhaft. Gerade bei Notfällen und Unfällen kann man sich auf ein zuverlässig funktionierendes Rettungswesen nicht überall verlassen. Es gibt außerhalb der Hauptstadt keinerlei Vertragsärzte und die Sprachkenntnisse der Ärzteschaft sind eher mäßig. In Taschkent selbst stellt sich die Situation wesentlich besser dar. Hier gibt es sowohl internationale als auch nationale Ärzte, die nach neuestem medizinischem Standard arbeiten.

☐ Teppiche – Wahrzeichen, Kulturgut und Verkaufsschlager in Usbekistan

Anhang

Per Anhalter durchs Land (010un-kk)

Zur Schreibweise geografischer Bezeichnungen

Für usbekische Ortsnamen und andere geografische Bezeichnungen (Flüsse, Täler, Regionen etc.) gibt es **verschiedene Schreibweisen,** so beispielsweise eine offizielle usbekische Form in lateinischer Schrift, eine deutsche Umsetzung, daneben eine englische und andere Schreibweisen.

In diesem Buch wird für Ortsnamen, die bei uns **geläufig** sind (z. B. aus den Medien oder einem historischen Kontext), die deutsche Variante benutzt wie etwa Buchara, Taschkent, Samarkand u. a.).

Da viele geografische Bezeichnungen hierzulande allerdings **wenig geläufig** sind, wird in solchen Fällen auf die usbekische Schreibweise zurückgegriffen, wie sie vor Ort üblich ist, so z. B. Andijon, Xorazm und Urganch. In der folgenden Vergleichsliste werden verschiedene Schreibweisen und ihre Alternativen aufgelistet, um dem Leser die Orientierung zu erleichtern. Die im Buch verwendete Schreibweise ist **fett** hervorgehoben. Nicht alle hier aufgeführten Orte befinden sich in Usbekistan, sondern teilweise in den Nachbarländern Kirgisistan, Turkmenistan, Kasachstan oder der autonomen Provinz Karakalpakistan.

Deutsch	Usbekisch	Alternative Schreibweisen
Amudarja (Fluss)	Amudaryo	Amudarya, Amu-Darja
Andischan	**Andijon**	Andijan, Andischon
Buchara	Buxoro	Buchoro, Bukhara, Boxoro
Chiwa	Xiva	Chiva, Khiva
Choresmien	**Xorazm**	Choresm, Chorezm
Fergana	Farg'ona	Ferghana, Farghona
Karakalpakistan	Qoraqalpog'iston	Karakalpakstan, Karakalpakien (karakalpakisch: Qaraqalpaqstan)
Karakum (Wüste)	Qoraqum	Kara-Kum, Garagum
Kirgisistan	Qirg'iziston	Kirgistan, Kirgisien, (kirgisisch: Kyrgysstan)
Kokand	Qo'qon	Quoqand
Kysylkum (Wüste)	Qizilqum	Kisilkum
Merw	Mari	Marv, Merv, Mary
Namangan	**Namangan**	
Nukus	**Nukus**	(karakalpakisch: No'kis)
Osch	O'sh	Osh
Otrar	**Otrar**	Utrar, Turar, Tarban, Tutarband, Farab
Samarkand	Samarqand	

Syrdarja (Fluss)	Sirdaryo	Syrdarya, Syr-Darja, Syr
Tadschikistan	Tojikiston	Tadjikistan, Tajikistan, Tajikestan, Todschikiston
Taschkent	Toshkent	(tadschikisch: Toschkand)
Termiz	**Termiz**	Termes, Termez
Tian-Schan	Tyan Shan	Tian Schan, Tianshan, Celestial, (kirgisisch: Tjan-Schan, uigurisch: Tanri Tagi),
Urganch	**Urganch**	Urgench, Urgentsch
Usbekistan	O'zbekiston	
Ustjurt	Ustyurt	Ust-Urt

Usbekisches Alphabet

Kyrillisch	Latein	Kyrillisch	Latein
А а	**a**	С с	**s**
Б б	**b**	Т т	**t**
В в	**v**	У у	**u**
Г г	**g**	Ф ф	**f**
Д д	**d**	Х х	**x**
Е е	**e, ye**	Ц ц	**ts, s**
Ё ё	**yo**	Ч ч	**ch**
Ж ж	**j**	Ш ш	**sh**
З з	**z**	Ъ ъ	' (Knacklaut)
И и	**i**	Ь ь	(Weichheitszeichen, stumm)
Й й	**y**	Э э	**e**
К к	**k**	Ю ю	**yu**
Л л	**l**	Я я	**ya**
М м	**m**	Ў ў	**o'**
Н н	**n**	Қ қ	**q**
О о	**o**	Ғ ғ	**g'**
П п	**p**	Ҳ ҳ	**h**
Р р	**r**		

Aussprache

Laut	Aussprache/Beispiel
e	„ä“ wie in „M**ä**dchen“ / **men** (ich)
g	weiches „g“ wie in „**gü**tig“ / **uyga** (nach Hause)
g'	wie Zäpfchen-„r“ in „**R**asen“, ohne Vibration / **qog‘oz** (Papier)
h	„h“ wie in „**h**aben“, ist immer deutlich zu hören / **bahor** (Frühling)
i	sehr kurzes „i“, etwa wie in „b**i**tte“ / **biladi** (er weiß) oder sehr schwaches und kurzes „e“, schwächer als in „bitt**e**“ (oft betont) / **otasi** (sein Vater)
j	„dsch“ wie in „**J**ob“ / **javob** (Antwort)
k	weiches „k“ wie in „**Kü**che“ / **kun** (Tag)
ng	wie „ng“ in „si**ng**en“, das „g“ wird / nicht mitgesprochen. **ming** (tausend)
ng'	wird dagegen getrennt ausgesprochen!
o	offenes „o“ wie in „S**o**nne“ / **idora** (Büro)
o'	geschlossenes „o“ wie in „S**o**hn“, aber kürzer, manchmal wie „ö“ / **to‘rt** (vier)
q	wie „k“ in „**K**ralle“, aber tiefer im Rachen ausgesprochen /**qishloq** (Dorf)
r	gerolltes Zungenspitzen-r / **bozor** (Markt)
s	stimmloses „s“ wie im „Wa**ss**er“, auch vor **p** und **t**! / **ism** (Name), **sport** (Sport), **student** (Student)
sh	stimmloses „sch“ wie in „**Sch**rank“ / **shahar** (Stadt)
u	wie „u“ in „**u**nd“, aber sehr kurz, oft wie „ü“ / **ular** (sie, Mz)
v	wie „w“ in „**W**asser“, in manchen Wörtern wie im englischen „what“, nach **o, o'** und **u** wie „u“ / **havo** (Luft), **ov** (Jagd), **o‘quvchi** (Schüler)
x	rauhes „ch“ wie in „Ba**ch**“ (niemals wie in „i**ch**“!) / **baxtli** (glücklich)
y	wie „j“ in „**J**ahr“, am Wortende „ij“ / **yaxshi** (gut)
z	stimmhaftes „s“ wie in „**S**onne“ / **biz** (wir)

Apostroph

Außerdem gibt es das Apostroph, welches vor allem in arabischen Lehnworten vorkommt und einen „Knacklaut" bezeichnet. Dieser bewirkt einen Stimmabsatz, d.h. dass ein Selbstlaut, der nach einem Mitlaut steht, „neu" ausgesprochen wird und nicht verschmilzt. Steht er nach einem Selbstlaut, wird der betreffende Selbstlaut lang ausgesprochen.

ba'zi (gut)	wie „ba-zi"
qur'on (Koran)	wie „qur-on" (Knacklaut!) (und nicht „qu-ron")

Lang ausgesprochene Laute

Meistens werden usbekische Laute kurz ausgesprochen. Lang auszusprechende Laute werden doppelt geschrieben:

ikki	zwei
yetti	sieben

Lang ausgesprochene Mitlaute, wie das Usbekische sie kennt, sind der deutschen Sprache fremd. Bei der Aussprache verharrt die Zunge etwas länger, als es für den Laut nötig wäre. Sie klingen ungefähr wie die beiden „t" in „Hat_Thomas ...?"

Doppellaute (Diphtonge)

Die meisten zusammen stehenden (unterschiedlichen) Selbstlaute muss man getrennt aussprechen. So spricht man z. B. im männlichen Vornamen **Sait** die Selbstlaute **a** und **i** nacheinander wie in „n**ai**v" aus, nicht zusammengezogen wie in „S**ai**te"!

soat (Stunde, Uhr)	wie „so-at"
muallim (Lehrer)	wie „mu-allim"

Einige zusammen stehende Selbstlaute werden jedoch zusammengezogen ausgesprochen.

ovkat (Essen, Mahlzeit)	wie „aukat"
og'ayni (Brüder)	wie „og'aini"

Betonung

Mit einigen Ausnahmen werden Wörter in der Regel auf der letzten Silbe betont.

Glossar

- **Akyn** – Volkssänger
- **Basm** – Hochzeitsessen
- **Beshik** – Holzwiege
- **Beshik-toy** – Wiegenfest
- **Borshch – Krautsuppe mit roter Beete**
- **Choy** – Tee
- **Choyxona** – traditionelle und heutige Teestube
- **Dasturxon** – flacher Tisch
- **Dutar (auch Dutor, Dombra, Dombura, Dombyra)** – zweiseitiges Zupfinstrument aus dem arabischen Kulturkreis
- **Kotib** – Sekretär, Stellvertreter des Vorsitzenden einer Mahalla
- **Kupkari** – bei allen Turkvölkern verbreitetes Reiterspiel
- **Lepyoshka** – im Lehmofen gebackenes Fladenbrot
- **Mahalla** – früher Nachbarschaftsgemeinde, heute staatliche Selbstverwaltungseinheit eines Wohngebietes
- **Manty** – gefüllte Teigtaschen
- **Marshrutka** – Kleinbus-Sammeltaxis
- **Mikrorayon** – Wohnsiedlung außerhalb des Stadtkerns, in der ehemaligen Sowjetunion typischerweise großes Plattenbauviertel
- **Nachalnik** – Chef, Vorgesetzter
- **Navruz (auch Navroz)** – altiranisches Neujahrsfest, symbolisiert das Erwachen der Natur nach einem harten Winter und ist zeitgleich mit dem Frühlingsbeginn, daher auch Frühlingsfest
- **nikoch toy (auch nikoch to'y)** – Hochzeitsfest
- **Non (auch Nan)** – im Lehmofen gebackenes Fladenbrot
- **Oqsoqol** – traditioneller „Ältester" einer Mahalla, heute abgelöst vom staatlich eingesetzten *rais*
- **Parandscha** – Schleier, der Kopf und Körper verdeckt
- **Piyola** – Teeschale
- **Palov (auch Plov)** – Nationalgericht der Region in vielen Varianten, denen gemeinsam ist, dass es sich um ein Reisgericht mit Gemüse und (Hammel-)Fleisch handelt
- **Propiska** – noch heute gebräuchlicher sowjetischer Begriff für Aufenthaltsgenehmigung bzw. Meldung, moderne Bezeichnung wäre Registrierung
- **Qalim** – Brautgeld, Brautkaufpreis
- **Qarindosh** – Verwandte
- **Qishloq** – mittelasiatisches Dorf
- **Rais** – staatlich eingesetzter Vorsitzender einer Mahalla

- **Samsa** – gefüllte Teigtaschen
- **Shashmaqam** – traditionelle musikalische Großform, die sich ab etwa dem 16 Jh. in Buchara entwickelt hat
- **Sho'rva – Eintopf (mit Nudeln, Fleisch, Gemüse)**
- **Stolowaja** – Kantine
- **Sumalyak** – süße Speise aus Weizensprossen, rituell zu Navruz
- **Susani** – Teppich
- **Tandir (auch Tandor)** – traditioneller Lehmofen
- **Tjubetejka** – traditionelle usbekische Kopfbedeckung
- **Topchan** – bettenartige Plattform, traditionelles Sitzmöbel
- **Towarischtsch** – russisches Wort für „Genosse"

Literaturtipps

Sachbücher

- **Zentralasien-Analysen.** Monatlich erscheinendes Heft über die aktuellste Forschung zur politischen, wirtschaftlichen, sozialen und kulturellen Entwicklung der fünf zentralasiatischen Länder, das auch für Nichtexperten gut lesbar geschrieben ist. Gemeinsam herausgegeben von der Deutschen Gesellschaft für Osteuropakunde und der Forschungsstelle Osteuropa an der Universität Bremen und zu finden unter: http://www.laender-analysen.de/zentralasien.
- *Böhm, Peter:* **Tamerlans Erben: Zentralasiatische Annäherungen,** Picus Verlag, 2005. *Peter Böhm* berichtet, wie die fünf „Stan-Länder" Zentralasiens (Kasachstan, Turkmenistan, Usbekistan, Kirgisistan und Tadschikistan) mit Erbe und Zukunft ihrer Region ringen. Faszinierende Nahaufnahmen stehen neben kurzweiligen Reportagen. Ein gut lesbares und erhellendes Buch über die zentralasiatische Gegenwart.
- *Chiari, Bernhard* und *Pahl, Magnus:* **Wegweiser zur Geschichte. Usbekistan,** Schöningh-Verlag, 2009. Im Auftrag des Militärgeschichtlichen Forschungsamtes wurden hier Beiträge von 27 Autoren versammelt, die Geschichte und Kultur Zentralasiens (Schwerpunkt Usbekistan) beleuchten. Anders als der Auftraggeber vielleicht vermuten lässt, entsteht ein sehr differenziertes Bild über Entwicklungslinien und Konflikte in der Geschichte der Region.
- *Korotkow, Michael:* **Kauderwelsch Usbekisch – Wort für Wort,** Reise Know-How Verlag. Wer als Gast nach Usbekistan kommt, dem wird allein das Bemühen um die usbekische Sprache viele Türen öffnen. Kauderwelsch Sprachführer bieten einen schnellen Einstieg in fremde Sprachen mit dem Ziel, schon nach kurzer Zeit tatsächlich sprechen zu können.
- *Maillart, Ella:* **Turkestan Solo. Eine abenteuerliche Reise ins Ungewisse,** Sierra Taschenbuch 2001 (Erstausgabe 1938). *Ella Maillart* reist allein durch die mittelasiatischen Länder der damaligen Sowjetunion. Ein faszinierender Reisebericht einer Abenteurerin führt durch eine sich im Umbruch befindende Region, ein historisches Dokument von größter Aktualität.
- *Meuser, Philipp (Hrsg.):* **Architekturführer Usbekistan,** DOM publishers 2012. Ein umfassend bebildertes Werk, unbedingt empfehlenswert für jeden Architekturinteressierten. Der Schwerpunkt liegt auf sowjetischer Architektur. Leider vergriffen, wer antiquarisch ein Exemplar ergattern kann, sollte zugreifen.

- *Sapper, Manfred; Weichsel, Volker; Huterer Andrea (Hrsg.):* **Machtmosaik Zentralasien: Traditionen, Restriktionen, Aspirationen,** Bundeszentrale für politische Bildung, 2008**.** Das gegenwärtig noch immer beste Sachbuch über Zentralasien: Über 50 Autoren und Autorinnen schreiben über Aspekte der Wirtschaft, der Energieversorgung, der Umwelt, der internationalen Sicherheit sowie der Entwicklung von Menschenrechten und Demokratie und entwerfen dabei ein spannendes Mosaik einer Region und ihrer globalen Bedeutung. Nur noch antiquarisch oder als pdf unter www.zeitschrift-osteuropa.de/hefte/2007/8-9 erhältlich.
- *Windisch, Elke:* **Zentralasien – Politische Reisereportagen,** Dagyeli 2010. Die Autorin lebt und arbeitet seit Jahrzehnten in Russland und drehte mehrere Filme über Zentralasien. Sie kennt sich also vortrefflich aus und liefert hier einen spannend zu lesenden Mix aus Reisebericht, geschichtlicher Darstellung und politischer Analyse.

Belletristik

- *Uchqun Nazarov:* **Das Jahr des Skorpions,** Dagyeli, 2002. Eines der wenigen ins Deutsche übersetzten Bücher eines usbekischen Autors. Es geht um die Zeit des Zweiten Weltkrieges: Der Emporkömmling *Murad* jagt die junge *Oynisa,* deren Vater als „Volksfeind" gilt, mit ihrer kleinen Tochter *Jamila* aus dem Dorf. *Oynisa* heiratet in ihrem neuen Dorf einen Kolchosvorsitzenden, der, weil er seinen Plan bei der Baumwollernte nicht erfüllt, nach Sibirien verbannt wird ... Durch die Schilderung vieler usbekischer Bräuche entsteht ein Sittengemälde der usbekischen Gesellschaft.
- *Erika Fatland:* **Sowjetistan: Eine Reise durch Turkmenistan, Kasachstan, Tadschkistan, Kirgistan und Usbekistan,** Suhrkamp, 2017. Eine Reise durch die ehemaligen Sowjetrepubliken Zentralasiens: Die norwegische Journalistin macht sich voller Neugierde auf in einen relativ unbekannten Teil der Welt. Das Buch ist das Ergebnis dieser Reise – ein toller Mix aus Reisebericht und (politischer) Reportage, ein spannendes Mosaik der fünf jungen zentralasiatischen Staaten, eine Fundgrube erstaunlicher, witziger und ergreifender Begebenheiten und Begegnungen. Unbedingt empfehlenswert als Reiselektüre.

Informatives aus dem Internet

- **Radio Free Europe (www.rferl.org)** – sitzt in Prag und bietet aktuelle Nachrichten und Reportagen aus Usbekistan.
- **EurasiaNet (www.eurasianet.org/resource/uzbekistan)** – Informationen und Analysen zu politischen, wirtschaftlichen, ökologischen und sozialen Entwicklungen in Usbekistan
- **Ferghana.Ru (http://enews.fergananews.com/index.php)** – Die Ferghana.Ru-Nachrichtenagentur ist eine der besten und beliebtesten Ressourcen zum aktuellen Leben in den zentralasiatischen Staaten. Die Agentur hat Korrespondenten in jeder größeren Stadt der Region und bietet immer die neuesten Informationen.
- **Qantara (www.qantara.de)** – Interessantes Internetportal verschiedener Träger, das zum Dialog mit der islamischen Welt anregen will. „Qantara" (arab. für Brücke) ist ein Projekt der Deutschen Welle, beteiligt sind ebenso das Goethe-Institut, das Institut für Auslandsbeziehungen und die Bundeszentrale für politische Bildung. Per Suchoption kann man gezielt Länder anwählen.
- **Länderinformationsportal der Gesellschaft für Internationale Zusammenarbeit (www.liportal.de/usbekistan)** – Das LIPortal ist die sehr interessante Seite der GIZ, auf der viele wesentliche Informationen über Usbekistan zusammengestellt wurden.
- **World Factbook (www.cia.gov/library/publications/the-world-factbook/geos/uz.html)** – Herausgegeben durch die amerikanische CIA enthält die frei zugängliche Internetversion zahlreiche aktuelle statistische Daten aus den Bereichen Demographie, Wirtschaft, Infrastruktur, Politik etc. Es handelt sich um ein Referenzhandbuch der Länderdaten, sodass die Angaben über Usbekistan immer auch im weltweiten Vergleich rezipiert werden können.
- **Offizielles Tourismusportal Usbekistans (https://uzbekistan.travel)** – Das offizielle Tourimusportal stellt Informationen über Usbekistan auf Deutsch und Englisch zur Verfügung.
- **Thetys (www.tethys.caoss.org)** – Die Site (mit Blog) widmet sich vor allem kulturwissenschaftlichen, ethnologischen und alltäglichen Themen der Region Zentralasien.
- **Zentralasien-Analysen (www.laender-analysen.de/zentralasien)** – Zweimonatlich erscheinendes Heft zur politischen, wirtschaftlichen, sozialen und kulturellen Entwicklung der fünf zentralasiatischen Länder, das auch für Nichtexperten gut lesbar geschrieben ist. Gemeinsam herausgegeben von der Deutschen Gesellschaft für Osteuropakunde und der Forschungsstelle Osteuropa an der Universität Bremen.

Register

L

M

N

U

V

W

Y

Z

Usbekistan

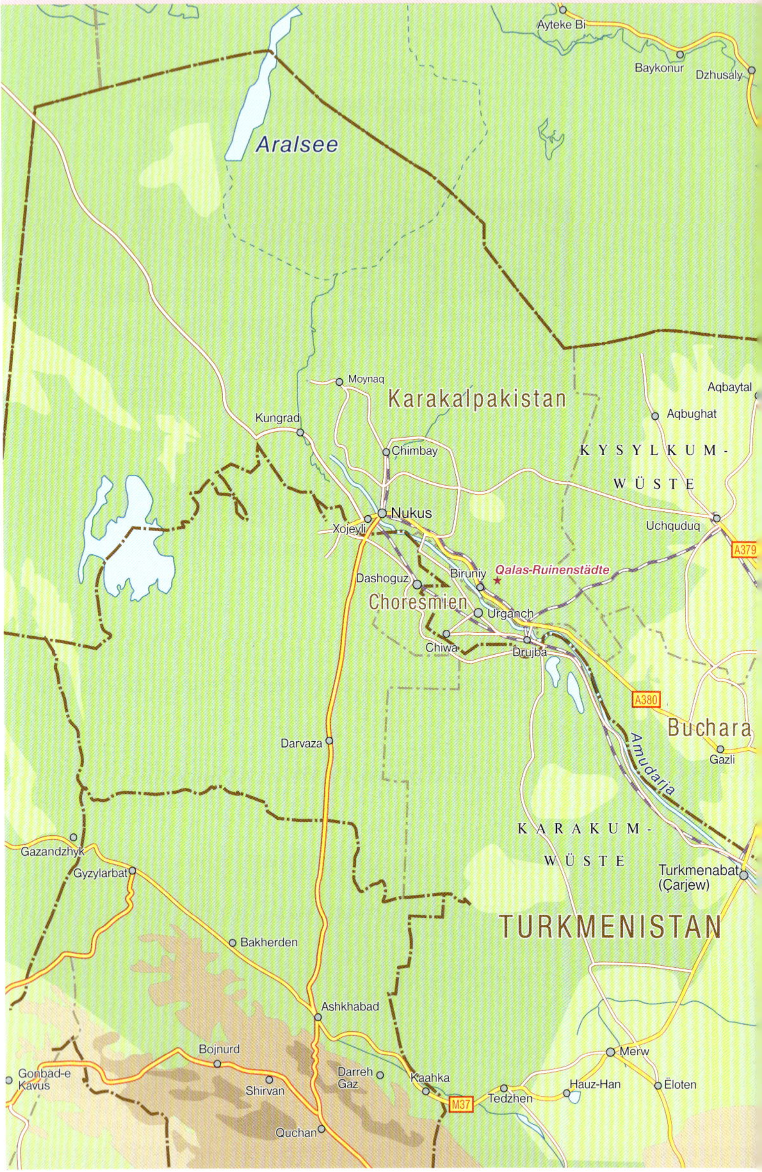
Ayteke Bi
Baykonur
Dzhusaly
Aralsee
Moynaq
Karakalpakistan
Aqbaytal
Aqbughat
Kungrad
Chimbay
KYSYLKUM-
WÜSTE
Nukus
Xojeyli
Uchquduq
A379
Qalas-Ruinenstädte
Biruniy
Dashoguz
Choresmien
Urganch
Chiwa
Drujba
A380
Buchara
Gazli
Amudarja
Darvaza
KARAKUM-
WÜSTE
Gazandzhyk
Gyzylarbat
Turkmenabat
(Çarjew)
TURKMENISTAN
Bakherden
Ashkhabad
Bojnurd
Gonbad-e
Kavus
Shirvan
Darreh
Gaz
Kaahka
M37
Tedzhen
Hauz-Han
Merw
Ëloten
Quchan

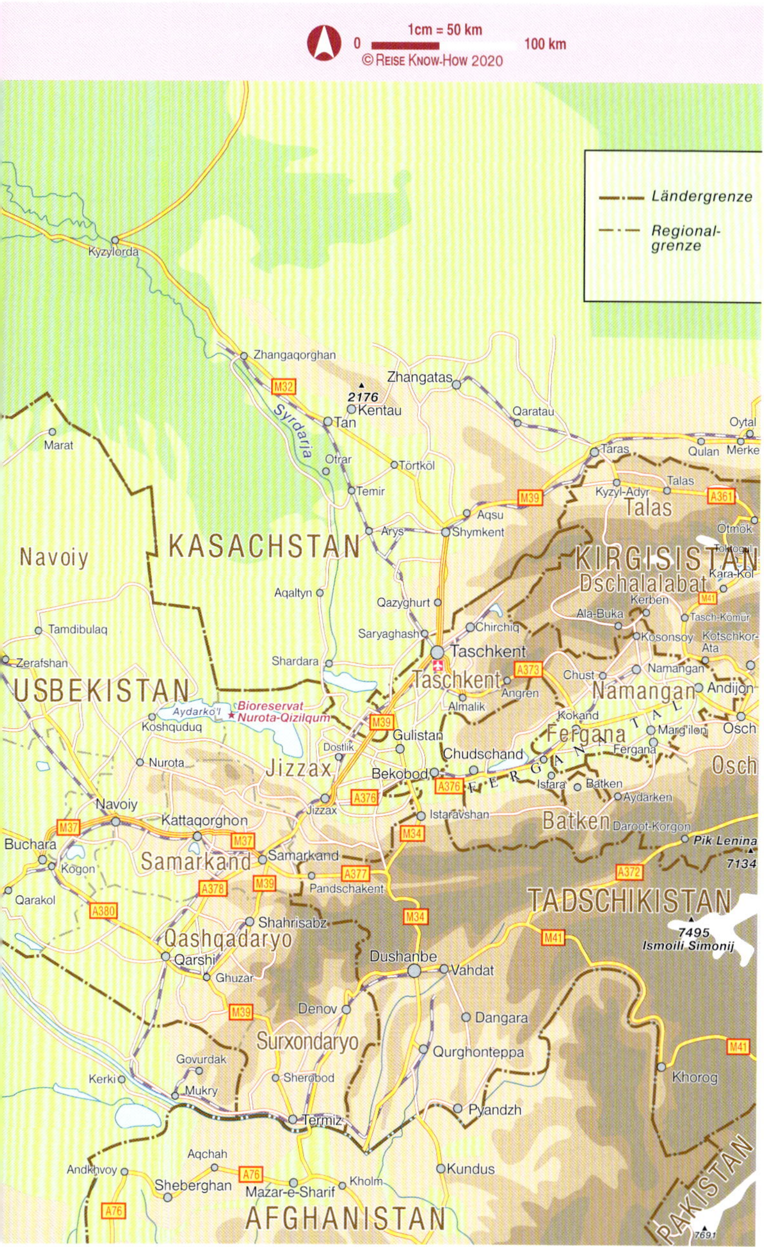
1cm = 50 km
0
100 km
© Reise Know-How 2020
Ländergrenze
Regionalgrenze
KASACHSTAN
USBEKISTAN
KIRGISISTAN
TADSCHIKISTAN
AFGHANISTAN
PAKISTAN
Navoiy
Talas
Dschalalabat
Taschkent
Namangan
Fergana
Osch
Batken
Jizzax
Samarkand
Qashqadaryo
Surxondaryo
FERGANA TAL
Kyzylorda
Zhangaqorghan
Zhangatas
2176
Kentau
Tan
Syrdarja
Qaratau
Otrar
Törtköl
Temir
Marat
Taras
Oytal
Qulan
Merke
Kyzyl-Adyr
Talas
Aqsu
Arys
Shymkent
Ötmök
Toktogul
Kara-Köl
Aqaltyn
Qazyghurt
Kerben
Ala-Buka
Tasch-Kömür
Tamdibulaq
Saryaghash
Chirchiq
Kosonsoy
Kotschkor-Ata
Zerafshan
Shardara
Taschkent
Chust
Namangan
Andijon
Aydarko'l
Bioreservat
Nurota-Qizilqum
Koshquduq
Almalik
Angren
Kokand
Marg'ilon
Osch
Gulistan
Fergana
Dostlik
Chudschand
Nurota
Bekobod
Isfara
Batken
Aydarken
Navoiy
Jizzax
Istaravshan
Kattaqorghon
Daroot-Korgon
Buchara
Pik Lenina
7134
Kogon
Samarkand
Pandschakent
Qarakol
Shahrisabz
7495
Ismoili Simonij
Qarshi
Dushanbe
Vahdat
Ghuzar
Denov
Dangara
Qurghonteppa
Govurdak
Khorog
Kerki
Sherobod
Mukry
Pyandzh
Termiz
Aqchah
Kundus
Andkhvoy
Sheberghan
Kholm
Mazar-e-Sharif
7691
M32
M39
A361
M41
A373
A376
M37
M34
A377
A378
A380
A372
A76

114un-kk

Die Autorin

Prof. Dr. Katja Koch, geb. 1970, ist neugierig. Deshalb treibt es sie, neben ihrer Tätigkeit als Hochschuldozentin, immer wieder in fremde Länder. Nach einigen privaten Reisen in die ehemalige Sowjetunion gelangte sie nach Mittelasien. Tief beeindruckt von Menschen und Land blieb sie bei Usbekistan und beschloss, Neugierde und Beruf zu verbinden. Seitdem bereist sie das Land regelmäßig zu Studien- und Lehraufenthalten.

Danke

Ich möchte mich bedanken:

Bei allen bekannten und unbekannten Menschen in Usbekistan, die mir mit unendlicher Geduld und Gastfreundschaft Einblick in ihr Leben gewährten.

Bei *Paula,* die unsere gemeinsame Zeit so verständnisvoll mit diesem Buch geteilt hat.

Bei *Solveig Haugwitz* und *Aram Galstyan* – das beste Reisekollektiv, das ich mir wünschen konnte.

Bei *Dr. Stephan Kehl, Ines Huhle, Dr. Sieglinde Jornitz* und den Rostocker Studierenden für die aufmerksamen Hinweise.

Bei *PD Dr. Petra Schulz, Susanne Unterstab* und *Prof. Dr. Ute Angerhoefer* für die vielen wichtigen Anregungen sowie für das Lesen des Manuskripts.

Bei *Kirsten* und *Simone* für ihre Hilfe bei den Recherchen.